两个身份
一个信仰

钱学森的选择与成长

陆敏洁 著

上海交通大学出版社
SHANGHAI JIAO TONG UNIVERSITY PRESS

内容提要

　　本书是讲述人民科学家钱学森一生成长及信仰形成的人物传记。受发展心理学理论启发,本书以"人生选择"为线索,在钱学森自少年到晚年的四个人生阶段中捕捉他在各个成长阶段的思想认识与价值追求,从中探索了钱学森对"科学家"和"共产党员"这两重身份的理解与构建历程,并由此展现了他对马克思主义崇高信仰、对共产主义坚定信念的形成与表现。本书梳理并研究了丰富的历史资料,引用了大量相关人物的言行记录,从个体成长史的视角对钱学森生平与精神做出了阐释。

图书在版编目（CIP）数据

　　两个身份　一个信仰:钱学森的选择与成长/陆敏
洁著. —上海:上海交通大学出版社,2022.3(2025.1重印)
　　ISBN 978-7-313-25711-6

　　Ⅰ.①两… Ⅱ.①陆… Ⅲ.①钱学森(1911-2009)
-生平事迹 Ⅳ.①K826.16

　　中国版本图书馆CIP数据核字(2021)第219920号

两个身份　一个信仰——钱学森的选择与成长
LIANG GE SHENFEN　YI GE XINYANG——QIAN XUESEN DE XUANZE YU CHENGZHANG

著　　者:陆敏洁			
出版发行:上海交通大学出版社		地　　址:上海市番禺路951号
邮政编码:200030		电　　话:021-64071208
印　　制:上海盛通时代印刷有限公司		经　　销:全国新华书店
开　　本:710mm×1000mm　1/16		印　　张:19.5
字　　数:282千字		
版　　次:2022年7月第1版		印　　次:2025年1月第3次印刷
书　　号:ISBN 978-7-313-25711-6		
定　　价:78.00元		

序　言

　　2021年是中国航天事业奠基人、上海交通大学杰出校友钱学森同志诞辰110周年，也是上海交通大学钱学森图书馆建成开放十周年。十年来，在各级领导和社会各界的关心支持下，钱学森图书馆全体员工始终不忘建馆初心，立足学术和藏品研究、陈列展览、教育传播等博物馆核心职能，为弘扬爱国、求真、创新、奉献的钱学森事迹与精神不懈努力与探索。

　　党的十八大以来，以习近平同志为核心的党中央多次就学习老一辈科学家爱国情怀，传承弘扬科学家精神提出明确要求。"人民科学家"钱学森的一生正是对科学家精神的生动诠释。在新时代，如何利用好科学家纪念馆这一独特的资源和平台，使社会公众对钱学森的认识不仅仅停留于"中国航天事业奠基人""两弹一星元勋""五年归国路，十年两弹成"的光辉标签上，而是更深刻地理解这些荣耀背后的心路历程与精神品质，成了钱馆人努力讲好钱学森故事的重要课题。

　　科学家与共产党员，这是钱老身上最突出、也是他最认可的两个身份。可以说，这两个身份是钱学森精神的重要注解，能够帮助我们理解钱学森一生追求的信仰所在。从青年时赴美求学，到作为世界著名科学家归国、入党，并领导开创中国的航天事业，钱学森在对这两个身份的塑造与理解中，最后坚定自己的信仰道路，用自己的一生诠释了他所认为的"有作为的科学家"。

我馆曾于2019年12月10日推出原创主题展览"选择——钱学森的初心与信仰"。该展览以"人生选择"为主线，从"个体成长史"这一新视角探索钱学森一生的成长故事，追寻钱学森的初心与信仰何以形成、实践与实现。展览荣获"2019年度上海市博物馆陈列展览推介精品奖"，并入选国家文物局2020年度"弘扬优秀传统文化、培育社会主义核心价值观"主题展览重点推介项目。

本书延续了展览的思路，并结合近年来钱学森研究的最新成果，围绕钱学森的成长历程展开讲述。沿着这一线索，本书细致地探讨了钱学森是如何践行"科学家"与"共产党员"这两个身份的。在钱学森的一生中，这两个身份的形成一路有迹可循，并逐渐有机地结合起来，成为钱学森实现初心与完成自我建构的重要路径，正如钱老自己所言："对于一个有作为的科学家来说，什么是最重要的呢？那就是要有一个正确的政治方向。这就是说，一个科学家，他首先必须有一个科学的、革命的人生观，宇宙观，必须掌握一个研究科学的科学方法！"

在个体成长史的研究视角下，本书不仅展现了钱学森身上胸怀祖国、奉献担当、勇攀高峰的科学家精神，也探索这些崇高的品质从何而来、如何表现，为读者大众理解钱学森精神内涵提供了一个较为新颖的角度。人生选择与成长是我们每个人都要经历的过程，也是一个持续被探讨的话题。本书从这个角度切入来讲述钱学森故事，不仅在主题上连接公众、引发共鸣，也启发我们思考其中所蕴藏的"初心""爱国主义""个人发展与家国时代的关系""科学与政治"等深层主题。

在生平记述的基础上，本书梳理了钱学森研究的相关资料与论著，对其中一些细节问题进行考证，为现有研究提供补充。从可读性与学术性来看，本书都是一部颇有价值的著作。

张凯

钱学森图书馆执行馆长

2021年11月

目　录

001　　导语

005　　**第一章**
　　　　报国初心

　　　005　一、"不能当亡国奴"
　　　014　二、报考交大："学习救国的本领"
　　　024　三、"改行了，要学航空工程"

029　　**第二章**
　　　　成就与困境中的家国牵系

　　　029　一、从青年学者到著名科学家
　　　098　二、身陷囹圄——困境之中
　　　119　三、归国

130　　**第三章**
　　　　归国筑梦

　　　130　一、成为一名共产党员
　　　146　二、万难中铸伟业

224　　**第四章**
　　　　两个身份　一个信仰

　　　225　一、优秀的共产党员
　　　256　二、不忘初心　坚定信仰

279　　**附录　钱学森的最后 22 年**

293　　**主要参考文献**

297　　**后记**

"那个时候,我虽是个小学生,但有一条是清楚的,不能当亡国奴。"

"当年我们在附中上学,都感到民族、国家的存亡问题压在心头,老师们、同学们都在思考这个问题。在这样的气氛下,我们努力学习,为了振兴中华。"

●1911 ●1917 ●1923 ●1929

●2009 ●1982

"我们这帮人是找到了出路的,这就是中国知识分子的出路:为祖国的科学技术、文化事业无私奉献,直至最后。"

"我认为,对于一个有作为的科学家来说,什么是最重要的呢?那就是要有一个正确的政治方向。这就是说,一个科学家,他首先必须有一个科学的、革命的人生观,宇宙观,必须掌握一个研究科学的科学方法!这样,他才能在任何时候都不致迷失道路,这样,他在科学研究上的一切辛勤劳动,才不会白费,才能真正对人类、对他自己的祖国作出有益的贡献!"

"我在上海交大读了五年……休学一年对我也有好处,乘机看了些科学社会主义的书,对国民党政府的所作所为知道了点底细,人生观上升了。"

"1934年夏我报考清华公费留美,改行了,要学航空工程。"

●1934 ●1935

●1956 ●1955

"在建国10年的时候,我被接纳为中国共产党的党员。这个时候我心情是非常激动的,我钱学森是一个中国共产党的党员了!我简直激动得睡不着觉。"

"我从1935年去美国,1955年回国,在美国呆了20年。20年中,前三四年是学习,后十几年是工作,所有这一切都是在做准备,为了回到祖国后能为人民做点事。"

"中国在那样一个工业、技术都很薄弱的情况下搞'两弹',没有社会主义制度是不行的,那就是党中央、毛主席一声号令,没二话,我们就干,而直接执行者、组织者就是周恩来总理和聂帅。"

"我打算尽我最大的努力帮助中国人民建设自己的国家,以便他们能够过上有尊严的幸福生活。"

导　语

　　本书内容源自上海交通大学钱学森图书馆2019年12月10日至2020年9月13日展出的特别展览《选择——钱学森的初心与信仰》。展览的前言中写道：选择意味承担，意味"要成为什么样的人"。由此，本书从四段人生图景中追寻钱老不同时期经历的认识、选择、成长，试图走近他、怀念他，探寻他的初心与信仰何以形成、实践与实现。

　　在钱学森的一生中，有五个具有重要意义的城市：上海、杭州、波士顿、洛杉矶和北京。这些地方串联起他人生成长的路线，留下了他实现初心与追求信仰的重要足迹。

　　上海是钱学森的出生地。钱学森在上海度过了大学时光，并在这里立下"航空救国"的志向。

　　钱学森的祖籍在杭州。杭州钱氏家族是古代吴越国国王钱镠的后裔，钱学森是钱镠的第三十三世孙。钱镠立有家训，其中有这样一句："利在一身勿谋也，利在天下者必谋之。"这种志在天下的胸怀对钱氏后人影响颇深。出生后，钱学森随父母在杭州短暂居住过两年左右。在大学一年级暑假后，钱学森因患伤寒病体弱而申请休学一年，在杭州家中休养期间第一次接触到科学的社会主义思潮，"人生观上升了"。

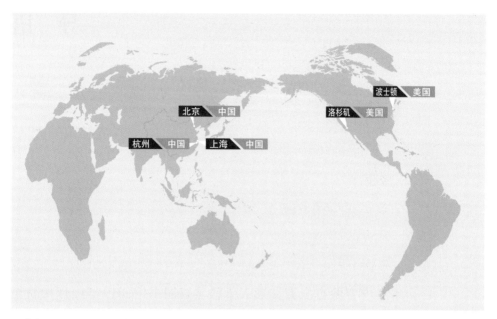

钱学森的人生成长地图 〔审图号：GS（2021）8339号〕

1935年钱学森赴美国波士顿的麻省理工学院学习，一年后取得航空工程硕士学位。10年后的1946年，当钱学森再次来到这所学校时，他已经成为在反法西斯战争中为美国火箭导弹事业作出重要贡献的青年科学家，被称为是"帮助美国成为世界第一流军事强国的科学家银河中一颗明亮的星"。1947年，35岁[①]的钱学森成为麻省理工学院历史上第一位中国籍教授。

位于洛杉矶的加州理工学院是钱学森攻读航空理论博士学位的地方。在这里，他在导师冯·卡门的指导下，成长为一名在喷气推进、高速空气动力学、固体力学、火箭研制和航空工程等领域取得卓越成绩的世界级青年科学家。他是加州理工学院喷气推进实验室（JPL）的创始人之一，他参与研制美国第一批军事导弹，也是二战后美国航空航天事业的第一份发展蓝图《迈向新高度》的重要编撰者之一。1949年，钱

---

① 此处按周岁计。

学森在加州理工学院获得喷气推进领域的高等终身教职——罗伯特·戈达德教授（Robert H. Goddard Professorship）职位，并成为加州理工学院古根海姆喷气推进中心主任。

钱学森在旅美期间的学习、工作经历使他获得了能够站在世界航空航天科技前沿与整个国家的高度，进行系统性、全局性思考的视野。这段经历为他日后回到祖国在技术上领导中国导弹航天事业的开创积累了知识和经验。

北京是钱学森树立报国初心和最终实现初心、追求信仰的地方。一方面，北京是钱学森少年时代学习成长的地方。钱学森尤其怀念在北师大附中读书的时光，他曾说六年师大附中的学习生活对他的知识和人生观起了很大作用。另一方面，钱学森自1955年归国后，长期在北京工作与生活，直至生命的最后。正是在这一时期，钱学森实现了报国初心。在党的领导下，他率领第一代中国航天科技人员闯关夺隘，为中国的导弹航天事业作出重要贡献。这一时期，钱学森成为中国共产党员的优秀代表，将科研旨趣与富国强民的初心理想融合发挥到淋漓尽致，尤其是晚年的他将关注点投向了与国计民生息息相关的诸多领域，提出一系列富于创造性和前瞻性、具有鲜明中国特色的学术思想，对中国经济建设和社会发展具有一定的指导意义和深远的影响。

本书以钱学森一生的选择为主线，关注他最看重的两个身份——科学家与共产党员，讲述了钱学森的成长故事。一次次的选择串联起钱学森的人生历程，也展开了他为这两个身份奋斗一生的历程。在个体与国家、时代的关系中，钱学森用实践诠释了科学家与共产党员的身份，最终在对马克思主义的崇高信仰、对共产主义的坚定信念中实现了二者的高度统一。

第一章 报国初心

钱学森生于辛亥革命爆发的1911年，他的少年时代恰与中国最贫弱、动荡的时期重合。辛亥革命结束了统治中国数千年的君主专制制度，打开了民主进步思想的闸门，但彼时中华民族仍处于内忧外患中。在救亡图存的时代背景里，一批批爱国知识分子受到了"科技强国"理念的影响。

时代的召唤、优越的家庭环境与良好的教育背景，共同影响着钱学森的成长，爱国情感与民族自尊心引领他少年时就明确了科技报国之志，并深深植根于钱学森心中。

一、"不能当亡国奴"

1911年12月11日，钱学森生于上海，祖籍杭州。虽然生于动荡不安的年代，但少年时期的钱学森是在一个较有安全感的环境中度过的，家庭的给予与期待为他日后的成长注入了厚实、绵长的内在力量。

谈起父母对自己的知识教育，钱学森曾写道，父亲钱家治教他"写文言文"，母亲章兰娟则教他"爱花草"。钱学森在一封信中回忆了母亲教他练字的经历："'九九'快过完了，我想起小的时候，妈妈叫我在纸上写画下列九个空勾字：庭前垂柳珍重待春风。九个字，每字九笔。每天填一笔，就九九八十一了。"

钱学森（左二）周岁时
在杭州拍摄的全家福

　　钱学森的父亲钱家治是一位教育专家，他非常重视对儿子的培养。

　　钱家治曾就读于浙江求是书院，后赴日本学习教育、地理和历史，立志"兴教救国"，回国后于1909年受聘于浙江两级师范学堂，教授外国地理、外国历史、论理、教育理论、教育史等课程，又在浙江高等学堂和浙江私立法政专门学堂兼职讲授心理学课。1910年，钱家治任浙江学务公所普通科副科长，1911年任浙江省立第一中学校长，1914年任北洋政府教育部视学，1917年任普通教育司第三科科长兼视学，1920年任教育部国语讲习所副所长，1928年任南京国民政府普通教育司一等科员，1929年起历任民国浙江省教育厅督学、秘书等职，从事教育25年，1956年后任中央文史研究馆馆员。钱家治编著有《名学》《地学通论》《外国地志》《西洋历史》等教材。

2005年3月，钱学森在301医院住院期间与身边工作人员谈及"科技创新人才的培养问题"，这是他生前最后一次系统的谈话。其中他又回忆起父亲对自己的教育："我父亲钱均夫很懂得现代教育，他一方面让我学理工，走技术强国的路；另一方面又送我去学音乐、绘画这些艺术课。我从小不仅对科学感兴趣，也对艺术有兴趣，读过许多艺术理论方面的书。"

对少年时期钱学森与父亲的关系，我们也能从钱学森的一篇论文中窥见一斑。

1932年3月，钱家治在浙江省教育厅作《御侮声中应具备之航空知识》演讲，呼吁尽早培养航空人才。次年正读大三的钱学森发表了他关于航空研究的首篇论文《美国大飞船失事及美国建筑飞船的原因》，其中使用的例子与父亲前一年演讲中的多有相同。从中可见钱学森读大学的时候，父子仍能在专业、学术方面保持交流。

钱学森之子钱永刚曾说："我爷爷是教育部普通教育司的一个科长，是专管中小学教育的，把他（指钱学森）送到当时最好的幼儿园，最好的中小学。"念初小时，钱学森就读的学校是当时中国第一批公立小学之一。当时的壬子癸丑学制规定初等小学学制为4年，而初入学堂的钱学森就在课业上表现出众，在初小阶段跳了一级，只读了3年。优等的中小学教育不仅使钱学森获得扎实的知识和良好的学习习惯，也促进其思想和价值观的成长。

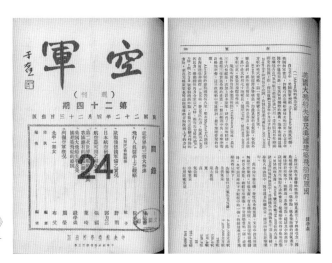

1933年4月，钱学森在《空军》周刊上发表《美国大飞船失事及美国建筑飞船的原因》

表 1 　钱学森中小学阶段求学历程

时　间	就读学校	教育特色
1917—1920年（6—9岁）初小	国立北京女子高等师范学校附属小学校（现北京第二实验小学）	中国第一批公立小学之一
1920—1923年（9—12岁）高小	国立北京高等师范学校附属国民学校高等小学校（现北京第一实验小学）	办学方针："吸纳世界最新学理加以试验，为全国小学改进之先导。既为实验，须敢为前人所不为之事，创前人所未创之先。"
1923—1929年（12—18岁）初中、高中	国立北京师范大学校附属中学校（现北京师范大学附属中学）	当时中国第一流的模范学校；注重"全人格教育"

　　1920年9月，邓颖超到钱学森就读的国立北京高等师范学校附属国民学校高等小学校任教。当时，一批经过"五四运动"洗礼的青年教师把活跃的新思想带到了校园。对当时还在读小学的钱学森来说，这样的环境使他对自己所处的时代有了一定的认识。

小学时期的钱学森

　　钱学森于1987年率中国科协代表团访问英国期间，在对留学生的演讲中曾有一段回忆：

　　那个时候，我虽是个小学生，但有一条是清楚的，不能当亡国奴。日本人搞了一个"满洲国"。他们在北京抓了一批学生，问："你是中国人还是'满洲国'人？"说是中国人的站在这头，说是"满洲国"人的站在那头。旁边是拿着枪的日本兵，学生们都知道这是怎么一回事，但被抓的中国学生都是说："我是中国人！"结果这一批学生全部牺牲了。

1993年3月24日，钱学森在给堂妹钱学敏的一封信中，曾亲笔记录《送别》的一段歌词，信件内容为：

钱学敏教授：

　　3月20日信所录伯父教您唱的：

　　"长亭外，古道边，芳草碧连天；晚风拂柳笛声残，夕阳山外山。天之涯，地之角，知交半零落；一觚浊酒尽余欢，今宵别梦寒。"它使我落泪。

　　这是因为：

　　（一）80年代在一次国防科工委组织的新年联欢会上看了《城南旧事》电影，就突出了这首歌。结合剧情，道出了中国人民的伟大；我为此泪如泉涌。还有一个原因是剧中小学即我曾经就学的师大附小，我的老师有级主任于士俭先生和在校但未教我们班的邓颖超同志。我想念他们！

　　（二）我对这首歌熟悉，因早在20年代我在师大附中时，音乐老师就改编了歌词，成为一支讲爱国将士的壮歌。

　　开头改了一字为"长城外，……"这是我一直记得并能唱首句的。

　　谢谢您教我此曲全文！

　　此致

敬礼！

钱学森

1993.3.24

1981年11月，钱学森参加了母校北京师大附中80周年校庆典礼。钱学森于1923—1929年就读于国立北京师范大学校附属中学校（今北京师范大学附属中学）。该校名师荟萃，教育理念先进，注重全人格教育。钱学森曾说："我对师大附中很有感情，在师大附中所受的教育是终身影响着我们的。六年师大附中学习生活对我的知识和人生观起了很大作用。"在校庆讲话中，钱学森用极具画面感的语言描述了他读中学时所见到的当时百姓生活的悲苦和旧中国的情景：

> 今天，我是很有感触的。不由得回想起五十多年前，我在北京师大附中学习时的情景。那个时候，这个工人俱乐部当然不存在，这个地方叫虎坊桥，当时确实有个石头桥，上面雕刻着老虎头。这儿已是城市的边缘了，到处一片荒凉。老百姓就怕刮风，他们有句俗话："无风三尺土，下雨一街泥"。我还记得狭窄的胡同里经常有做小买卖的在

20世纪30年代国立北京师范大学校附属中学校校门

中学时期的钱学森

叫卖，声音格外凄凉。如补锅人的叫声，就拖得长长的，被风一吹，显得悲惨极了："补——老——锅！补——老——锅！"听了让人掉泪。我为什么要说这些呢？因为这就是我在师大附中学习时旧中国的情景。那从阴暗的胡同里传出的悲惨呼叫，就象（像）是垂死的人在做最后的挣扎。那个时候，我们大家都感觉到有一个民族和国家是生存下去，还是灭亡的大问题。这个问题，像一块沉重的大石头，它不仅压在老师们的心上，也压在所有学生们的心头。在这种气氛下，同学们努力学习，寒窗发奋，就是为了振兴中华！

在少年时期的成长中，除了时代和环境的烙印外，个体的志向和价值观发展往往受到亲友、师长、同学，以及阅读过的书、向往的偶像的影响。钱学森也不例外。

初三时，钱学森从同学们的闲聊中第一次得知了爱因斯坦和列宁，使年少的他对科学伟人和革命伟人心生崇敬与向往。钱学森说：

> 记得初中三年级时，一天午餐后休息，同学们聚在一起闲聊，一位同学十分得意地说："你们知不知道20世纪有两位伟人，一个是爱因斯坦，一个是列宁。"大家听后茫然，便问他是怎么知道的。他说是从图书馆的一本书上看到的，爱因斯坦是科学伟人，列宁是革命伟人。但那时我们谁也不知道爱因斯坦是相对论的创始人，列宁是俄国的伟大革命家，更不知道还有马克思、恩格斯。但这次茶余饭后的闲谈却激起了我对科学伟人和革命伟人的崇敬。

在高中时期，钱学森对董鲁安老师的国文课程印象深刻。董鲁安青年时曾就读于北京高等师范，受进步思想影响参加"五四运动"，1920年毕业后留校任附属中学教员。钱学森晚年回忆对他人生产生重要影响的17位老师时，就特别提到了董鲁安。

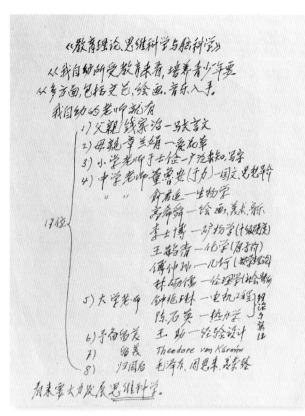

董鲁安（1896—1953）

钱学森晚年手书17位"自幼的老师"列表

钱学森曾多次撰文谈到董老师。他说："我们班上，给同学们印象最深的是教语文的董鲁安老师。董老师实际上把这个课变成了思想政治教育课。"[①]在入党自传中，钱学森也提到："他在我们高中课里，常常用较长的时间讨论时事，表示厌恶北洋军阀政府，憧憬当时国民革命军的北上；他教导了我对旧社会的深切不满，对鲁迅先生的钦佩，也使我了解要祖国富强就非树立新政权不可。"

虽然年少的钱学森"当时并不知道新政权到底该是什么，对社会主义是一

---

① 钱学森：《回忆母校师大附中》，载刘沪主编《北京师大附中》，人民教育出版社，2000年，第139页。

点都不懂的",但董老师却在孩子们心中播下了"思想革命"的种子。钱学森还强调自己学生时代就有家国责任感、"有颗爱国的心",也是受董老师教导的影响:"他时刻告诫我们,不要忘记我们是中国人,不论将来做哪一样工作,都要想到自己的祖国,想到自己做为一个中国人的责任!在董老师的教导下,使我从学生时代起,就关心着我们这个国家的现状和前途。总之,我能有颗爱国的心,要感谢董鲁安老师的教育。"

钱学森藏书:《鲁迅全集》第一卷(北京人民文学出版社,1973年)

董鲁安教学生多读鲁迅;而鲁迅与钱家治也颇有交情,二人相识于留日时期,回国后又先后在浙江两级师范学堂、北洋政府教育部共事过。钱学森确实像董老师所教导的那样,钦佩鲁迅,熟读鲁迅的作品。

在留美时期与钱学森有过交往的中国科学院院士、北京大学教授唐有祺曾这样评价钱学森:"特别让我惊异的是他对鲁迅著作中的内容十分熟悉,记得他谈到鲁迅对有人把milky way译成牛乳路的批评等,这在当时长期旅居海外的理工科学者中是少见的。"[①]

钱学森在后来发表的讲话和文章中也多次提及或引用鲁迅的话,例如:

> 日本的藤山纯一先生说:"鲁迅生前向我们提出的问题尚未解决,阅读和研究鲁迅作品,因此比以往更为重要了。"是什么问题尚未解决?是以前我们提倡"德先生"和"赛先生"所要解决的问题,即反对封建主义!(摘自钱学森在《文艺研究》编辑部举办的报告会上的讲话)

———————————
① 唐有祺:《向钱学森同志祝贺和学习》,《人民日报》1992年11月4日。

我最近重读了鲁迅先生劝郁达夫先生的诗："平楚日和憎健翮，小山香满蔽高岑"。第一句的意思是说，风平日暖的天气，能高飞远翔的鸟是不喜欢的，憎恶的；第二句是说，小山虽然开满了花，很香，但你在那里就看不见后面的高山了。我读这两句诗，觉得意思很深刻，我们要认识到我们现在所处的世界，了解历史发展的进程，再下点功夫多学点学问，那我们就决不会贪图安逸，甚至同流合污，而是以高尚的理想和道德鼓起勇气，克服各种困难，完成党和人民赋予我们的物质文明建设和精神文明建设的任务。（摘自钱学森1986年12月18日在全国政协学委会报告会上的讲话）

回忆起鲁迅对自己少年时代的影响，钱学森说："那时中国共产党已经成立了。我们当学生的，就相信鲁迅先生。鲁迅先生是拥护中国共产党的，我们也拥护中国共产党。因为鲁迅教育我们中国的出路只有共产党这一条，没有其他的出路。鲁迅先生是总结了历史的教训后得出这个结论来的。"

比起儿时对"不能当亡国奴"的朴素认识，中学毕业的钱学森对爱国已有了更多的体会。在他此后一个个成长的选择中，报国的理想也逐渐变得深刻、清晰起来。

二、报考交大："学习救国的本领"

考大学、报志愿或许是钱学森人生中第一次重要的选择。

钱永刚对父亲当时的选择是这样描述的："钱学森就读中学的数学老师认为他在数学领域很有天赋，希望他报考数学系；而国文老师认为钱学森的文章作得很好，希望他报考中文系，将来当作家；钱学森的母亲则希望钱学森子承父业，从事教育行业；而钱学森的音乐美术老师认为钱学森艺术上有天赋，建议他去学画画、学作曲。而此时的钱学森受到了孙中山先生'实业救国'思想的影响，打定主意要学铁道工程，给中国造铁路，成为像詹天佑一

交通大学上院

样的工程师。"①

　　1929年9月，钱学森以总分第三名的成绩考入交通大学机械工程学院，攻读铁道机械专业。"铁路救国"，将个人理想融入民族和国家的前途命运——这既是钱学森个人的志趣选择，也符合了父亲一贯的期待和当时实业兴邦的思想潮流。

　　在大学期间，钱学森有几段特别的经历，从中不断丰富了他对个人前途和国家命运的认识。

　　首先是"休学一年"的经历。对此，钱学森在入党自传中写道："1930年暑假后因为我当时害了伤寒病，在杭州家里病卧一月余，体弱不能上学，在家休学一年。这一年是我思想上有很大转变的一年；我在这一年里第一次接触到科学的社会主义思潮，在我脑筋里树立了对共产主义的信念，资本主义一定要灭亡。"

① 杨子龙、原春琳：《钱学森之子：父亲的五次重大人生选择》，《中国青年报》2015年4月19日，第2版。

钱学森解释说：

　　这一经过是这样的：我因爱好美术，所以在书肆购了一本讲艺术史的书，而不想这本书是一位匈牙利社会科学家写的，是用唯物史观的看法写的。对当时的我说，这是一个突如其来的看法，我从来也没有想到艺术会有科学分析的可能，因为我是学科学的，所以对这一理论发生莫大的兴趣。我接着读了蒲列汉诺夫的《艺术论》，布哈林的《唯物论》等书，感到这真有道理。我也想了解一下反面的论点，所以又看了一些西洋哲学史之类的书，也看了胡适的《中国哲学史大纲（上册）》，看来看去终于感到只有唯物史观和辩证唯物主义才真有道理，唯心论等等没道理，经济学也是马克思的有道理，而资产阶级经济学那一套利息论等等，不能自圆其说，不能令人接受。所以在书

大学期间的钱学森（左一）在杭州方谷园家中与家人合影

钱学森藏书：《资本论》第二卷、《布哈林文选（上）》、《中国哲学史大纲（卷上）》、《共产党宣言》、《辩证唯物主义》

本子上，我当时是信服科学的社会主义的，对国民党的那一套不信了。觉得要中国能得救，要世界能够大同，只有靠共产党。

休学期间，钱学森与表弟李元庆（1914—1979）多有交往。

李元庆后来成为一名音乐学家、大提琴演奏家，1947年加入中国共产党，在中华人民共和国成立后曾任中国音乐研究所所长。[①]

钱学森的堂侄女钱永龄回忆：

李元庆早年就读于杭州艺专，家中都说他是共产党。当年国民党要抓他，住到我家，他曾与我父辈各兄弟姐妹相处很好。尤其是与钱学森伯父交往十分频繁。他经常向学森伯父灌输进步思想，讲述民族危亡现状，一心希望早日唤起全中国各民族的伟大觉醒。那时，他经常向学森伯父偷偷传阅《共产党宣言》《辩证唯物主义》等进步书籍。

1931年9月，钱学森回校读二年级。不久，"九一八""一·二八"事变相继爆发，深重国难的刺激、救亡运动的激励，使钱学森更加注意改造中国的问题。

1931年12月20日，《浙江教育行政周刊》刊登了一篇钱学森的文章，篇名为《对于浙省立六中附小〈抗日救国中心教材〉一文之商榷》。

---

① 冯希哲、敬晓庆、张雪艳：《延安音乐　延安音乐家（上）》，太白文艺出版社，2012年，第515页。

此前，该杂志刊载的"抗日救国中心教材举例"一文提出日本因粮食不足而实施侵略的观点。钱学森查阅分析相关数据后，向该杂志编辑部致函指出："日本之粮食生产，远超过其人口之增加，故日本人无粮食问题，即日人无人口问题。而谓人口问题，粮食问题，完全为日本预备侵略之国际宣传耳。"这篇纠错的文章被杂志全文刊登。

除了撰文分析侵略者本质，钱学森还以特别的方式表达对当时国民政府的不满。大二时，钱学森加入了交通大学学生管弦乐队。

当时国民党政府规定，大学每周一次"训词"教育，又称"纪念周"。面对日军侵略，政府非但不抵抗，还要教育学生听政府的话。学生对此十分反感，钱学森也是如此。他在《回顾与展望》一文中道出了自己当初加入乐队的缘由：

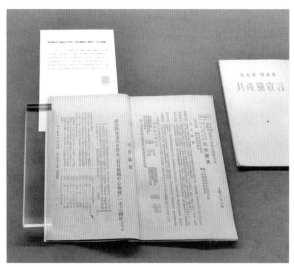

钱学森发表的《对于浙省立六中附小〈抗日救国中心教材〉一文之商榷》

休学一年对我也有好处，乘机看了些科学社会主义的书，对国民党政府的所作所为知道了点底细，人生观上升了。于是再回到学校读二年级时，对每星期一上午的"纪念周"就想逃，不愿恭听黎照寰校长的训词。正好这时同级的林津（也是北师大附中的）来动员加入学校的铜乐队，说在"纪念周"开始时乐队伴奏唱"党歌"后就可以退席。我欣然从命，学吹中音喇叭。

钱学森《回顾与展望》手稿

回校后，钱学森还接触了社会科学研究会、读书合作社等共产党的外围组织。他在入党自传中回忆道：

在学校里就接触到党的外围组织，有不少次的讨论小会，才第一次知道红军和解放区的存在。记得小组的领导人好像是乔魁贤，他是当时交大数学系（？）的学生，小组也有许邦和（已死）、袁轶群（现在交大，是右派）和褚应璜（现在一机部八局为工程师）。在这一时

交通大学学生管弦乐队合影（前排左一为钱学森）

期我对革命斗争有了进一步的了解，对国民党知道痛恨了，但是在白色恐怖下未能鼓起劲儿来真参加革命。当时我的同宿舍房间的一位王同志（现在记不起他的名字了）是东北人，因我的谈话而干起工人运动，数次被捕，我也只有钦佩和惭愧而已。后来乔魁贤被学校开除，我和小组的联系也逐渐中断。在这一段时间里，我算对革命这一问题，初步从书本上搬到生活上来。

此外，据钱学森的大学好友，我国电子学与信息学家、两院院士罗沛霖回忆，钱学森在大学时曾加入中国共产主义青年团，且常向身边同学介绍马克思主义和革命思想，影响了不少人，其中就包括罗沛霖。

罗沛霖回忆道："我与钱学森的关系很好，念大学的时候我们就认识。钱学森比我早一届，他的几个同班同学与我是南开中学的同学。1933年，钱学森和他们都是中国共产主义青年团团员。1934年，钱学森临近毕业的时候对我说过一句话，这句话到现在我还记得。他说：'现在这个时候，读书不能救国，不搞政治和革命是没有出路的。'我是听了钱学森的话，后来才接近中国共产党的。"

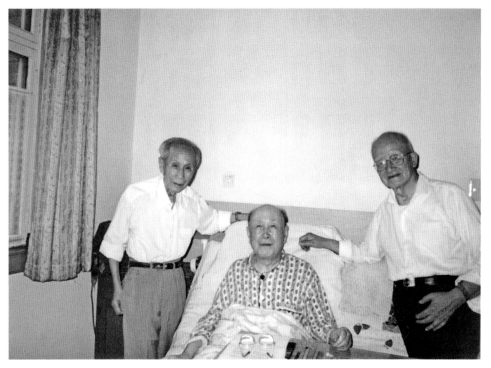

1996年6月，钱学森（左二）与罗沛霖（左三）合影

　　在交大，钱学森与进步小组的联系因组织遭到破坏而逐渐中断，他便埋头读书，凭优异的成绩得到了免去学费的奖励。刻苦钻研的钱学森课余大部分时间都泡在学校图书馆。

　　钱学森回忆道：

　　　　那时上海交大图书馆在校门右侧红楼，是我每天必去的地方。一
　　　　是读报，二是看书。当时学校订了许多报纸，有国民党办的，也有进
　　　　步人士办的。国民党的报纸"太臭"我是不读的。对图书，特别是科

20世纪30年代的交通大学图书馆

技书，那真是如饥似渴，什么科目的书都看。我是学机械工程的，常去找有关内燃机的书，特别是讲狄塞尔（Diesel）发动机的书来读，因为它热效率高。后来我的专业是铁道机械工程，四年级的毕业设计是蒸汽机车。但我到图书馆借读的书决（绝）不限于此，讲飞艇、飞机和航空理论的书都读。讲美国火箭创始人戈达德（R. Goddard）的书也借来看。我记得还借过一本英国格洛尔（H. Glauert）写的专讲飞机机翼气动力学理论的书来读；当时虽没完全读懂，但总算入了气动力学理论的门，这是我后来从事的一个主要专业。

1934年7月，钱学森以各学年总平均成绩89.10的高分毕业，名列机械工程学院第一名。钱学森当然清楚自己的优势："交大是旧铁道部办的。别的大学，毕业生都是自己找职业，而交大的毕业生，都由铁道部分配工作，所以都是有饭吃的。"

黎照寰校长颁给钱学森的奖状

但学习究竟是为了什么？这个问题关系到一个人未来的志业与人生选择。对这一问题，钱学森从小学时就明白"不能当亡国奴"，到中学时努力学习"为了振兴中华"，再到此时已是不愁出路的交大优秀毕业生，他心中早已有了自己的答案与决心：

> 但是我们学习并不是只为了有饭吃，我们学习的目的，就是为了建设祖国，振兴中华。为什么我们有这样的想法？因为我们爱国，不，可以说我们热爱祖国！这种强烈的爱国主义思想又是怎样产生的呢？那时中国是一个半封建半殖民地国家，受尽了帝国主义的欺侮和压迫。每个中国青年，都强烈地感觉到"三座大山"压在自己身上，唯一的出路是推翻"三座大山"。我们这些在上海读书的青年，都看见黄浦江畔外滩公园的门上，挂着一块"华人与狗，不得入内"的牌子，把我们中国人和狗排在一起！想到这些，使我们热血沸腾，下决心学习救国的本领。有了这个学习的动力，就什么困难也不怕，真是死都不怕。

三、 "改行了，要学航空工程"

大学毕业之际，钱学森又做出了一次重要选择：改行学航空工程。

1934年暑假，钱学森考取清华大学留美公费生，成为"航空门（机架组）"录取生，是20位录取生中唯一以飞机设计为专业的学生。一方面，"一·二八"事变中日军战斗机肆虐给中国带来的巨大损失，使钱学森认识到祖国发展航空工业的重要性；另一方面，钱学森对航空专业本身的兴趣与认识也推动他产生改行的心意。如前所述，大学期间钱学森便自学了有关航空的知识并选修了"航空工程"课程，至1935年8月赴美国留学前，钱学森已发表了6篇关于航空、火箭方面的论文（见表2）。因此，钱学森后来走上"航天事业之路"的起点可以追溯到交大时期的初步积累。

表2　钱学森赴美国留学前发表的关于航空、火箭方面的论文

发表时间与期刊	篇　名
1933年4月23日《空军》第24期	《美国大飞船失事及美国建筑飞船的原因》
1933年7月2日《空军》第34期	《航空用蒸汽发动机》
1934年3月5日《空军》第67期	《最近飞机炮之发展》
1934年12月16日《世界知识》第1卷第7号	《飞行的印刷所——世界最大陆上飞机"马克辛·高尔基"号》
1935年1月31日《航空杂志》第5卷第1期	《气船与飞机之比较及气船将来发展之途径》
1935年7月《浙江青年》第1卷第9期	《火箭》

清华大学为钱学森安排了王助等几位指导老师，并安排钱学森自1934年底开始到杭州、南昌、南京的机场或飞机修理厂实习，再到清华大学接受指导小组的辅导。根据当时的规定，公费生完成国内实习后，到美国可享受学费减免，并在3年内由纽约的中国协会每月补助100美金，3年后回国接受工作安排。在为期半年多的实习结束后，钱学森将赴美国麻省理工学院继续深造。

1930年在交通大学就读的北京师范大学校附属中学校校友合影
（站立者左三为钱学森）

大学时期的钱学森

　　24岁的钱学森对个人发展和国家命运的关系已有了确切的认识，他完全确立了科技报国的目标，并将这一初心贯穿了他的一生。

　　彼时的钱学森意气风发、志气昂扬。那么，旁人对他有何评价与期许呢？在一本钱学森赴美前夕的留言簿中，我们得以看到亲友眼中他的模样："态度谦和、好学不倦""纯厚质朴""乃一不可限量者""有为之青年"……

　　其中徐璋本的赠言是这样的："学森，你有极大接受的力量，是我在旁人未曾遇见过的。这种力量是读书成功二大要素之一。但是，我们多年来所见所闻

大学时期钱学森（后排右二）与同学参加活动的留影

1934年交通大学机械工程学院毕业生合影（前排右二为钱学森）

大半都是'美国式'，而我个人觉得'美国式'有一种毛病就是离开'科学的哲学渊源'。我相信你是不会被蒙混的。你将有美洲之行，仅志微意。"

钱学森赴美前夕亲友同学留言簿

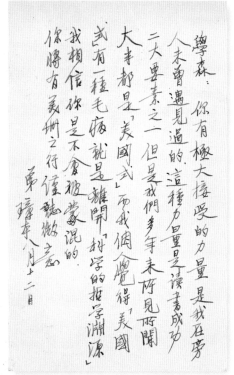

徐璋本的赠言

　　1935年8月20日，钱学森在上海乘坐"杰克逊总统号"邮轮赴美留学。钱学森1935年"赴美"与1955年"归国"，这一去一回的两个瞬间都被照片记录了下来。镜头中24岁与44岁的钱学森，满怀的都是一腔报国热血，目的地却是两个截然不同的国度，足下是两段全然不同的非凡征程。

钱学森1935年赴美
登船照

钱学森1955年归国登船照

第二章　成就与困境中的家国牵系

钱学森曾说："我从1935年去美国，1955年回国，在美国呆了20年。20年中，前三四年是学习，后十几年是工作，所有这一切都是在做准备，为了回到祖国后能为人民做点事。"那么，钱学森在美国的20年究竟是一幅怎样的人生图景？

在历史资料中我们可以发现，前15年他在科学事业与人生发展中不断攀升并取得卓越成绩，这与之后突然因"钱学森案件"而遭遇怀疑、驱逐、软禁的5年形成巨大反差。在这段颇为戏剧性的人生历程中，钱学森对个人与家国、时代的认识，以及在旅美时期不同阶段的判断与选择，都映射了他的处境与追求，以及家国牵系对他的影响。

一、从青年学者到著名科学家

伴随父亲的期盼与科技报国的初心动力，钱学森在对科学事业的追求中步步攀升，成绩卓著。在美国的前15年中，钱学森一路从麻省理工学院的航空工程硕士成长到加州理工学院航空理论博士，从参与创建加州理工学院喷气推进实验室及研制美国第一批军事火箭导弹，再到成为美国国防部科学咨询团成员、美国航空航天事业第一份发展规划的重要编撰者之一，并一步步晋升为喷气推进领域的终身教授和加州理工学院古根海姆喷气推进中心主任，成为一名在空气动力学、固体力学、喷气推进、火箭研制、航空工程等多个领域拥有杰出成绩的世界级青年科学家。在下文列出的八个阶段中，我们可以清晰地看到钱学森在这15年中的进阶之路。

在学术事业不断攀升的同时，钱学森也时时牵挂着家人与祖国。赴美留学本是为了实现报国之志，而远隔重洋的他又难以及时关照故乡与父亲。事业追求与家国牵系既是钱学森前进的动力，也让他不得不面对"一时两难全"的局面，并影响了他的认识与选择。

初到美国：麻省理工学院航空工程硕士

（1935 年 9 月至 1936 年 9 月）

1935年9月，钱学森心怀"科学技术救国"的理想进入美国麻省理工学院航空系学习，一年后取得航空工程硕士学位。

在麻省理工学院，钱学森十分勤奋、忙碌。他在学习上"争强好胜"，而且成绩出类拔萃。对这段求学时光，钱学森的秘书涂元季曾撰文转述钱学森晚年的回忆："我年轻时也争强好胜，在麻省理工学院读书时，一个美国学生当着我的面耻笑中国人抽鸦片，裹脚，不讲卫生，愚昧无知等等。我听了很生气，立即向他挑战说，我们中国作为一个国家，是比你们美国落后；但作为个人，你们谁敢和我比，到学期末了，看谁的成绩好？"[1]

关于钱学森在攻读硕士学位期间的"学霸"事迹，有这样几则记载：

一是"完美试卷"的故事。美籍华裔作家张纯如在《蚕丝——钱学森传》(*Thread of the Silkworm*)一书中记述：在一次考试中，授课教授出的考题非常难，以致于大多数人都没通过。学生们认为这不公平，商议后决定向教授提出抗议。"当他们来到这位教授的办公室前时"，麻省理工学院毕业生韦伯斯特·罗伯茨（Webster Roberts）写道，"他们发现，钱学森的试卷被贴在门上。钢笔写就的试卷工整完美，没有一点划痕或涂抹痕迹！（他们不再向教授抗议了。）"

---

[1] 涂元季：《钱学森》，贵州人民出版社，2004年，第11页。

二是"英国学生借笔记"。这是1986年10月钱学森在一次关于"教育改革问题"的谈话中自己讲的:"1935年至1936年,我在麻省理工学院航空系。班里有几个中国学生,还有一个英国学生,有一次这个英国人来了,他说:'我借你的笔记用用,前几天我发烧了,没上课,缺笔记。'我开玩笑说,我们的英语不行,你还是借美国人的笔记吧。他说:'我是英国人,还有点自豪感,我不借美国人的笔记。我为什么借中国人笔记,因为我服输了,我比不过你们。'中国人在那个时候,名气是很过硬的。"

三是"中国留学生叶玄请教难题"的故事。台湾"中央研究院"外籍院士叶玄当年也在麻省理工学院留学。有一次,一位教授出了道很复杂的动力学题,大家都做不出来。叶玄去请教钱学森,钱学森巧妙地将这一复杂运算转换成一个简单的代数问题,难题迎刃而解。1989年叶玄在北京遇到钱学森时,问他当时怎么想得那么巧:"这么复杂的运算,到您手里就变得那么简单了?"钱学森淡然一笑道:"那算不得什么,小技巧而已。"

学业上的优势为这名留学海外的中国学生争得了个人与民族的自尊心。钱学森说:"麻省理工学院在当时也算是鼎鼎大名了,但我觉得没什么,一年就把硕士学位拿下了,成绩还拔尖。其实这一年并没学到什么创新的东西,很一般化。""因为成绩不但比美国学生好,而且比在那儿同班的其他外国人都好,对洋人的迷信开始打破。对麻省理工学院的教授也没有多大的钦佩,觉得他们不过如此。"

学业之外的钱学森,在性格上偏安静内敛,并不那么热衷于社交,钱永刚曾说父亲"这一辈子从

钱学森在美国麻省理工学院留学期间留影

来不喜欢高朋满座"。身在异乡，加之这样的性格特质，钱学森的留学生活在忙碌之外难免孤独，好在有音乐相伴。1935至1936年，波士顿交响乐团一共举行了20场演出，钱学森场场不落，这是他读硕士时唯一的娱乐方式。

1936年3月31日钱学森给表弟李元庆写了一封信。当时李元庆在江西省推行音乐教育委员会担任《音乐教育》杂志编辑，他此前写信向表哥约稿，要钱学森谈谈对杂志的看法并介绍美国音乐界的情形。钱学森在信中顺带谈及自己的学习与业余生活状况："现在我实在忙得不可开交，恐怕不能有时间写点比较像样的文章了。""以我所在的学校而论，住校的约有四百人，但是我每星期到波士顿交响乐厅去，同我一起回校的，不过二、三人，有时一个也没有。"①

1936年9月，钱学森完成硕士毕业论文《湍流边界层研究》(*Study of the Turbulent Boundary Layer*)，但实验设备存在的问题与限制，使他无法得出确定的研究结论。这或许令好胜的钱学森颇感无奈与沮丧。

与此同时，在毕业后的去向问题上，当时的钱学森遭到了美国的歧视与限制。他回忆道："因为学工程一定要到工厂去，而美国航空工厂对中国人不欢迎。"这使得钱学森不得不考虑自己未来的方向。对他而言，这次毕业不像以往在国内成长求学时那么顺利与简单。

1936年夏，钱学森做出了一次重要的选择：继续攻读博士学位。

毕业之前，钱学森也曾有过去苏联工作的念头，他在入党自传中说道："在麻省理工学院时遇当时苏联派在那儿学习的一位同学。我曾特别和他交谈过一次，问他我能不能到苏联去工作，他说可以和纽约的苏联贸易公司接洽。我那时的心情是：不想回国民党中国工作，学好了想到苏联去做事。"硕士毕业后，钱学森终究因为"当时的美国公司不接受中国人去工作，于是只好改行到加州理工学院航空系，学习航空理论"。钱学森决心追随力学大师、加州理工学院古根海姆航空实验室（GALCIT）主任冯·卡门教授攻读博士。

起初父亲并不赞成钱学森读博，认为儿子不该"重理论而轻实际"，应走工

① 钱学森：《美国通信》，《音乐教育》1936年第四卷第四期。

程救国道路，回国后多造飞机抗击侵略者。对于钱学森的这一决定，冯·卡门、钱家治及钱学森自己先后表达了见解。

冯·卡门回忆自己与钱学森的初次会面时说：

> 1936年的一天，他来见我征求我对他下一步研究生学习的意见。这是我们初次会面。我一抬头，看见一位身材略显矮小的年轻人，他表情严肃，异常准确地回答了我的问题。我顿时体会到他那敏锐的思维，就建议他来加州理工学院继续深造。

钱学森致信钱家治，信中写道：

> 儿学森怀着异常兴奋的心境，向大人报告一个喜讯：我自10月份起，转学加州理工学院，投师于非常杰出的空气动力学权威冯·卡门。冯·卡门教授于加州理工学院主持航空学系。全世界的科学界对这位大师都极为向往。大师的治学态度极为认真，只有基础扎实、最守纪律的学生，……才有资格在他手下从事研究工作。总之，冯·卡门的谦逊和热情，对事业一丝不苟的态度，以及严谨的治学精神，皆给儿以很大影响。儿将追随这位大师攻读空气动力学，也将在这位大师身边度过对儿一生事业具有关键意义的时光……

钱家治复函钱学森：

> 重理论而轻实际，多议论而乏行动，是中国积弱不振的一大原因。国家已到祸燃眉睫的重要关头，望儿以国家需要为念，在航空工程上深造钻研，而不宜见异思迁。

此外，当时对钱学森这一决定发表重要见解的还有一个人——他未来的岳

蒋百里（1882—1938），近代著名爱国军事理论家，钱学森妻蒋英之父

父蒋百里。

蒋百里早年与钱家治是求是书院的同窗好友，又都赴日留学，后在北京工作时，两家常有来往。1936年，蒋百里作为国民政府军事委员会高级顾问考察欧洲和美国军事，其间于11月蒋百里夫妇到旧金山看望钱学森，并对他转向航空理论研究的决定给予鼓励和支持。蒋百里回国后见到钱家治说："学森的转向是对的，你的想法却落伍了。欧美各国的航空趋势，进于工程、理论一元化，工程是跟着理论走的，而且美国是一个富国，中国是一个穷国，美国造一架飞机，如果有理论上的新发现，立刻可以拆下来改造过，我们中国就做不到。所以中国学习航空，在理论上加工是有意义的。"

最终，蒋百里说服了钱家治支持儿子的选择。钱学森后来曾感慨道："对我这一生影响和帮助最大的有两个人，一个是周恩来总理，一个是蒋百里先生。""蒋百里先生不仅是我的岳父，他还是我最早的师长和引路人。"[①]

从读博的这一决定中可以看到钱学森在掌握个人命运上的主动性。一方面，在美国工厂歧视中国人的被动局面下，这是钱学森基于自身的兴趣专长、对理论研究的价值判断以及对导师冯·卡门的仰慕而作出的主动选择。另一方面，在过往的成长阶段，受到父亲与师长显在或潜移默化的引导，不管是考大学还是后来转专业，钱学森的选择都是符合父亲期待的。此次与父亲出现意见分歧，钱学森的选择与坚持也体现出了他在自主性上的成长。正是这次选择开启了钱学森一段辉煌的人生历程。

同时这一选择也让钱学森遇到了人生中的重要导师——冯·卡门。冯·卡门当时已是世界著名的力学大师和空气动力学权威，被认为是20世纪最伟大的航天航空科学家。他天马行空、侃侃而谈，学术和社交能力都十分突出，在学界、

---

① 蒋连根：《钱学森与蒋百里》，载陶福贤编著《千古一族》，京华出版社，2004年，第64—65页。

政界、工业界等领域往来自如、游刃有余。钱学森则勤奋、严谨、偏内向，同时具有敏锐的洞察力。

师徒二人的天赋和性格特质使他们的合作关系颇有一种互补与相互成就的意味。冯·卡门拥有天才的物理洞察力，能将空气动力学问题形象化并直达问题的关键。钱学森则总能以他的毅力和在应用数学方面的天赋，高质高效地将冯·卡门的理念付诸实践。钱学森后来在加州理工学院的同事和挚友弗兰克·E.马勃（Frank E. Marble）教授认为"钱学森是冯·卡门所遇到过的最佳拍档"，他评价道："我和他们都一起工作过，当你看到他们两个在一起时，你便看到了创造。"冯·卡门回忆自己与钱学森的合作时也说："他与我一起研究了许多数学问题。我发现他想象力很丰富，并成功地将数学天赋与准确构想自然现象背后的物理图像的能力相结合。他还是个年轻的学生时，就在不少艰深的命题上协助我厘清了一些理念。我感到这种天资是少见的，钱和我成为了亲密的同事。"而导师冯·卡门的培养与器重对钱学森在科学研究上的训练、科学事业上的发展和科学视野的开拓也功不可没，钱学森后来能够成为一名战略型的科学家在很大程度上得益于导师的影响。

冯·卡门（1881—1963）

钱学森（前排左一）等在冯·卡门家中

崭露头角：加州理工学院航空理论博士研究生

（1936年10月至1939年底）

1936年10月，钱学森前往加州理工学院航空系师从冯·卡门攻读航空理论。

来到加州理工学院后，钱学森一下子就感受到整个校园突出的创新精神，以及其浓厚、活跃的学术氛围。他回忆道："在这里，你必须想别人没有想到的东西，说别人没有说过的话。拔尖的人才很多，我得和他们竞赛，才能跑在前沿。这里的创新还不能是一般的，迈小步可不行，你很快就会被别人超过。你所想的、做的，要比别人高出一大截才行。"在一次学术讨论会上，冯·卡门讲了一个非常好的学术思想，马上就有人问："把这么好的思想都讲出来了，就不怕别人超过你？"冯·卡门说："我不怕，等他赶上我这个想法，我又跑到前面老远去了。"这让钱学森印象深刻，他说："我到加州理工学院，一下子脑子就开了窍，以前从来没想到的事，这里全讲到了，讲的内容都是科学发展最前沿的东西，让我大开眼界。"

回忆起读博的经历，钱学森说："我本来是航空系的研究生，我的老师鼓励我学习各种有用的知识。"他选修了不少理科课程，如微分几何、复变函数论、量子力学、广义相对论、统计力学等。此外，他还常去旁听其他许多前沿的大师课程，钱学森说："我到物理系去听课，讲的是物理学的前沿，原子、原子核理论、核技术，连原子弹都提到了。生物系有摩根这个大权威，讲遗传学，我们中国的遗传学家谈家桢就是摩根的学生。化学系的课我也去听，化学系主任L·鲍林讲结构化学，也是化学的前沿。他在结构化学上的工作还获得诺贝尔化学奖。以前我们科学院的院长卢嘉锡就在加州理工学院化学系进修过。L·鲍林对于我这个航空系的研究生去听他的课、参加化学系的学术讨论会，一点也不排斥。他比我大十几岁，我们后来成为好朋友。他晚年主张服用大剂量维生素的思想遭到生物医学界的普遍反对，但他仍坚持自己的观点，甚至和整个医学界辩论不止。他自己就每天服用大剂量维生素，活到93岁。加州理工学院就有许多这样的大师、这样的怪人，决不随大流，敢于想别人不敢想的，做别人不敢做的。"

广泛学习之余，钱学森在自己的专业上也做到了"深耕"。第一学年，在完成课堂作业外，钱学森尽可能收集了世界各国的航空学研究资料，加以系统性阅读，在这项工作上他平均每天要花10个小时。钱学森回忆道："我在做博士论文的时候，把关于空气动力学方面的英文的、法文的、德文的、意大利文的200多篇文献全部看过，而且进行了仔细分析，以求理清空气动力学的来龙去脉。"在和冯·卡门合作研究可压缩流体中的边界层问题时，钱学森并没有按照老师的最初建议只做一下数学运算就交卷完事，而是先收集和阅读了大量参考文献，写下了450页的笔记，改正了很多前人不足的地方，然后才整理他的论文。[1]

钱学森读博的时期，航空界正在从低速飞行向高速飞行的技术方向发展。他研究了一些高速飞行中出现的新问题，并取得了重要学术成果，包括从理论上预见了实现高速飞行将面临的"热障"问题，以及提出用于计算高速飞行下机翼翼面压力分布的"卡门-钱近似"公式等。这使他在航空界声名鹊起。弗兰克·E.马勃教授指出，"在快速、经济的数值计算方法出现之前，'卡门-钱近似'公式一直是最准确的计算公式"，钱学森博士论文的发表"立刻使他跻身顶尖理论家的行列"。[2]1939年6月，钱学森凭在航空、数学与流体理论领域的研究工作获得加州理工学院博士学位。

在读博期间，钱学森另一个重要的身份是加州理工学院古根海姆航空实验室火箭小组的成员。这个曾被称为"敢死队"的火箭研究小组是由钱学森的同学、同为冯·卡门指导的博士生弗兰克·马林纳（Frank Joseph Malina）于1936年初组建的，后来发展成加州理工学院喷气推进实验室，如今隶属于美国航空航天局。1937年春，钱学森加入火箭研究小组，成为小组的理论家与创始

---

① 庄逢甘：《钱学森的科学精神和科学作风》，载王春河、陈大亚、刘登锐等编《钱学森的大师风范》，中国宇航出版社，2011年，第58—59页。

② 富兰克·E.马勃：《钱学森在加州理工学院——他对科学、技术和教育的影响》，载宋健主编《钱学森科学贡献暨学术思想研讨会论文集》，中国科学技术出版社，2001年，第21页。

钱学森的博士毕业照

1938年的钱学森

人之一。火箭小组成员共有6位：马林纳、约翰·W.帕森斯（John W. Parsons）、爱德华·福曼（Edward Forman）、A.M.O.史密斯（Apollo M. O. Smith）、韦尔德·阿诺德（Weld Arnold）和钱学森，他们最初的目标是研制探空火箭。

1937年春至1938年秋，钱学森在火箭小组的主要工作包括火箭研究文献资料的调研分析、火箭发动机热力学问题研究等。1937年6月，火箭小组的研究成果形成了论文集《GALCIT火箭研究项目报告》，其中收录了钱学森的一份研究报告。到1938年，火箭小组已经取得了一些实质性的成果，他们的研究与试验引起了加州理工学院和媒体的注目。

读博之余，钱学森还参加了由马林纳（当时也是美国共产党洛杉矶支部成员）介绍的一个马列主义学习小组。

钱学森在入党自传中写道："到了加州理工学院的第二年，即1937年秋间，认识了同学马林那[1]，他因思想比较进步，结成良友。由于他的介绍，我参加了当时在加州理工学院中的马列主义学习小组，也得识该小组的书记槐因包母[2]。记得我们念的是英国斯崔奇著的一本书。后来小组也学

---

① 现译为"马林纳"。
② 现译为"威因鲍姆"。

习过恩格斯的《反杜林论》。其他每星期例会常讨论时事，当时主题是反法西斯和人民阵线。由小组组织参加过几次当时美共书记布劳得的讲演。"

这个小组成员间有共同兴趣，时常在晚上相聚一起听音乐、读书、辩论、下棋，讨论音乐、火箭、政治与社会问题。在钱学森的印象中，这个学习小组并不那么严密，也"不像一支想从事革命的队伍"。不过该小组对当时中国的处境比较同情，钱学森从中获得了一丝安慰。大致在1940年时，因成员纷纷离开，小组便解散了，钱学森也与之中断了联系。但他并不知道参加小组活动后来会招来麻烦，成为他被美国司法部怀疑是共产党员的重要原因之一。

1938年6月，钱学森已留学满3年。根据清华大学的公费留美期限规定，他已达到了资助年限的上限。早在读博之初，钱学森就曾申请延长奖学金资助年限。1937年3月，清华大学第124次评议会通过了延长钱学森一年资助的决

纳粹和法西斯主义在德国、意大利和西班牙的兴起

馬克思關於資本主義制度注定將帶來全球動亂的預言是否很快就將實現

蘇聯社會主義興起是一個激動人心的實驗

火箭　音樂　日軍全面侵華、南京大屠殺

表现钱学森参与马列主义学习小组活动的漫画
（该漫画由作者依据张纯如的描述提供创作脚本，由钟诺傥绘制。）

定。此时延期已到，按要求钱学森应回国接受工作安排。博士在读的他和导师冯·卡门分别给清华大学校方去信，申请延长公费助学期限。

1938年6月7日钱学森致函清华大学校长办公处，信件内容为：

　　迳启者：

　　学生于民国二十四年出国习航空工程，第一年在麻省理工大学[①]，第二年及第三年在加省理工大学[②]。然学问非易事，学生现在始觉对独立研究有相当把握，今年二月间曾与房卡门[③]教授联名在美国航空学会年会发表论文一篇（已在该学会会刊发表）题为"可压缩流体中之界流层"（*Boundary Layer in Compressible Fluids*）。现在待发表者又有论文一篇，题为"砲（炮）弹偏斜时所受之空气阻力"（*Supersonic Flow over an Inclined Body of Revolation*）。然学生以为如能在房卡门教授门下再有一年之陶冶，则学生之学问、能力必能达完美之境，将来回国效力必多。房卡门教授亦以为在现在情形之下，此亦上策。故学生乃敢呈请再延长公费一年至民国二十八年七月为止。

　　此致
国立清华大学校长办公处

　　　　　　　　　　　　　　　　二十三年考取留美公费生
　　　　　　　　　　　　　　　　　　钱学森谨上
　　　　　　　　　　　　　　　　　　六月七日

1938年6月8日，冯·卡门致函清华大学校长梅贻琦，请求延长钱学森的奖学金期限。信中说：

---

① 即麻省理工学院。
② 即加州理工学院。
③ 即"冯·卡门"，下文同。

我由衷地赞同钱学森的申请，上个月钱先生已非常成功地通过了博士考试，然而他仍致力于他的论文。这一延迟并非是他的过失，而是根据我的建议，另他还在从事其他课题研究。他的研究成果之一已经和我联名发表在美国《航空科学学报》上了。第二篇论文已经完成，拟刊登在美国机械工程师学会主办的《应用力学杂志》上。这篇论文作为对理论弹道科学的重大贡献，曾经引起美国陆军兵工署的关注。他的第三篇有关火箭推力的论文已经完成手稿，将在近期发表。因此，你就明白了钱先生的科研活动是大有前途的。我深信钱先生的奖学金如果延长一年，他将会完全成为一位"高速压缩流体理论和弹道理论"的专家。我觉得特别是后一领域对于你们国家的未来是非常重要的。我希望您会给予钱先生下一学年的奖学金。

再次申请延长资助期限后，1938年秋，钱学森开始集中精力完成博士论文。此时的他对于博士毕业后的去向已有了决定，钱学森后来在入党自传中回忆道："这时在我思想中的问题是回国参加抗日战争呢，还是留在美国继续在力学方面作研究。一方面由于我对国民党政府没有信心，一方面由于房卡门的劝告，说什么在美国作科学研究也能加强反法西斯的力量，我就留下来了，做加州理工学院航空系的研究员。"

钱学森的品行与成绩赢得了导师的赏识，也获得了同伴的赞赏。

1938年12月，马林纳正忙于向巴黎一个科学竞赛提交论文，钱学森毫不吝啬地提供了许多帮助。这篇论文后来使马林纳赢得了1939年法国REP-Hirsch宇航奖金奖。马林纳在给父母的信中感慨地说："钱学森真应该署上名字，因为许多想法都是在他的帮助下完成的。他确实是个了不起的同伴。我希望我可以像他那样锲而不舍地工作。在过去的十天里，他夜以继日地研究一个难题，结果发现数学解并不令人满意。他离开了办公室，后来他又说要鼓起勇气重新再来。他是有能力的。"在这个故事中可以看到，尽管忙碌、好强，年轻的钱学森对待学术荣誉却保有一份从容而不计较个人得失的心态，愿意无私地帮助同伴。

1939年，钱学森与火箭小组的其他成员开始参与美国火箭发展的一项开拓性研究工作。当年1月，火箭小组开启了与官方的首次合作，这也是美国陆军航空兵的第一个火箭研究计划。7月，小组拿到了一笔1万美元的合同项目——"美国陆军航空兵喷气推进研究项目"，即为美国陆军航空兵研制重型轰炸机喷气助推起飞装置（JATO）。两年后，这项研究开始取得实际成果。1941年8月，一架小型Ercoupe飞机在March基地进行固体火箭助推飞行试验成功，这是美国第一架用喷气助推起飞的飞机。1942年4月，液体火箭助飞试验成功，飞行员驾驶A-20轰炸机在莫哈韦沙漠干湖床试飞。该试验飞机成为美国第一架采用固定火箭动力装置起飞的飞机，也是美国实际运用火箭的起点。

该计划自1940年被列为高度军事机密项目后，钱学森因其侨民身份被迫退出。但他曾在1939年参与喷气助推项目计划撰写、固体推进剂研究等工作，且钱学森此前在火箭小组所做的工作也成了该项目基础理论研究的重要部分。冯·卡门评价道："钱对加州理工学院的喷气助推起飞计划作出过重大贡献。"

1939年9月，钱学森留校担任加州理工学院航空系研究员，继续与冯·卡门一道从事空气动力学领域研究。这一阶段钱学森在学术上的初步成绩使他在航空界崭露头角，为他奠定了在这一专业道路发展的高起点。此后，钱学森在航空和火箭技术等领域的事业发展一路"高开高走"。

暂退火箭小组：加州理工学院航空系研究员
（1940年初至1941年末）

这一时期钱学森的主要身份是加州理工学院航空系的研究员，他把工作重点放在了非涉密的研究领域，主要研究固体力学中的薄壳屈曲问题以及承担一项风洞设计项目。

钱学森获得博士学位后，便开始对薄壳的失稳问题产生兴趣。当时第二次世界大战已经开始，飞机在战争中的重要作用益发明显，各国正在设计和制造全金属薄壳形式的飞机。薄壳结构具有重量轻而强度高的优点，但当其接受的载荷超过一定数值时，壳体会发生皱瘪而失效，即屈曲。设计师需要知道发生这种屈曲的临界载荷大小，可是用经典线性理论计算得到的数值却远高于试验值。飞机设计师为了安全起见，只能根据相当分散的试验数据来确定临界载荷的数值，要解决这一理论和实验之间的矛盾，在理论突破、数学计算和实验测控上都存在很大困难。钱学森通过深入、系统的研究，解决了这一困扰航空界多年的难题。他于1939年10月与冯·卡门合作完成《球壳外压屈曲》一文。由于计算结果确实和试验值很接近，其理论很快被学术界和工程界所接受。

在1940年到1942年间，钱学森又发表了多篇相关论文。其间，在撰写《圆柱壳在轴压下的屈曲》一文时，钱学森进行了大量推导和演算，在经历了多次失败后才取得计算结果。他反复推敲，前后写了5份文稿，演算草稿有800多页，最终正式发表的论文仅10页篇幅。完稿后，钱学森在存放手稿的文件袋上用红笔写下"Final"（意为"最终"），即最后的定稿，但随后他又颇具意味地补写了一句"Nothing is final！！！"（意为"没有什么是最终的"）。

与此同时，钱学森在1940年至1942年的另一项主要工作是受冯·卡门委托，与另外两位同事共同参与学院与美国陆军军械部的合作项目，在加州理工学院古根海姆航空实验室设计、建造弹道试验用的超声速风洞。

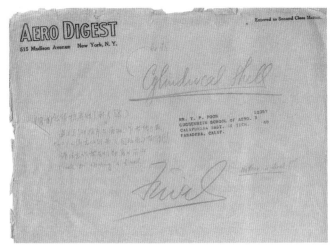

钱学森存放论文《圆柱壳在轴压下的屈曲》手稿的文件袋

风洞是一种能人工产生和控制气流以模拟飞行器或物体周围的气体流动，并可测量气流对物体的作用以及观察其物理现象的管道状地面模拟试验设备，它是空气动力试验最常用、最有效的工具。[①]

在该项目中，钱学森主要负责为风洞设计进行全面的方案论证和分析计算。到1942年，他们造出了全美第一个速度可达4马赫[②]并连续运行的超声速风洞。

或许正是这次风洞设计实践，促使钱学森于1942年9月完成了论文《风洞收缩锥的设计》，发表于1943年的《航空科学杂志》。他在麻省理工学院风洞实验中遇到的问题，即他硕士论文中的遗憾，此时终于得到了解决。

除了开展相关研究工作，钱学森在担任研究员期间，作为冯·卡门的助手也帮助导师指导研究生的论文。根据1942年11月钱学森填写的《美国海陆军外籍工作人员调查表》，当时钱学森在加州理工学院年薪为2 000美元。

1947年，钱学森回国期间与王助合影

这一阶段，钱学森收到了两次来自祖国的工作邀请。是否回国的选择摆到了他的面前。

1940年春，钱学森在留美预备期间的指导老师王助（时任成都中国航空研究所副所长）来信要求他回国到研究所工作，该所正谋划扩建为院，急需人才。钱学森争取再多待一年，并愿为研究所担任一年顾问。

对钱学森来说，获得博士学位后回国服务是公派留学的规定，他本人也一再表示学成后尽快回

---

① 许晓斌主编：《常规高超声速风洞与试验技术》，国防工业出版社，2015年，第1页。

② 马赫：物理学单位。马赫数是流体速度与当地音速的比值，是音速的倍数。

国效力，而且他在思想上是把报效祖国看得极重要的。虽然迟早要回去，但什么时机回去是不得不考虑的：一方面，当时祖国山河破碎，国土沦丧，日本侵略者得寸进尺，而钱学森对以蒋介石为首的国民党政府毫无信心；另一方面，钱学森的研究工作正处于重要进展时期，当时他正在参与加州理工学院的风洞设计项目，这些工作将来对他效力祖国也会大有帮助。

1940年4月20日，冯·卡门致信王助，希望钱学森继续协助自己从事科学研究工作。冯·卡门在信中说道：

> 我想要强调的是，并不是我有意拖延钱学森博士为中国效力。然而，正如你所说的，我相信一个人可以以不同的方式有效而忠诚地为他的祖国服务。我认为，让钱学森在回中国前在航空工程学和航空科学的不同领域从事研究，这不仅是为了钱学森的利益，也是为了中国的利益。他已经在高速空气动力学和结构方面有了突出建树。我们现在正在研究浮体和船舶的水动力学问题。我希望我们能解决目前存在的诸多疑问点。我认为这是个重要的课题，而且对贵单位来说，有一个全面了解表面规划问题的人也有好处。
>
> 出于这些观点，我建议让钱学森在加州理工学院多待一年。当然，我非常欣赏钱学森作为一位合作者的出众能力和个人品行，但相信我，亲爱的王助上校，我的建议并不是缘于自私。

王助于6月24日复函表示同意。

1940年钱学森同意担任成都航空委员会航空研究所的通信研究员（一说"委托研究员"）。同年12月7日，他完成论文《高速气流突变之测定》，后作为该所研究报告第二号单行本出版。

另一次工作邀请来自清华大学。在钱学森旅美期间，清华大学曾于1939年、1941年、1944年三次拟聘钱学森。

1939年，钱学森博士毕业不久，当年7月5日清华大学第四次聘任委员会的决议上写着："聘钱学森先生为航空工程研究所副教授，月薪二百八十元。"该聘书后因故未发出，因此当时钱学森本人未必知晓有此事。至于聘书因何故未发出，则有两种说法：一说是由于"当时战事正酣"而未能及时发出，一说因时任清华大学航空研究所所长兼航空工程系主任的庄前鼎得知王助的聘请未能实现，并从王助处获悉钱学森在1940年4月时表示要在美国延长一年，就暂不继续行动，待来年再说。两种说法并不矛盾，综合来看，或许清华大学是先因战事拖延聘请，后因王助提供的消息故未发出聘书。

1941年春，清华大学第二次拟聘钱学森。当时，庄前鼎给由清华大学派出、正与钱学森一起工作的张捷迁接连去信两封，让他及时了解钱学森的情况。

张捷迁是美籍华人科学家、教育家和社会活动家，也是纽约科学院院士、台湾"中央研究院"院士。他长期从事空气动力学、流体力学和气象学研究。1934年起，张捷迁在清华大学执教，主持设计中国第一个风洞实验。1940年9月，他赴美国加州理工学院师从冯·卡门攻读博士学位，后在美国多所大学任教。他是首位实现在实验室里模拟龙卷风和飓风的科学家，晚年为东北大学复校及其发展作出重要贡献，曾任东北大学校董会常务董事、东北大学名誉教授等职。[1]

1940年9月，张捷迁成为冯·卡门的博士研究生，在加州理工学院，他与钱学森共用位于古根海姆大楼第三层的一间办公室。在一年多的时间里，张捷迁几乎每天都与钱学森见面。他曾回忆道："钱学森和我是非常好的朋友。他很安静、保守，从不

1939年7月5日清华大学第四次聘任委员会的决议（原件存清华大学档案馆）

---

[1] 杨佩祯主编：《东北大学教授名典》，东北大学出版社，1999年，第80页。

对政治问题表露情绪，也许只有一次，或两三次。我们都对日本入侵中国非常担忧，深感失望。那时我们感到中国没有希望。我们心念国事，却感到无能为力。我们每天都在一起吃午饭和晚饭。有时候我们非常努力地工作，以至于晚饭后还要回到办公室。我有时会早点走，在午夜之前离开。而钱学森却无休无止。即便过了午夜，他的房间还是灯火通明。"

从张捷迁的叙述中，我们能够了解当时的钱学森面临国内工作邀请时的状态与心境。1941年4月1日，张捷迁致函庄前鼎，谈及聘请钱学森事宜："钱学森君造诣极好，成大学者。晚与其同房办公，得益正多。今年暑假，彼有意回国（也许不回去，看情形），我所中欲请伊否？倘有意，最好先进行，免为他处请去。"

庄前鼎收信后于5月3日致函清华大学校长梅贻琦，提出"钱学森聘任委员会前年已通过，请即航函或电报邀聘"。5月6日梅贻琦复函庄前鼎，称"关于聘请钱学森君任教事，此间于上月已拍电报催其返国，唯至今尚未得复"。

钱学森虽然没有接受这两次来自国内的工作邀请，且夜以继日地忙于科研，

1940年，钱学森（前排左一）与张捷迁（二排左一）等加州理工学院部分中国同学合影

但内心却非常思念故土。1941年春，著名画师姜丹书创作《西湖一角》并寄赠旅美的钱学森。钱永刚回忆道："这幅画是父亲让我爷爷钱均夫请姜丹书创作的，因为父亲在美国没有时间回国，所以非常希望能够有这样一幅反映故乡的画寄托思乡的感情。"1955年钱学森回国时将此画一起带回，并一直珍藏。钱永刚说："父亲在晚年的时候，曾特意让我把这幅《西湖一角》给找出来，挂在他的卧室里，而我父亲一般不会随意在他的卧室里摆放东西，所以这幅画对我父亲来说很重要。"①

这幅清新雅致的中国画在留美岁月中曾带给钱学森思乡的慰藉，又在晚年时候被他重拾与回味。这份珍视中蕴藏的正是钱学森一生牵系于心的家国情。

钱学森收藏的画作《西湖一角》

而立之年：事业全面开花
（1942 年初至 1944 年 12 月）

1941年底，太平洋战争爆发，二战规模升级。在紧急备战氛围下，美国再也不愿浪费外国科学家的才干，放宽了对外国人参与机密研究的限制。

---

① 吕成冬、魏红：《钱学森图书馆藏国画〈西湖一角〉的考证与解析》，载上海交通大学钱学森图书馆编《钱学森研究2012》，上海交通大学出版社，2015年，第147—150页。

钱学森曾因外国人身份而退出火箭小组与军方的合作项目。但到1941年8月，美国司法部已将钱学森的移民身份从学生改为访问科学家，使其可以继续自己的研究。到1941年底，钱学森不再被隔离于高级别军事项目之外。此后，钱学森在事业上迎来了一次跃升。在1942年初至1944年12月的三年中，钱学森身兼数职，事业上全面开花。

1942年起，钱学森在加州理工学院走上执教岗位，担任美国第一个喷气推进技术训练班教员（1942年至1944年）。

这一年，美国陆军与海军委托加州理工学院利用古根海姆航空实验室和喷气推进实验室的师资，举办了美国第一个喷气推进技术训练班，推出美国第一批喷气推进工程研究生课程。起初，课程仅向美国陆军和海军军官们开放，后来授课对象扩大到被选定的其他学生。但他们当中一半学员是军人，是一群特定的由政府选派来攻读航空学硕士学位的年轻军官。这些拥有工程学学士学位和卓越领导能力的军官们将被培养为未来美国军工业研发领域的领导者。钱学森讲授两门课程：工程学的数学原理、喷气推进理论，并无偿地额外为学生增开了流体力学研讨班。

许多学生都很怕这位中国老师，他们对钱学森的印象多是严肃、不苟言笑，对学生的点评犀利而冷酷，要求十分严苛。正如冯·卡门所说的，"在加州理工学院，钱学森并不算是受欢迎的教授，因为他尖锐、缺乏耐心，对学生有点傲慢"。但冯·卡门同时认为"对学生们来说，与他多接触接触，看看他如何解决技术问题，是非常值得的"。钱学森对学生虽然缺乏亲和力，但作为老师却极富责任心与奉献精神。对那些他认为有潜力

钱学森在美国加州理工学院走上执教之路

的人才，钱学森毫不吝惜自己的时间和精力。钱学森的一位学生、喷气推进实验室的工程师莱纳德·爱德曼（Leonard Edelman）回忆道，有一个非军方项目遇到了水动力学上的技术问题，"出于好心，钱学森为我们安排了一个额外的免费的流体力学研讨班，用的是贺拉斯·兰姆（Horace Lamb）的著作作为教材"，"这需要花上好几个小时的准备，对于他所讲的约15个小时的总课时，我想钱学森至少花了5到10倍的时间来备课。他这样做完全是出于对学生的无私奉献，不计报酬"。

爱德曼曾经问钱学森："你是如何保持如此愉快而热情的态度的呢？"钱学森回答："我每天早上起床，尽我所能完成当天的工作，不管工作内容是什么。而当我的头靠在枕头上时，我觉得我很好地工作了一天，这就够了。我很高兴。"这番话一直留在了爱德曼心中，成为他从钱学森这位老师身上学到的宝贵一课。

在这段"初为人师"的经历中，钱学森身上所表现出的严肃、严格与细致、关怀、负责、奉献的品质贯穿了他此后的执教生涯，这也体现了钱学森严谨治学和重视人才培养的一贯态度。

自1942年3月起钱学森开始担任美国航空喷气公司顾问（1942年3月至1950年）。1941年，马林纳建议火箭小组成立一家公司，生产喷气助推起飞发动机，并将产品卖给军方。公司创办时，钱学森参与了一些外围工作。1942年3月19日美国航空喷气公司正式成立，冯·卡门出任总经理，马林纳为财务主管，钱学森任顾问。在公司创办初期，钱学森经常被请去提供咨询，帮助公司解决在生产过程中碰到的各种技术难题。

公司一开张就有生意，到1942年12月，航空喷气公司已经拥有120名员工。1943年，公司迎来第一次重要突破，它得到了海军的一份大合同，为海军建造用于舰载飞机上的喷气助推起飞发动机。在被通用轮胎和橡胶公司收购后，美国航空喷气公司迅速成为全美最大的火箭和推进剂制造商之一，在20世纪60年代发射了美国第一枚太空火箭，并建造了全世界最大的火箭发动机。1994年，它成为美国通用公司的一部分，其销售额超过5.94亿美元。冯·卡门曾指出，该公司在美国现代防务计划方面起着关键作用。

1942年末，钱学森获得了机密研究许可证。当年11月10日，钱学森填写了《美国海陆军外籍工作人员调查表》。11月16日，冯·卡门致函美国战争部军械部，推举他参加一项合同项目，信中说：钱学森已在美国七年，现在被加州理工学院聘请为研究人员和教师，是目前从事超声速飞行研究最优秀的专家之一；他在该领域发表的论文为他赢得盛誉，聘用他对完成合同的研究工作是必要的；钱学森对美国和联合国事业的忠诚是毫无疑问的。在冯·卡门的帮助下，1942年12月1日，钱学森获得了涉密研究许可证。他被准许参与陆军、海军、陆军航空兵、战争部和科学研究发展局的机密合同工作，接触到他此前不被获准接触的高级别准入工作。此后，钱学森参与了战争部、陆军航空兵和陆军军械部的合同项目。他的日程越来越紧张。

1943年9月1日，当了4年研究员的钱学森被加州理工学院聘为航空系助理教授（1943年9月至1945年11月）。

在这一阶段，钱学森又回到了火箭小组。火箭小组在此时期发展成了规模更大的喷气推进实验室。钱学森为喷气推进实验室的发展以及为美国第一批军事火箭导弹的研制作出了许多重要的、奠基性的贡献。

一是钱学森参与撰写了美国导弹计划的第一份正式建议书。

1943年夏，美国陆军发现德国大规模建造火箭和导弹的情报后，陆军航空兵官员请马林纳和钱学森提供一份远程导弹潜在能力的分析报告，建议他们研究用火箭发动机推进弹道导弹的可能性。为此，他们撰写了《远程火箭的评论与初步分析》，其中提出了三种火箭导弹的设计思想。冯·卡门评价这份研究报告"水平很高"，并附上一份备忘录《远程火箭的可能性》，强调立刻着手制定远程导弹发展计划的重要性。1943年11月20

钱学森在加州理工学院办公室

日，这份报告与备忘录被一并提交给陆军航空兵。冯·卡门称，这是美国导弹计划的第一份正式建议书，也是正式使用"喷气推进实验室"这个名称的第一份文件。（马林纳指出，虽然该名称在1944年才首次使用，但喷气推进实验室的工作实则包括了自1936年起火箭小组开展的研究。）但报告提交后并未得到陆军航空兵的支持，而是被陆军军械部采纳。他们鼓励喷气推进实验室能够扩大工作范畴，不仅进行导弹研究，还要包括导弹的实际制造，为此他们将提供研发远程火箭导弹的大笔资金。1944年1月，冯·卡门及其团队制定了以研制带发射架的喷气推进导弹为目的的军械部合同项目"ORDCIT"。冯·卡门称："那时，我们不仅在美国远程导弹计划上起了引路作用，而且还为各军种在导弹方面的角逐开辟了场地。"

二是钱学森为喷气推进实验室的初期发展做了许多工作。

当时喷气推进实验室需要立马扩充人力与设施。起初喷气推进实验室隶属于古根海姆航空实验室（1949年以后由学院直接管理），"ORDCIT"项目的开展使得古根海姆航空实验室将原有的一些陆军项目也改组到喷气推进实验室名下。在喷气推进实验室为远程火箭研究项目草拟的人事架构图中，冯·卡门、马林纳等人将组成执行委员会。在一个名为"加州理工学院研究和基础设计"的分部下，又分弹道、材料、推进和结构四个小组。其中，钱学森拟担任推进组负责人，并将与霍默·约瑟夫·斯图尔特（Homer Joseph Stewart）一起管理弹道组。

1944年3月，钱学森与冯·卡门、马林纳和马丁·萨默菲尔德（Martin Summerfield）一起，对不同类型的各种火箭发动机进行了详细分析，并形成研究报告《用于导弹和超声速飞机的喷气推进系统的比较研究》。

1944年6月，加州理工学院收到陆军军械部"ORDCIT"项目的合同与160万美元资金，以及一份360万美元的续签合同。这是当时喷气推进实验室所有项目中规模最大、资金最雄厚的一项，其最终目标是制造一枚至少能携带1 000磅①炸药、射程达150英里②、最大射程内弹着点偏差不超过2%的导弹。

---

① 磅：英制质量单位，1磅=0.453 6千克。
② 英里：英制长度单位，1英里=1.609 344千米。

基于与美国陆军的多项合作，喷气推进实验室很快开展了对喷气推进发动机的全方面研究。喷气推进实验室成为加州理工学院管理下最大的独立运作机构。1936年火箭研究小组基于兴趣发起的业余研究在8年之内蓬勃发展成为整个学院的一个重大项目。

三是钱学森担任了喷气推进实验室研究分析部首位主任（1944年7月至1944年12月），并带领科学家团队，参与美国第一批军事导弹的研制。

1944年夏，喷气推进实验室设有9个技术部门，依次为研究分析、水下推进、液体推进剂火箭发动机、固体推进剂火箭发动机、材料、推进剂、工程设计、研究设计和远程控制（至1945年1月增至11个技术部门，第十部门为冲压式喷气发动机，第十一部门为实地试验）。钱学森担任喷气推进实验室第一部门研究分析部首位主任，这是他第一次在一个重要科学团队担任负责人。

1944年7月1日，陆军军械部资助的导弹研制工作正式开展起来。作为喷气推进实验室研究分析部主任，钱学森带领10余名科学家，包括刚获得加州理工学院航空学博士学位的林家翘、加州理工学院的博士后研究员钱伟长等人，进行"列兵A"（Private A）导弹的研究工作。

在ORDCIT项目中，钱学森至少对以下几种火箭导弹的研制做出了实际的重要贡献：

"列兵A"（Private A）导弹：这是一枚小型固体推进剂导弹，自1944年夏天至冬天，钱学森负责带队开展对"列兵A"导弹的研究，其设计正是基于钱学森和马林纳在1943年的火箭研究报告中的计算结果。钱伟长和林家翘则做了弹道分析。1944年12月，"列兵A"导弹在加利福尼亚蚂蟥泉一带的莫哈韦沙漠试验成功，成为美国第一个引擎采用固态推进剂且成功发射的导弹。

"列兵F"（Private F）导弹：这枚导弹于1945年4月试验，根据钱学森和马林纳在1943年提出的建议设计，即在"列兵A"导弹性能的基础上，加上弹翼，可在减少有效载荷的情况下使射程增加约50%。该导弹因制造精度、制导系统的欠缺等问题而试验失败，但其背后的理念或许包含了后来被称为"钱学森弹道"（助推-滑翔式弹道）①理念的雏形。

"女兵下士"（WAC Corporal）火箭：这枚火箭于1945年10月11日首次试验，1949年2月在新墨西哥白沙试验场（White Sands）又进行了一次发射试验，从改装的V-2火箭顶部发射出去，最大飞行高度达到244英里，成为美国首次发射成功的高空探测火箭及第一个飞出地球大气层的人造飞行器。钱学森和马林纳1943年的远程火箭研究报告中包含了该火箭的一些基本设计理念。加州理工学院火箭小组在1936年创建时最初的目标便是设计一枚高空探测火箭。"女兵下士"火箭的成功发射意味着火箭小组最初的梦想终于实现了。

"下士"（Corporal）导弹：这枚导弹根据钱学森1944年8月14日所拟定的试验导弹计划设计，于1947年5月22在白沙试验场点火试验成功，1950年代成为美国陆军战术武器，是美国陆军最早投入部署的战术核投掷系统。②

可见，这一阶段的钱学森工作繁忙、成绩斐然，并且逐渐熟悉了与学术界、工业界和军方这三个不同圈子打交道的工作状态。此时的钱学森很快被认为是喷气推进领域的世界级专家。

不过，在这段繁忙紧凑的时光中，钱学森也结识、交往了一批当时聚集在加州理工学院工作或学习的中国学者，包括此后与他"最相知"的挚友郭永怀。数十年后，郭永怀的妻子李佩还记得，那时在加州理工学院教书、做研究的中国留学生有很多，比如周培源、林家翘、钱伟长等。这些年轻人经常聚餐，好几次在钱学森家吃饭，都是他亲自下厨，厨艺不错。那时钱学森已经有私人汽车，他经常载着大家找最好的中国饭馆请客吃饭，或者到郊外野餐、游泳。③

1942年底到加州理工学院喷气推进实验室工作的钱伟长说，当时他们"朝夕相处，从世界大事、国事到学术、音乐、艺术，无所不谈，无所不议。但怀念祖国，怀念同学和亲人，始终是最主要的话题"。

① 关世义：《基于钱学森弹道的新概念飞航导弹》，《飞航导弹》2003年第1期。
② 毛翔编著：《现代非战略核武器概论——美、俄非战略核武器理论发展与部署实践》，航空工业出版社，2017年，第43页。
③ 李佩、张凯、徐娜等：《钱学森认为"最相知"的专家》，《文史博览》，2013年第11期，第15页。

1943年，钱学森（左四）和几位中国研究生在帕萨迪纳（Pasadena）①与周培源夫妇合影

1944年底，正在美国加州理工学院访学的清华大学物理系教授周培源提出建议，认为钱学森从1938年以来，"其学术成就已远非一般，明年如再提聘任为副教授恐有不妥，而以聘为教授为宜"。由此，清华大学启动第三次聘请钱学森的计划，将聘其为航空研究所教授，由周培源转交聘书。

清华校方所不知的是，当时钱学森刚接到新的任务。经冯·卡门推荐和邀请，他将暂别加州理工学院，赴华盛顿的五角大楼参加美国国防部陆军航空兵科学咨询团的工作。

1944年清华大学聘任钱学森的文件（原件存清华大学档案馆）

---

① 美国加利福尼亚州洛杉矶县的卫星城市，加州理工学院位于此地。

1945年4月1日，周培源致函梅贻琦校长："曾与冯·卡门先生谈及钱君返清华事，渠甚为赞同，并表示希望学校方面能给渠一机会施展其抱负。钱君本人当然亦愿回校服务，惟渠拟于欧洲战事结束后往英国住些时候，故一时不能回国，因此渠暂不拟将应聘书寄回，暂由受业妥为保存。"清华大学第三次聘任最终未能实现。

迈向新高度：参加美国陆军航空兵科学咨询团
（1945年1月至1945年6月）

在特定的时代背景下，钱学森的努力与卓越成绩为他赢得了不断上升的机会。1944年底，冯·卡门推荐他眼中的这位天才高徒参加美国陆军航空兵科学咨询团，参与制定美国未来20—50年航空研究发展规划。对钱学森的资历，冯·卡门说："我的朋友钱学森是1945年我向美国陆军航空兵科学咨询团推荐的专家，他是当时顶尖的火箭科学家之一。钱是加州理工学院火箭小组元老，第二次世界大战中为美国的火箭研制作出过重大贡献。他36岁时已经是一个无可争议的天才，他的研究工作大大地推动了高速空气动力学和喷气推进技术的发展。有鉴于此，我提名他为科学咨询团成员。"

钱学森参与美国陆军航空兵科学咨询团工作的时间是1945年1月至1946年2月。其中，1945年1月至6月的半年间，钱学森离开加州理工学院，先是在华盛顿五角大楼办公，后又赴欧洲考察。1945年下半年，钱学森回到加州理工学院工作，并继续完成咨询团的研究报告。

这段在咨询团的工作经历虽然短暂，却是钱学森旅美生涯中独特而有深远影响的一段经历。

1944年9月美国陆军航空兵司令亨利·阿诺德（Henry H. Arnold）邀请冯·卡门组队，集合一批科学家共同制定未来航空研究发展规划。由此应运而生的陆军航空兵科学咨询团（SAG）于1944年12月1日正式组建，1946年2月6日在五角大楼召开了最后一次会议，并于3月1日正式宣告结束咨询工作，前后持续一年多。

　　冯·卡门开列的咨询团名单中共有36位来自高校、研究所、公司的科学家和工程师。在组织上，咨询团成员分为两类：一类是在五角大楼工作的全职顾问，有若干名；另一类是兼职的有偿顾问，他们在咨询团里占多数，不需要常驻华盛顿办公，只根据需要随时待命。冯·卡门为咨询团主席，另有2名副主席，一位是负责科学方面的副主席德莱顿（Hugh L. Dryden）博士，另一位是军事副主席格兰茨贝格（Frederic E. Glantzberg）上校，此外还有2名分别负责行政和秘书工作的军官。最终总人员配备包括约30名平民科学家、约12名军事人员和一班文职人员。

　　阿诺德组建咨询团的目标和要求是，搜索科学调查的每一个角落，寻找能使美国空军立于不败之地的发展方面。他要求专家们把现有的装备作为基础，在所有可能影响"未来空中力量的发展和发挥"的航空领域进行最大胆的预测。为此他鼓励这些专家到任何必要的地方去揭露隐藏在盟友或敌人的实验室里的战时技术秘密。简而言之，他希望专家们展望20年后的未来，并为他之后的空军领导人准备一份可行的指南。

　　1945年1月9日，咨询团召开首次全体会议，此后又于2月7日、3月7日、4月3日召开了全体会议。冯·卡门将咨询团分成为五个临时委员会：飞机燃料、雷达、炸药、弹道学及固体火箭燃料。1945年初，他们开始积累高速空气动力学、动力和通信等专门领域的资料。

　　1944年底或1945年初，钱学森作为全职顾问赴华盛顿五角大楼办公。冯·卡门曾在自传中特地提及四位咨询团成员的名字，称"在组织咨询团期间，他们几位都是我最亲密的同事"，其中就有钱学森。1945年2月至4月，钱学森走访了美国无线电公司实验室、美国国家航空咨询委员会、喷气推进实验室等研究机构，以评估美国飞机发展的方向，并在五角大楼完成了《军用飞机未来发展趋势》的远景规划工作大纲。

　　钱学森在科学咨询团最主要的工作有两项：一是赴欧洲考察（1945年4月28日至6月20日），二是撰写科研调查报告。

1945年3月，第二次世界大战已临近尾声。阿诺德与冯·卡门商议派遣一组科学咨询团成员到德国去搜集反映德国科研发展实际水平的第一手材料。1945年4月底，钱学森、乔治·谢勒（George Schairer）、弗兰克·瓦登道夫（Frank L. Wattendorf）和德莱顿（Hugh L. Dryden）等6名咨询团成员在冯·卡门的率领下组成考察小组动身前往欧洲，以掌握最新的科技发展，并将这些发现融入陆军航空兵的未来计划中。考察小组的行动代号名为"健壮行动"（Operation Lusty）。为了保障考察工作的顺利开展，科学家们都被授予了相应级别的临时军衔和制服，冯·卡门获得了少将军衔及军服，钱学森则是上校级别。

1945年4月28日，考察小组抵达伦敦，在5月至6月间，钱学森随小组调查了德国、英国、法国、瑞士等国的航空、火箭、空气动力学等军事科学技术领域的发展情况，其中以德国为主要调查对象。

赴欧小组的考察为美国国防和科技事业的发展提供了许多有价值的资料。

冯·卡门率领钱学森（右四）等专家顾问飞赴战火纷飞的德国考察（照片摄于1945年5月24日）

例如，5月初考察小组在德国北部布伦瑞克（Braunschweig）城外的赫尔曼·戈林（Hermann Goering）空气动力学研究所发现了大量技术资料，美国军方对这些资料的需求促成了美国国防技术情报局的成立，该机构后来扩大为美国国防技术档案中心，成了西方国家国防科学最大的技术资源库。在该研究所，考察小组也看到了从未见过的后掠翼飞机模型，以及相关论文和试验数据。乔治·谢勒后来返回西雅图波音公司后运用这些资料设计了美国第一架后掠翼B-47轰炸机。冯·卡门还指出，在布伦瑞克缴获的资料中可以看到许多"有趣"的研究工作，如风速对人体影响的研究、带氧气瓶的充压救生衣的研究等，并称"这些研究项目对美国都很有价值"。

此后，小组又考察了德国北豪森（Nordhausen）的V-2火箭制造厂、哥廷根大学；瓦登道夫和德莱顿还考察了慕尼黑的一个尚未竣工的大型航空研究中心，在慕尼黑地区接触了400多名德国工程技术人员，包括从佩内明德导弹研制基地逃出后被美军截住的火箭专家多恩伯格（Walter Robert Dornberger）和冯·布劳恩（Wernher Von Braun），后者正是V-2远程火箭的总设计师。经过多次审问，调查小组对研制V-1导弹和V-2火箭的人事情况有了充分了解。

5月5日，在慕尼黑附近的科赫尔（Kochel）镇，钱学森见到了冯·布劳恩，这次会面促成了一份极其重要的文件的诞生。钱学森请冯·布劳恩撰写一份描述他过去在火箭方面的工作以及他对火箭和航天未来预测的报告，名为"德国液体火箭发展概括及其未来前景"。报告阐述了冯·布劳恩关于人造地球卫星、载人空间站的潜在应用的展望，以及他对于到达邻近天体包括月球飞行的预测。这份报告后来引起了美国海军航空局的注意，并最终促使美国着手制造人造地球卫星。[①]

德莱顿在科赫尔附近还发现了著名空气动力学家鲁道夫·赫尔曼（Rudolph Hermann）领导的一个团队。他们正在研制风速达到7倍声速的新型超声速风洞，此前V-2火箭的空气动力学性能研究主要就是他们完成的。调查小组从该

---

① R. Cargill Hall, "Earth Satellites, A First Look by the United States Navy", October 1970, NASA Technical Reports Server, https://core.ac.uk/reader/42877289.

研究团队处了解到德国洲际火箭的详细情况，他们正在研究、设计的洲际火箭是第一枚供实战用的洲际弹道导弹雏形，对此后美国的相关研究和设计的指导思想影响很大。

在美国太空火箭中心（U.S. Space & Rocket Center）档案中，保留了一份未出版的赫尔曼回忆录。从中可以得知，在多年后，钱学森是美国科学咨询团中唯一在赫尔曼回忆录里被提到的名字，他写道："我记得其中一位冯·卡门的亲密同事，钱博士，因为他曾写过一篇关于'超声速流中锥形体的压力分布'的论文。他是唯一一位就此问题给出完整理论的科学家。我们知道他的理论，因为这篇文章发表于战争结束前两年。我们使用了他的理论，并在我们的风洞中准确地验证了它。我发现，在钱博士所在的国家，还没有人对他的理论进行验证。但我们做了，因为我们有设备，有超声速风洞，有科学家和工程师。"

1945年5月间，钱学森写出了一系列调研报告，反映德国在飞机、火箭、炸弹等多方面的发展状况。此后，钱学森在为美国陆军航空兵撰写的长期规划报告中，正是以这些调研记录为基础，写了一篇名为《德国和瑞士航空学若干领域的最新发展》的报告。

在结束了一个多月的欧洲考察后，钱学森等于1945年6月20日动身返回华盛顿。

1945年8月22日，在咨询团成员的帮助下，冯·卡门向阿诺德司令提交了一篇影响深远的著作，名为《我们的站位》（Where We Stand），这是冯·卡门基于此次欧洲考察的情况所撰写的秘密材料。报告概述了航空研究的现状，首次估量了美国所能开展的工作。但这还只是对未来的中期评估，为了向阿诺德提交一份关于空军未来规划全景的长期报告，咨询团此后又组织了一些考察行程，并致力于起草一份更详尽的规划报告。冯·卡门后来在其自传中回忆这次欧洲考察经历时，还特别提到了一次"不可思议的会见"：

第二次世界大战结束前，我非常高兴地带他（指钱学森——作者

1945年5月，钱学森（左二）与导师冯·卡门（左三）会见路德维希·普朗特（Ludwig Prandtl）（左一）

注）一起到德国考察希特勒的秘密技术发展情况……当钱和我在哥廷根共同审问我昔日的老师路德维希·普朗特时，我意识到这是多么不可思议的会面：后来加入红色中国的我最杰出的学生，与为纳粹德国效力的我伟大的老师会合在一起。境遇是多么不可思议，竟将三代空气动力学家分隔开来，天各一方，他们本来只是希望和谐地一起工作。

记录这一历史时刻的影像资料留存至今，有人称照片中三人的会面是一次"科学史上伟大的会晤"①。一方面，照片反映了政治、战争、意识形态对于科学家各自人生境遇的影响，三代空气动力学家由此"天各一方"，正应了巴甫洛夫那句名言"科学没有国界，科学家却有国界"；另一方面，从学术传承发展的角度来看，它见证了20世纪初克莱茵和普朗特开创的德国哥廷根应用力学学派的传承与发展。20世纪30年代，普朗特的优秀学生冯·卡门把应用力学从德国带到了美国。该学派的突出特点包括：学派领袖拥有丰富的科学知识，学术导师和科研组织者具有权威性及迷人气质；学术风格上具有理论与实际、科学与技术、数学科学与应用科学密切结合的特征；学风上体现了良好的学术交流环境和自由民主的风气。20世纪40—50年代，冯·卡门身边聚集了世界上最优秀的应用力学家，在航空、航天技术方面取得了突破性进展，为人类进入空间时代

① 刘建林、姜礼鑫：《科学史上伟大的会晤》，《初中生世界》2013年第8期。

奠定了科学基础。中国的钱学森、郭永怀、钱伟长、林家翘等就是其中杰出的人才，已是清华大学教授的周培源也曾是冯·卡门的座上客。他们后来又成为哥廷根应用力学学派思想在中国的传播者和实践者，也成为中国近代力学事业的奠基人，对中国近代力学的发展产生了深远的影响。钱学森"技术科学"思想的形成与发展正是得益于旅美时期所受该学派的学科训练。[①]而技术科学的发展又是现代国家实现富国强民的关键支撑，将会深刻地影响一个国家的命运和地位，甚至世界政治的格局。

钱学森在科学咨询团的另一项重要工作是参与撰写美军历史上第一份详尽的科研调查报告。

1945年12月15日，冯·卡门向阿诺德将军提交了由陆军航空兵科学咨询团在经过一系列调查、研究与讨论后所完成的科研报告《迈向新高度》（*Towards New Horizons*）。这份报告的观点指导着美国整个1950年代的军事思想，并对后来美国空军的发展起到了很大作用。

1946年1月初，阿诺德将军在陆军航空兵中分发了这份报告的副本，称赞它是"有史以来第一份"这样的报告，是未来几年研究和发展规划的优秀指南。冯·卡门在自传中写道："阿诺德将军对我们的工作非常满意。他对我说，报告是一份指导性文件，它足够主管美国空军科研和发展工作的指挥官用上很长一段时间。"曾为钱学森学生、后出任美国空军副部长的约瑟夫·查里克指出，这份综合性报告囊括了国防部在未来几年中将会考虑到的所有的发展问题。

当时，这份报告被列为机密文件，1960年解密。

整个报告共有13卷。第一卷名为"科学，空中优势的关键"，是由冯·卡门撰写的介绍性论文，讨论了科学与空战的关系，从职能角度分析了空军的主要研究问题，并对研究的组织提出了建议。其余12卷（包括卷二"我们的站位"）被部分分发给陆军航空兵和赖特基地。报告中的37篇专论论述了具体领域的详细研究计划，按主题分成11卷。顾问专家们将大胆且前瞻性的态度、科学性、

---

① 冯秀芳、戴世强：《哥廷根应用力学学派及其对我国近代力学发展的影响》，载戴世强等主编《现代数学和力学 MMM-IX》，上海大学出版社，2004年，第637—642页。

合理性及对实际局限性的理解结合于他们的论述中。这是一部真正全面的著作。

作为《迈向新高度》的主要编撰者之一，钱学森作出了重要贡献。他参与了报告中5卷（卷三、四、六、七、八）主题内容的撰写。在由26名专家撰写的37篇专论中，他一人就贡献了独立署名的7篇专论（见表3），共计182页，约占全书内容的12%，是供稿数量最多的一位，且所述内容属于报告核心内容。[1]这些叙述在冯·卡门撰写的报告前两卷中得到了广泛引述。在当时高速空气动力学和导弹研究尚处于发展阶段之时，钱学森的阐述带有开拓意义。

表3　钱学森在《迈向新高度》中撰写的专论

卷　　　　名	含专论数	钱学森撰写篇目
卷一：科学，空中优势的关键	/	/
卷二：我们的站位	/	/
卷三：技术情报	6篇	篇目1：德国和瑞士航空学若干领域的最新发展
卷四：空气动力学和飞机设计	3篇	篇目1：高速空气动力学
卷五：未来空降部队	1篇	/
卷六：飞机动力装置	5篇	篇目2：实验和理论得到的脉动式喷气发动机的性能 篇目3：冲压式喷气发动机的性能及其设计问题 篇目4：固体和液体燃料火箭的设计和发展的未来趋势
卷七：飞机燃料和推进剂	5篇	篇目5：原子能燃料用于飞机推进动力装置的可能性
卷八：导弹和无人驾驶飞机	4篇	篇目3：超声速带翼导弹的发射
卷九：导弹和无人驾驶飞机的制导与寻的	4篇	/
卷十：炸药和末端弹道学	3篇	/
卷十一：雷达和通信	3篇	/
卷十二：天气	1篇	/
卷十三：航空医学和心理学	2篇	/

---

[1] 戴世强：《调研报告的典范——〈迈向新高度〉的启示》，《上海大学报》2015年11月23日第04版。

为了实施报告中提出的重要建议，1946年年中美国航空装备司令部（Air Materiel Command，AMC）和航空兵总部人员都在努力制定详细的计划。这些计划要么被拖延了很久才批准，要么根本就没有得到批准，不过这并没有降低该报告的价值和声誉。《美国空军科学顾问委员会：第一个二十年1946—1966》的作者托马斯·斯特姆（Thomas A. Sturm）写道："其适时的出现、写作者们的完美声望、方法和表述的客观性和直接性，且最重要的是，它向所有美国人，包括平民和军人，所作的真诚而鼓舞人心的宣告，即共同承担维持美国空中优势的任务，使它获得了立刻且持久的成功。它成了美国航空研究和发展的磁石和试金石，是争论的最终仲裁者，是灵感和动力的主要来源。"《迈向新高度》因成为美国航空航天事业的第一份发展蓝图而载入史册，其中所提出的战略性发展规划和切实可行的技术途径，为美国航空航天事业在20世纪下半叶的飞速发展，直至成为世界第一军事强国，奠定了坚实的理论基础。戴世强指出，这份报告高屋建瓴、洞察全局、求真务实、详略有致，深思熟虑地对各领域未来发展趋势做了极有远见卓识的分析和预测，且其中绝大多数预测被后来的发展所证实，是国防工程调研报告的典范。其精神也适用于一般大型工程的调研和预测，特别是牢牢抓住技术科学这一主线用以指导工程实践理念，对于现今科学技术的规划和发展仍有极好的借鉴意义。

在这一阶段，除了为陆军航空兵撰写研究报告外，钱学森在空气动力学方面也完成了一篇重要的学术论文，即1945年4月17日与郭永怀合作完成的《可压缩流体二维无旋亚声速和超声速混合型流动和上临界马赫数》，于1946年5月发表于美国国家航空咨询委员会出版的技术报告上。为突破声障，实现高速飞行，研究跨声速流场是个重要课题，该论文是钱学森在跨声速流动理论研究中的经典文献。他与郭永怀在文中提出了"上临界马赫数"的重要概念，认为真正有实际意义的是上临界马赫数，而不是以前大家关注的下临界马赫数，这是空气动力学中的一个重大发现。[1]

---

[1] 谈庆明：《钱学森对近代力学的发展所做的贡献》，《力学进展》，2001年第4期。

在冯·卡门的麾下，当时的钱学森不断迈向科学事业的新高度，美国官方对他的嘉奖也接踵而至：

1945年钱学森被美国国防部及陆军航空兵颁予"二战和平勋章"及"国家服务优等勋章"。

1945年12月21日，美国陆军航空兵司令亨利·H·阿诺德签署嘉奖令，表彰钱学森在冲压式喷气机和火箭性能方面所做的卓越而完备的调研工作，以及在推进和核能领域作出的宝贵贡献。美国科学研究和发展办公室为他颁发了嘉奖证书，称钱学森"对第二次世界大战作出了卓有成效的贡献"。

1946年2月1日，美国陆军军械部称赞了钱学森在1939年9月至1945年9月间的杰出表现，称他为喷气推进实验室的发展贡献了专业知识。

1946年2月13日，美国陆军航空兵司令员亨利·H·阿诺德致函钱学森，肯定并感谢他为咨询团所做的贡献。信中说：我已经阅读了陆军航空兵科学咨询团的最终报告，对您为咨询团取得的成绩所作出的多方面的、极其宝贵的贡献，我要向您表示感谢。您的研究报告必将对陆军航空兵未来的研究项目规划提供巨大的帮助。

1967年美国专栏作家密尔顿·维奥斯特在《钱博士的苦茶》一文中评价钱学森："在过去25年中，他被公认为世界上最具独创性的航空科学家之一。""在第二次世界大战中，钱学森帮助远远落后于德国的完全原始的美国火箭事业转变到相对成熟的阶段。在帮助美国建造第一批成功的导弹后，他穿上军装，跟随盟军进入德国，研究希特勒的工程师们设计的令人生畏的空中武器。返回美国后，他成为为美国空军从螺旋桨式飞机转向喷气式飞机，并最终向遨游太空的无人航天器转变的长期发展规划的关键人物。钱学森的贡献，一次又一次地得到美国官方的表彰。钱学森是帮助美国成为世界第一流军事强国的科学家银河中一颗明亮的星。""他是冯·卡门雄心壮志与事业的继承者。"[1]

回头来看，这一段特别的工作经历给钱学森带来了什么？一方面，正如上

---

[1] Milton Viorst，"The Bitter Tea of Dr. Tsien" in *ESQUIRE*，1967(9).

述的荣誉和评价所表明的，这段经历带来了美国官方与科学界对钱学森学术贡献与学界地位的肯定。钱学森在此期间的调查研究工作帮助美国发展了喷气推进技术，为美国对付德意日的侵略战争、发展航空事业起到了重要作用。在当时的美国，钱学森被认为是航空航天技术领域的权威，是对该领域的发展现况及前景了解得最深刻、最具远见卓识的科学技术专家之一。另一方面，钱学森本人也受益匪浅。这一段经历使他有机会和冯·卡门这样杰出的大师一起站在世界航空航天科学技术的最前沿，学会了从整个国家的高度，全面、长远、系统地思考全局性、战略性国防科学技术发展规划的思路和方法，并初步具备了处理各方面关系、对国防科学技术的研究和产品开发进行组织、实施和科学管理的才能。这使钱学森向着战略型科学家又迈进了一步，使他在1955年回到中国后成为唯一在国防高科技及发展战略方面具有全面且独特的经验和知识的科学家，从而不仅能够领导中国的导弹、卫星事业，而且对整个国防高科技工业的发展和布局也发挥了核心和关键作用。

回到加州理工学院：晋升副教授

（1945 年 7 月至 1946 年 8 月）

欧洲考察结束后，钱学森回到加州理工学院，继续研究和教学工作。1945年7月，钱学森开始在学院讲授"喷气推进"课程，直到1946年8月他离开加州理工学院到麻省理工学院任职。回校不久，钱学森很快获得了职称晋升。当了两年助理教授后，钱学森于1945年11月1日被聘为加州理工学院航空系副教授。

在此之际，钱学森又一次收到来自国内的工作邀请，这次聘请来自北京大学。

1945年9月6日胡适被中华民国国民政府任命为北京大学校长后，便着手制定复兴计划，包括增设工学院，发展工科。在物理系主任饶毓泰的推荐下，10月，胡适拟聘钱学森为工学院长。饶毓泰为此经过几番沟通联络，钱学森最终未接受邀请。此间沟通过程如下：

1945年10月8日饶毓泰致函胡适，并附寄钱学森此前为北京大学草拟的《工程科学系之目的及组织大纲（草案）》，信中说：

> 钱学森先生寄来所拟《工程科学系之目的及组织大纲（草案）》。此文是他应我之请而作的，我觉得他的意见有许多是和我的相契合的，但和一般工程学者之传统目的与组织是大不相同，值得我们深切的注意，兹附呈，阅后请掷还。我未曾和钱先生直接通信，我是请郭永怀转达北大拟请他出来组织应用算学系或应用力学系之意思，所研究与教学范围则和钱先生的工程系的内容差不多完全相同。如果北大工程学系能这样办，理学院与工学院分界就不致太严了。这对于工程教育上是个革新运动。可否由北大聘钱学森先生为工学院院长？

1945年10月14日，胡适复函饶毓泰称："请聘钱学森为工学院长。请约定物理系及工学院人才。"

1946年1月2日，胡适收到钱学森回信，说道："现在加省理工航空系任事，与校方约定一两年后回国。故北大如定明春开办工学院，则学森无参加可能。"[①] 1月14日，饶毓泰致函胡适："转来钱学森先生的信早收到，后又接郭永怀兄来函说，钱先生一二年内不能归国，故此时不肯立即负起责任来。弟对于此事虽甚失望，然以郭永怀、林家翘诸君

1945年10月14日胡适复函饶毓泰

---

① 胡适：《胡适全集：第33卷》，安徽教育出版社，2003年，第558页。

都望钱先生来领导，钱如不加入北大，他们也就不肯加入，故仍望钱肯答应负责，即使他自己一时不能归国。""同时弟函郭永怀嘱他转向钱先生说：自适之先生长北大命令发表后，士气为之一振，今方作深远之计划，我愿凡关心中国大学教育前途者多来帮助适之先生。中国工程教育向未上轨道，北大开办工科，无传统的负累，有布新的勇气，凡关心中国工程科学前途者不应该错过这个机会，适之先生与北大同人对钱先生具有无穷希望，亦借此使钱先生与其他同志与国内无数向上的青年有更深造之机会。为表示万分诚意，北大开办工学院可迟至一九四七年秋，以待钱先生之归，但钱先生此时应立即答应负责规划，郭永怀、林家翘两君如能于今秋归国则更善。这是我对郭永怀说的，兄意如何？"

从来往信件中，可知饶毓泰从起初请钱学森草拟建系草案，到请郭永怀沟通聘请钱学森一事，又向胡适请示聘请意见及汇报沟通情况；在钱学森婉拒后，他再次表示"万分诚意"，愿意推迟办学计划"以待钱先生之归"，终究未能如愿。可见饶毓泰为北大开办工学院煞费思量，以及他对于钱学森的极其重视与"必须争取"的心愿。对饶毓泰的再次争取，在现有档案资料中未见钱学森当时的回复。不过，从钱学森后来接受麻省理工学院聘任的行动和晚年的一封信中可以知道，钱学森并不愿意接受北大的这次邀请。1996年3月29日钱学敏得知此旧闻便写信询问钱学森，4月1日钱学森复函时，只简单地说："饶毓泰先生的想法我知道。我当时自然不会答应他们。"

1946年春节即将来临之际，钱学森像往年一样给父亲写信拜年。信中，他汇报了各方面近况，最后写道："儿唯一深感遗憾的是已经有十个春节了，不能陪伴于父亲身旁，不能尽孝于膝下。近来由于二战结束，思乡之情日增。怎奈瓜葛诸多，身不由己，一时难偿夙愿，还望父亲见谅。只好将思念和祝福之心诉诸信函，寄往父亲身旁。父亲见信如见儿面，权当儿在父母身旁，与父亲共进年夜饭，共度团圆年。"

与这份对亲情的牵挂与遗憾相伴随的，是钱学森在事业上迎来的收获。这一阶段，钱学森的几项重要著作的发表使他在学界的地位有了进一步提升。

一是完成论文《原子能》。

原子弹在第二次世界大战中的使用，激发起人们对于把原子能用于其他工程领域的极大兴趣。钱学森敏感地意识到，原子能可能用于飞行器的动力装置，因为它能适应超声速飞行所要求的降低燃料重量和增加有效负载这两个主要指标。战争结束不久，1945年9月29日，《航空科学杂志》便收到钱学森的论文《原子能》，并于次年发表。文章介绍了用原子能作为飞行器动力这一新的研究领域所需要的基础知识。当时也在加州理工学院学习、工作的美籍华人科学家冯元桢评价道："这篇论文对美国和平应用核能的发展并没有实际的影响，但我认为，文章基本上勾勒出了核发展的实际发生过程，它的预见性是非常了不起的。"此后，钱学森在1947年5月宣读的报告《利用核能的火箭及其他热力喷气发动机——关于多孔反应堆材料利用的一般讨论》中也讨论了采用核动力的火箭及其他喷气推进装置中出现的一些基本问题。《钱学森手稿》的编者评价道："现在看来，作者的上述观点确实抓住了核航天技术的一些关键。"

可见，35岁的钱学森不仅是航空和火箭专家，当时的他对原子弹和核动力推进也有相当的了解和预测。钱学森一直关注核能的研究与发展。20年后，中国的"两弹结合"试验取得成功，而这一伟大工程的技术总负责人正是钱学森。

二是编著《喷气推进》出版。1946年由钱学森编著，由喷气推进实验室和加州理工学院古根海姆航空实验室的成员撰写，以美国陆军航空技术后勤司令部名义出版的内部教材《喷气推进》一书，是美国第一部全面和系统论述火箭与喷气推进科学技术的专著，内容包括基本理论和导弹射程、制导及通信等喷气推进技术应用的众多方面。作为编著者，钱学森汇编了关于液体和固体推进剂火箭、热射流、发动机、喷气助推起飞、热力学、燃烧和空气动力学等主题的章节。这本书包含了钱学森和其他加州理工学院教员在1943至1944学年度每周分发给军方学生的油印笔记。它是对加州理工学院在喷气推进技术方面多年研究工作的总结与提高。1946年，这本书在军方工程师中进行分类分发。钱学森的同事艾伦·帕克特（Allen Puckett）称，多年来这本书都是"美国关于喷气推进的最权威著作"。

三是完成论文《超空气动力学——稀薄气体力学》。1946年5月20日，《航空科学杂志》收到了钱学森的论文《超空气动力学——稀薄气体力学》，并于当年12月发表。这篇文章或许是钱学森在美国时发表的最著名的论文，它革命性地改变了空气动力学家们以往对高空高速飞行的看法，使人们重新审视达到大气最高处时机翼上方的气流表现。

到1940年代中期，钱学森考虑到喷气推进技术已经有了长足进步，飞机的飞行不应受到高度的限制。远程喷气飞机的最优飞行高度估计在100 km左右，那里的空气已经非常稀薄，不能被视作常规流体力学中的连续介质，因此必须运用超级空气动力学——稀薄气体力学的概念和方法来指导飞机的设计。钱学森在论文中讨论了这一流体力学新分支的基本概念，说明了某些已经得到的结果，并设计出了一整套全新的空气动力学公式。论文中所提出的关于流动区域的划分被人们认为是研究稀薄气体力学的开创性工作，推动了这一流体力学分支的发展。

航空工程师艾伯特·德·格拉芬莱德（Albert de Graffenried）回忆起这篇论文的影响力时指出，钱学森的文章是最早提醒人们要注意不能再将流体视作连续体的一篇论文，"它号召大家回归基本原理：空气不是一个连续体，它是由无数跳来跳去的'小乒乓球'组成的。这篇论文成为我们此后不久为了进入平流层、再是进入星际空间所要开展的前驱性工作"。这篇论文获得了极大关注并被频繁引用，奠定了钱学森作为当时在美国的最杰出的理论空气动力学家之一的地位。

此外，前文提及的科学报告《迈向新高度》，以及关于提出"上临界马赫数"的论文均发表于1946年。这些学术成果为美国的军方和学术界带来了深远影响，还确立了钱学森在航空学界可能仅次于冯·卡门的领军地位。

1946年6月，钱学森的履历上又新增了一项：美国空军科学顾问委员会首批成员（1946年6月至1949年11月）。

在1946年初即将结束陆军航空兵科学咨询团工作之际，冯·卡门等就建议应成立一个常设的科学咨询委员会，直接向陆军航空兵司令报告重要的技术发展和具有前景的科学研究。1946年6月，这支新组建的专家团成立，名为科学顾问委员会（SAB），主要为陆军航空兵在规划、安排研究和发展活动方面提供指导，由冯·卡门担任第一任主席。包括冯·卡门在内，该委员会总人数为30人，其中超过三分之二的成员来自先前的科学咨询团（SAG），钱学森就是其中之一。1947年9月美国空军独立成军后，该委员会即为美国空军科学顾问委员会。

1946年6月17日，成员们首次聚集，冯·卡门、钱学森及其余成员在五角大楼参加了第一次科学顾问委员会会议。会议决定将不限制成员资格期限，除了冯·卡门以外，其余成员均被分配到一个专业小组中。起初，科学顾问委员会分成了5个专业小组（此后不断调整），包括航空医学和心理学小组，飞行器和推进小组，燃料、炸药和核能小组，导弹制导和无人驾驶飞机小组，以及雷达、通信和气象小组。

钱学森自1946年6月成为科学顾问委员会的首批成员后，至1949年连续4年担任成员，并一直属于飞行器和推进小组。1948年至1949年，该专业小组调整为飞行器燃料和推进组。

1946年6月17日，陆军航空兵科学顾问委员会首届大会在五角大楼举行（站立者左二为钱学森）

1946年夏天，钱学森做了一次工作上的选择。

此前，钱学森也曾动过离开加州理工学院的念头，起因是冯·卡门的长期"离开"。自1944年秋季开始，冯·卡门因工作调整而长期不在加州理工学院办公，他的工作总部先后转到了华盛顿特区和巴黎，这使得在他指导下工作的几位中国学生颇感忧虑。1944年11月7日，钱学森与林家翘、钱伟长、郭永怀联名致信冯·卡门。信中表示，如果冯·卡门长期离校，他们也想重新考虑自己的工作处境，包括是否应继续留在学院。他们在信中陈述了各自对去向的想法，钱学森表示可以在加州大学获取一份两到三年或是在战争期间的短期教职，并能有时间做些研究，对此他们想征求冯·卡门的意见和建议。[①]信件发出不久后，钱学森就由冯·卡门推荐参加了科学咨询团的工作，而当他结束欧洲的考察再次回到加州理工学院后不到一年，就接到了母校麻省理工学院的聘用邀请。

此时钱学森在美国航空学界的领先地位，吸引了正想扩大航空工程学系的麻省理工学院的注意。当年教过钱学森航空工程学的汉萨克（Jerome Clarke Hunsaker）教授当时作为麻省理工学院航空工程系主任正致力于院系的扩张。他向钱学森抛出了橄榄枝，愿意给出副教授职位，许诺随后将其转为终身教职。1946年6月14日，汉萨克在给麻省理工学院校长詹姆斯·基利安（James Rhyne Killian）的信中写道："我认为加州理工学院给他施加了相当大的压力，让他重新考虑。"最终，钱学森接受了邀请。钱学森在入党自传中提到，离开加州理工学院是因导师的缘故："1946年暑假我因房卡门教授与加州理工学院当局闹意见，而去职"，"到麻州（省）理工学院任副教授，专教空气动力学的研究生"。

张纯如则评价这是个"精明的决定"。一方面，在美国学术体系中，学院通常鼓励甚至要求学者在另一所学院获得一些经验后再取得正教授职位。加州理工航空学教授霍默·乔·斯图尔特（Homer Joe Stewart）指出："如果想要在自己的领域中有所建树，获取终身教职是极其重要的一步。"另一方面，林

---

① Letter to Karman，November 7，1944，folder 30.37，Karman collection，Caltech Archives.

家翘认为，钱学森重返麻省理工，也是为了让自己成为一名真正的火箭科学家。他评价道："钱学森很有远见，他认为要发展火箭，除了加州理工的长处，还需要学习其他东西。当时加州理工与麻省理工竞争非常激烈。加州理工的长处在结构、空气动力学等方面，但在麻省理工他可学到更多有关仪器与控制系统方面的知识。"由此，这一选择可以使钱学森在该领域内的知识储备更趋完善。

1946年8月，钱学森正式辞去在加州理工学院的职位，并且终止了与喷气推进实验室的雇佣合同。8月31日，他离开加州理工学院，整装东去，在时隔十年后重返麻省理工学院。

麻省理工学院的"一等星"
（1946年9月至1949年6月）

1946年9月，钱学森到麻省理工学院任职时正值战后学校的扩张时期。《蚕丝》中描述道：战争的结束让学生们重新又填满了麻省理工学院的走廊和教室。1946年，麻省理工学院的在校人数达到历史最高水平。政府研究经费大量涌入，使得教授们不仅能够招收研究生和研究助理团队，还可以招募前来开展博士后研究的工程师。战后学院的急速扩张又以航空工程系表现得最为显著。钱学森当年在这里就读时的许多讲师或教授都还在系里，又增加了一些教职工。战前该系每年招生人数约为150人，而到了1946—1947学年度，一下跃升到了425人。航空是20世纪40年代的热门专业，其魅力正如1960年代的太空计划一样。而声名远扬的钱学森的到来，更使许多学生对航空工程系心生向往。"当我们知道钱学森要来的时候，大家都相当兴奋，因为他可是一颗冉冉上升的学术明星。他被视为麻省理工学院的重要生力军、一个现象级的杰出人物。"麻省理工学院校友鲍勃·萨默斯（Bob Summers）回忆道。

十年前，钱学森还是那个不受美国公司欢迎的中国留学生。而十年后的他已成为备受追捧的学术明星。

● 麻省理工学院的学术明星

1947年1月，钱学森入职未满半年，汉萨克便找到工程学院院长、著名化学工程师舍伍德（Thomas Kilgore Sherwood）商讨晋升钱学森为正教授事宜。一份关于二人谈话的备忘录上记载："汉萨克认为，就钱学森在其工作领域作出的杰出成就，应当将提升其为正教授的事宜提到议事日程上。就钱学森在超声速空气动力学研究的最新一系列贡献，以及他新近提出能使马赫数达到1.0或更高的超声速飞行器的研究计划，汉萨克表示我们有一颗一等星。"汉萨克对于钱学森的赏识跃然纸上。

1947年2月21日，冯·卡门应汉萨克要求为钱学森转为终身教授写一封推荐信，他写道："在应用数学和数学物理解决空气动力学和结构弹性问题方面，钱学森博士无疑是一位领军人物……我相信他已经具备担任正教授所需的成熟素质。我认为他是一个好老师，并具备组织能力。他的诚实与对待科学和所在科研机构的真诚奉献是一笔巨大的财富，我相信你会认同的。"

据1947年3月7日麻省理工学院校报《技术》（The Tech）报道，当日麻省理工学院校长卡尔·泰勒·康普顿（KarL Taylor Compton）宣布钱学森等12名副教授晋升为麻省理工学院正教授。年仅35岁的钱学森成为麻省理工学院第一位中国籍教授，也是最年轻的正教授和在副教授职位上任期（13个月）最短的一位。

在麻省理工学院任职的三年中，钱学森忙碌于院系事务、与军方的各类合作项目及学术团体的交流。

在院系事务方面，钱学森的任务非常繁重，主要承担两项海军合同项目与其他教学科研工作。

1946年10月，因为要参与两项机密的海军项目，初到麻省理工学院的钱学森申请了保密许可证。两个项目其一名为"流星"，是海军军械局与麻省理工学院签署的合同项目，内容是建造一枚配备固体火箭发动机的吸气式导弹。另一个项目则属于海军武器局，要在麻省理工学院建造一座超声速风洞。1947年3

月至5月，钱学森等联名向麻省理工学院航空工程系提交《关于在麻省理工学院建造试验性高超声速风洞的建议和研究报告》，建议在麻省理工学院建造一个中等规模的高超声速风洞，以便利用这个风洞开展实验研究，解决在设计大型高超声速风洞时遇到的难题。

1947年春季学期，钱学森在麻省理工学院开设了他的第一门课，一门面向30多名航空学研究生的关于可压缩流体的基础课程。1948年前几个月，钱学森的教学任务很重，除了两门空气动力学课程外，还开设了最前沿的火箭工程学课程。1948年，身兼三门课程教学任务的钱学森，还与林家翘一同主持关于结构和稳定性理论的航空学研讨班，同时还负责院系的团体合作研究项目"确定高速飞行中会遇到的高温和压力条件"。

在学院工作以外，钱学森还兼任几项美国军方科学顾问的工作。

首先，如前所述，他是空军科学顾问委员会飞行器和推进小组成员，与其他科学家一起向美国空军最高指挥官通报最新的科学进展。在1948年3月的科学顾问委员会大会后，专业组由起初的5个改组为6个。钱学森与西尔斯（William R. Sears）、霍夫（Nicholas J. Hoff）、帕金斯（Courtland D. Perkins）及瓦登道夫（Frank L. Wattendorf）5人为飞行器燃料和推进组成员。该专业组同意为XS-1研究飞机[①]的未来使用拟定一个建议方案。与科学顾问委员会的创始人冯·卡门一道，钱学森经常出差，到全美各地的军事基地考察。

"1948年祖国形势已有转变"，钱学森后来回忆道，"感到再在空军科学咨询团[②]干下去不是味儿，于是要求退出，但直到1949年才实现"。1949年5月16日，钱学森将《迈向新高度》部分章节资料归还给空军司令部。6月3日，钱学森致函美国空军科学顾问委员会秘书说，冯·卡门告知他从顾问委员会辞职一事会在年末得到许可，他将退还从委员会收到的所有内部、秘密和绝密资料。

其次，钱学森当时还兼任美国海军炮火研究所的顾问（该职位或与前述钱

---

① 美国贝尔（Bell）公司制造的世界第一架超音速载人飞机。

② 即空军科学顾问委员会。

学森参与的海军项目相关），至1949年秋季离开麻省理工学院时辞去这一职务。

再者，档案显示钱学森也参与了二战结束后成立的美国原子能委员会的"曼哈顿计划"。在1946年，他申请了最高级别的保密许可证，以参与陆军航空兵的项目以及"曼哈顿计划"的原子能相关工作。在美国国家档案馆的钱学森调查记录库卷宗里，有一份1946年10月17日的人事安全调查问卷，其中提及钱学森参与了"曼哈顿计划"。

与此同时，钱学森依然担任美国航空喷气公司顾问。1948年1月11日，钱学森以顾问身份向该公司副总裁丹·A·金贝尔（Dan A. Kimball）提交了一份题为《关于远程火箭导弹的优化轨道的备忘录》的研究报告。

1949年5月12日，钱学森当选为美国艺术与科学院院士。美国艺术与科学院成立于1780年，是美国历史最悠久和地位最高的荣誉学术团体之一，也是进行独立政策研究的学术中心，每年进行院士增选。钱学森的当选或许缘于他广泛的艺术兴趣。他回忆道："我的老师冯·卡门听说我懂得绘画、音乐、摄影这些方面的学问，还被美国艺术和科学学会吸收为会员，他很高兴，说你有这些

1947年2月3日，美国航空咨询委员会（NACA）学术活动后的合影（一排左三为钱学森，二排左一为林家翘，三排左二为郭永怀）

才华很重要，这方面你比我强。"

● 1947年回国之行

在麻省理工学院任职期间，钱学森终于有机会回国探望已别12年的父亲。在1947年7月初至9月末的回国行程中，钱学森主要做了四件事：探亲访友、在名校讲学、拒绝交大校长一职、与蒋英结婚。

1947年夏天，钱学森回国探亲期间在浙江大学、交通大学和清华大学做了关于工程科学的讲演。

1947年7月28日上午7点，钱学森来到浙大工学院61号教室，主讲"工程科学与工程"演讲，持续两小时。竺可桢、郑晓沧、岳毅劼、范绪箕、潘渊、

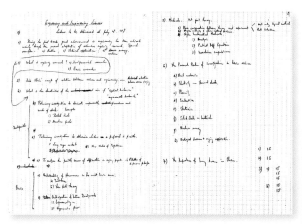

1947年钱学森回国前为准备演讲写的提纲

浙江大学校长竺可桢记录了钱学森在浙大讲学的基本情况

丁绪宝等四十余名师生前往听讲。竺可桢在日记中记下了报告的主要内容："述工程科学之进展必赖基本科学，古代应用科学与纯粹科学之合一，十九世纪渐趋于分离，近则以发达过甚又趋于互相联系之状况。次述科学能解决若干问题，可于理论决定，不需实验已能证明。一般人说理论与实验为二事之不合理，因理论不正确也。次述理论对将来工程科学之发展，如 Jet Propeller（喷气推进器）、Fuel Problem（燃料问题）等。最后述工程师之教育准备。"

1947年8月，钱学森在交通大学的工程馆演讲"怎样研究工程科学和研究些什么"，就工程科学的内涵和特点、研究内容和方法、当前的研究领域以及对中国发展的重要性等问题进行了详尽的阐述。钱学森的演讲被交大机械工程系应届毕业生陈国祥记录下来，登载在当年12月5日出版的工程月刊《工程界》（第2卷第12期）上。中国科学院院士、中国航天事业奠基人之一庄逢甘其时在交大航空系任助教。他回忆说："我头一次见钱老，是1947年8月，在我出国去加州理工学院之前，听钱老做工程科学的报告。之后，我对工程科学的兴趣越发浓厚。20世纪上半叶，工程科学里很多都是借鉴经验判断，知其然不知其所以然，而钱老着重发展技术科学。"

钱学森希望通过工程科学的研究，缩短基础科学研究成果转化为工程技术的周期。工程科学的研究在历史上可以溯源到20世纪初德国哥廷根大学的伟大数学家克莱因，他所开创和领导的学派产生了像普朗特、冯·卡门和铁木辛柯（S. Timoshenko）等杰出的工程科学家。20世纪20—30年代，铁木辛柯和冯·卡门相继移居美国，把这一学派的传统风格带到美国，并通过他们的学生广泛传播到美国的著名大学和科研机构。到了1940年代，美国著名的理工院校已经充分认识到"理工合一"教育原则的必要性并付诸实施。钱学森的工程科学思想既是对德国哥廷根应用力学学派思想的继承和发展，也来源于他本人的科学研究与教学实践。他认为，工程科学的历史使命是富国强民，对一个现代化的工业国家来说，能否及时地抓住这一发展潮流，大力发展工程科学，是能否在工业、经济乃至军事领域中占据世界制高点的关键。钱学森在三所高校的演讲意在引起国内科技教育界对工程科学的重视。

次年，钱学森基于这几次讲演内容发表《工程和工程科学》一文，指出："工业是国家实力和福利的基础，技术与科学的研究就是国家富强的关键；工程科学家对工程发展的贡献，简单地说，就在于努力做到人力和财力的节省；工程科学最重要的本质——将基础科学中的真理转化为人类福利的实际方法的技能，实际上超越了现在工业的范畴；正如哈罗德·克莱顿·尤里（Harold C.Urey）教授所说：'我们希望从人们生活中消灭苦役、不安和贫困，带给他们喜悦、悠闲和美丽。'"

钱学森在1955年回国以后继续提倡发展工程科学，并且积极展开培养工程科学家的工作。在回国的第二个月里，他就受命创建中国科学院力学研究所。当时建所的学科模式不只限于力学，还包括了自动控制、工程经济、物理力学等，实际上是按照工程科学的框架来建所的。1956年起，钱学森和钱伟长一起创办了三期力学研究班；1958年，钱学森和郭沫若、严济慈、华罗庚等一起组建了中国科技大学，开始大批培养工程科学家的工作。1957年，钱学森在《科学通报》上发表了题为"论技术科学"的论文，按国内的习惯将"工程科学"改称为"技术科学"。论文进一步全面地论述了技术科学的范围、方法论以及培养学生和组织等各个方面。1970年代，哈尔滨军事工程学院迁往长沙，组建国防科技大学（初期称长沙工学院）。时任国防科委副主任的钱学森又将"理工结合"的教育思想贯彻于该校的建校方针之中，再次强调在工科院校中要加强基础理论的教育，使培养出来的学生能适应现代科技的飞速发展。1980年代末，钱学森根据他一生从事科学研究和科学管理的切身感受，提出培养"科技帅才"的观点。他认为，为了建设"四个现代化"，在科技队伍的顶层需要有科技帅才。他们不仅要有雄厚的自然科学理论知识、丰富的工程实践经验，而且要有社会科学和哲学的修养，要文理工相结合。

从钱学森1947年提倡工程科学至今的历史实践已充分证明，一个国家国力的强大和人民生活水平的提高与技术科学的发达程度之间息息相关。可见，当时钱学森倡导发展工程科学或技术科学思想之先进性及重要性，至今依然具有启发意义。

在回国探亲期间，钱学森还为母校交通大学提供了购买风洞设备的参考材料。

1947年，交通大学申请到一笔一万四千多美元的经费，用以向美国订购风洞设备。时任航空系主任的曹鹤荪立刻给老同学钱学森写信，请他代为母校考察风洞。

钱学森在加州理工学院和麻省理工学院都积累了风洞设计建设的实践经验。1947年8月14日，正在国内的钱学森致函曹鹤荪并附上相关资料、图纸，其信中说："前论美国风洞公司出品，兹将其说明单寄上，请查阅。弟星期日赴平，返沪后当再来访。"可见钱学森对于母校建设的关怀和用心。

1947年8月17日钱学森赴北京清华大学。在北京期间，他专程看望了在清华大学任教的钱伟长。钱伟长与钱学森都是冯·卡门的学生，1946年钱伟长接受清华大学聘任回国任教。

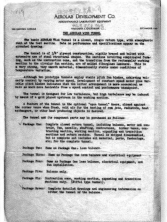

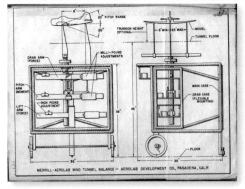
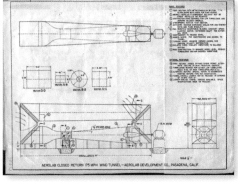

1947年钱学森为母校提供购买风洞设备的参考材料

钱伟长回忆当时的境况及钱学森来访一事时说道：

> 这几年中，教学工作奇重，政治活动频繁，生活靠工资，物价一日数涨，入不敷出，1947年夏起，有一部分工资以小米抵现款后，还能勉强保证了主食，但冬季长女开来出生，母奶不足，要订牛奶，买奶粉哺育，就一无办法，只好向单身同事、老同学如彭桓武、黄敦、何水清等告贷度日。1948年（应为1947年——作者注）8月，钱学森自美返国探亲，看到我的困境，告诉我美国加州理工大学喷射推进研究所工作开展较快，丞愿我回该所复职工作，携带全家去定居并给予优越待遇，这样也可以解脱我的经济困境。我于是到美国领事馆申办手续。但在填写申请表时，在最后一行有"若中美交战时，你是否忠于美国？"我明确填写了"NO"，拒绝去美了事。①

当时钱学森看到的不仅是钱伟长的生活困境，更感受到了国民党政府统治的腐败，他曾在入党自传中表示自己不愿与蒋介石集团同流合污。而从钱学森的建议中也能看到他一直保有对朋友的善意。

1947年7月，交通大学正经历校长更换风波。此时回国的钱学森进入了教育部部长朱家骅的视野。8月28日《申报》便以"交大校长人选 教部内定钱学森"为

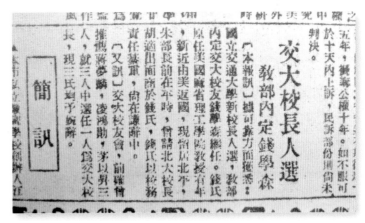

1947年8月28日，《申报》报道"交大校长人选、教部内定钱学森"

---

① 钱伟长：《八十自述》，海天出版社，1998年，第33页。

题报道称："据可靠方面获悉：国立交通大学新校长人选，教部内定交大校友钱学森继任。钱氏原任美国麻省理工学院教授有年，新近由美返国，现留居北平，朱部长前在平时，曾请北大校长胡适出面商于钱氏，钱氏以校务责任綦重，尚在谦辞中。"

8月29日，朱家骅通过叶企孙致电钱学森，望其出任交大校长。叶企孙时任清华大学理学院院长，也是钱学森当年考取清华公费生时的招考教师。8月17日，钱学森赴北京后便住在叶企孙家中。叶企孙在8月29日的日记写道："晚接骝先（朱家骅）部长致钱学森电，请彼担任交大校长。"对此，钱学森表示："目前国内局势战乱不止，各级政府又腐败无能，在这种形势下，我不能回来为国民党装点门面。"叶企孙于是建议："你要不愿意，那么就赶快走，晚了恐怕就走不成了。"钱学森于9月1日从北京返沪，当天《申报》报道称："教部对其出任交大校长，期望颇殷，渠返沪后，将赴京①一行。"但钱学森回沪后并未前往南京，也未接受任命。②

9月27日，钱学森结束回国行程，从上海龙华机场乘机飞回美国。翌日，《世界交通月刊》发表文章《交通人物——钱学森》，文中写道："钱君在短短十年中，已大有贡献于航空科学，蔚为国光。现仍在继续努力，孜孜研究，将来成为航空界之巨擘，可操左券。我国航空专业方在创设，将来钱君返国任职，对于国航前途上之贡献何可限量。"

这次回国之行也给钱学森带来了个人生活上的一个重要转变，他完成了自己的终身大事，迈入婚姻与家庭生活。

1947年9月17日，钱学森与蒋英（蒋百里的三女儿）在上海结婚。9月底钱学森先返回美国，年底蒋英赴美与钱学森团聚。1948年10月13日，钱学森与蒋英的第一个孩子钱永刚出生。

---

① 指南京。
② 吕成冬：《1947，钱学森回国之行》，《档案春秋》2017年第5期。

钱学森与蒋英的结婚照

1947年9月27日，新婚的钱学森在上海乘飞机返回美国麻省理工学院，蒋英在机场送别钱学森

钱学森推着婴儿车

1948年10月20日蒋英（右）与刚出生一周的儿子永刚，照片由钱学森拍摄

- 两封古根海姆喷气推进中心主任聘书

在麻省理工学院任职两年后，钱学森迎来事业发展中又一个重要机遇。

1948年夏，丹尼尔和佛罗伦斯古根海姆基金会建议，为促进喷气推进技术的发展，在加州理工学院和普林斯顿大学分别建立一个研究和教育中心，均命名为"丹尼尔和佛罗伦斯古根海姆喷气推进中心"。每个中心都设立一个"罗伯特·戈达德教授"职位，聘请杰出科学家担任此职并指导中心的研究和教育工作。两所学校都向钱学森发出了担任中心主任的聘书，热切希望将钱学森招至麾下。新上任的加州理工学院校长李·杜布里奇（Lee DuBridge）开出了充满诱惑力的条件：每年1万美元的津贴，以及额外用于招募年轻科学家和助手的经费，并欢迎钱学森担任罗伯特·戈达德教授这一终身教职。1948年9月29日，杜布里奇给钱学森写信说："不用说，普林斯顿大学和加州理工学院都立刻想到你是领导这个中心的合适人选……你在学院的所有朋友都真诚地希望你愿意接受这一回到帕萨迪纳的机会。"

1948年10月7日，钱学森复函表示接受邀请。11月19日，钱学森同加州理工学院正式签署关于担任古根海姆喷气推进中心主任的协议。12月13日，加州理工学院古根海姆喷气推进中心宣布正式成立，在成立仪式上，校长杜布里奇对新闻媒体公布："加州理工学院的38岁的中国籍学生、加州理工学院学术委员会成员钱学森博士将会领导中心。钱学森博士现在是麻省理工学院航空系教授。"

1948年秋冬之际，钱学森收到了旅居巴黎的马林纳寄来的明信片。此时的钱学森已经接受了杜布里奇的邀请，将于翌年离开麻省理工学院并回到加州理工学院任职。而马林纳则在1946年辞去了加州理工学院喷气推进实验室执行主任的职务，于1947年赴法国的联合国教科文组织工作。马林纳在航空喷气公司的股份给他带来巨大财富，使他可以全然抛弃以往的职业轨迹，探索其他兴趣。1953年后，马林纳投身艺术，专注于一种将艺术和科学有机结合的动态艺术创作。

12月27日，钱学森复信告知自己的工作动向，并透露出他对前景的感悟。信中说：

> 这里的氛围太商业化了，而且这里的工程学太老套，与我在加州理工学院所受的训练或是冯·卡门式的训练格格不入。坦白说，我在这里并不开心。我想汉萨克也不会对我的离开感到难过。我就是不适合这个老式的航空工程系。
>
> 我将得到罗伯特·戈达德教授职位，还配备一位年轻助手，每年有三名研究生或博士后名额，以及研究经费。
>
> 这正是你几年前所想要的。如今降临的这些机会事实上在很大程度上要归功于你在战争期间在加州理工学院喷气推进实验室所作的努力。在接受加州理工学院的邀请时，我不禁回想起我们以前在那个阿诺德的个人资助下为火箭项目一起工作的情景。没有你的参与，要做这些工作，我感到有些陌生。当然，你现在可能根本不在乎这些。
>
> 现在东方的形势变化非常快。我对自己的未来真的不太确定。但或许，没人能确定自己的未来。

钱学森或许不能确定自己的未来，但他的动向却影响着其他人的前途。比如加州理工学院的弗兰克·马勃（Frank E.Marble），他在一段回忆中讲述了由于钱学森即将出任新职位而对自己工作去向的影响，并谈及钱学森的高远志向与处事风格：

> 当时我正想离开加州理工学院，准备去康奈尔大学。1949年2月底我把我的打算告知工学院院长林德瓦尔（Lindvall）博士。犹豫一下之后，他向我透露了钱学森即将回加州理工学院这个严加保守的秘密，而且说，钱学森希望我能留下与他一起在中心工作。没有什么能使我更为高兴的了，于是我立刻给钱学森写信，说我多么高兴能有这个机

会。他在回信中说"我的梦想就是去月球"。这就是我想介绍的钱学森的风格，志向远大而不在小事上浪费时间。

• "最相知"的朋友郭永怀

钱学森婚后不久，挚友郭永怀也于1948年2月与李佩在美国成婚，此后一段时期，两家的交往机会多了，关系更为密切。对于与郭永怀的友谊，钱学森曾感叹道："和我最相知的只有郭永怀一人。"

郭永怀（1909—1968），力学家、应用数学家，中国近代力学事业的奠基人之一。1935年，郭永怀从北京大学物理系毕业并留校攻读研究生，1940年赴加拿大多伦多大学应用数学系留学并获硕士学位，1941年5月到美国加州理工学院在冯·卡门指导下研究跨声速流，1945年获美国加州理工学院博士学位。1946年至1955年历任美国康奈尔大学航空研究院副教授、教授，是该研究院建院时期的三位主持人之一，期间主要从事黏性流体力学研究。[①]

钱学森与郭永怀最初相识要追溯到1941年。那一年郭永怀到加州理工学院在冯·卡门指导下读博，当时已经留校工作的钱学森有时也会向郭永怀提供指导帮助，成了一位"小导师"。谈起初识郭永怀的印象，钱学森回忆道："我们在一个办公室工作，常常在一起讨论问题。我发现他聪明极了。你若跟他谈些一般性的问题，他不满意，总要追问一些深刻的概念。他具备应用力学工作所要求的严谨与胆识。"

根据郭永怀妻子李佩的叙述，1945年郭永怀完成博士论文《跨声速流动不连续解》后："钱学森当时评价说，郭做博士论文找了一个谁也不想沾边的题目，他孜孜不倦地干，得到的结果出人意料。钱学森和郭永怀在研究这个问题的过程中，还一起提出了上临界马赫数的概念，他们的友谊就是从那个时候建立起来的，关系很好。"

1946年秋，郭永怀也离开了加州理工学院，将赴美国康奈尔大学航空学院

---

① 中国科学技术协会编：《中国科学技术专家传略：工程技术编 力学卷1》，中国科学技术出版社，1993年，第62—78页。

任职，与钱学森相伴前往各自的新岗位。对这段同行的旅程，钱学森记忆深刻："两校都在美国东部，而加州理工学院在西部，相隔近 3 000 公里，他和我就驾车旅行。有这样知己的同游，是难得的，所以当他到了康奈尔而留下来，而我还要一个人驾车继续东行到麻省理工学院时，我感到有点孤单。"

1947 年，郭永怀向未婚妻李佩介绍了钱学森。李佩回忆道：

> 我第一次听到钱学森的名字还是通过在美国康奈尔大学工作的郭永怀，那时，我与老郭快要结婚了。那是 1947 年 2 月，我到康奈尔大学进修不久，中国同学会邀请老郭给中国留学生讲"火箭技术"。老郭在报告中谈到了宇航事业，谈到了加州理工学院的火箭研究小组，介绍了他最相知的好朋友钱学森！
>
> 有一天，老郭告诉我，钱学森要来康奈尔大学参加学术活动，请我去帮忙接待他的这位好友。我们炖好了一锅鸡汤，老郭知道钱学森最讲究原汁原味，还准备了蔬菜沙拉及小吃，他吩咐我再焖一锅米饭。到了中午时光，老郭陪了两位好友，一进门就向我介绍："这位是钱学森，那位是林家翘。"那时，他们两位风华正茂、风度翩翩，谈论的都是学术问题，这是我第一次亲眼见到钱学森与林家翘这两位年轻有为的科学家。

钱学森与蒋英结婚后不久，郭永怀夫妇去钱家探望，李佩回忆道："我们在一个周末，去了波士顿看望钱家，祝贺他们新婚。老郭事先请林家翘在他家附近为我们预订了旅馆。我们去钱家那天，当我走进客厅，立刻眼前一亮，钱学森郑重地给我们介绍了蒋英，她貌美而活跃，然后钱又很深情地指着一架三角钢琴说：'这是我欢迎蒋英来美国的见面礼！'那一次，我们在波士顿住了三天。有一天晚饭后，林家翘开车送我们回旅馆时，特意绕到钱家的门口，远远望去他家的书房灯光很亮。林家翘说：'你们看，有灯光的窗户就是钱学森的书房！他在麻省理工学院教书时，波士顿的人都知道，只要深夜有灯光的就是钱家。

钱学森非常刻苦，只要他家书房的灯还亮着，就知道他在家工作，谁也不敢去打搅他。'"李佩的回忆让人们了解到两位挚友在各自成家后愉快的交往和情谊的发展，也感受到钱学森对于蒋英的深情，以及他依旧不变的刻苦。

1949年，钱学森再次回到加州理工学院任职，他回忆起"西去"途中与郭永怀再次相聚的情景：

> 1949年我再次搬家，又到美国加州理工学院任教，所以再一次开车西去，中途到康奈尔。这次我们都结了婚，是家人相聚了，蒋英也再次见到我常称道的郭永怀和李佩同志。这次聚会还有Sears夫妇，都是我们在加州理工学院的熟朋友。我们都是我们的老师Theodore von Kármán的学生，学术见解很一致，谈起来逸趣横生。

1949年夏，钱学森夫妇与郭永怀夫妇同游以色佳小镇，这是郭永怀为钱学森夫妇拍摄的照片

钱学森夫妇与郭永怀夫妇相约出游（照片由蒋英拍摄，左起：钱学森、李佩、郭永怀）

　　在很多人的印象中，钱学森向来要求严格、目光犀利，但他对郭永怀总是称赞。钱学森对郭永怀的评价正反映了他对这些品质的肯定，实际上也反映了他自身是一个什么样的人。二人自1941年底相识，此后在工作和交往中相伴相知。1945年两人合作完成《可压缩流体二维无旋亚声速和超声速混合型流动和上临界马赫数》，对航空技术中突破声障具有重要意义。1953年冬，时任加州理工学院古根海姆喷气推进中心主任的钱学森向郭永怀学习奇异摄动法，并对这一方法进行了系统整理和研究，将其命名为"庞加莱-莱特希尔-郭永怀（Poincaré-Lighthill-Kuo）方法"，并于次年在加州理工学院向研究生开设"PLK方法"的系列讲座。钱学森深入浅出地阐述了这一方法，介绍了它的实质和应用，对奇异摄动法的推广应用与后来的发展起到了重要的推动和促进作用。

　　后来，两人于1955年、1956年相继回国，在中国科学院力学研究所工作，钱学森担任所长，郭永怀担任常务副所长，他们共同为开创和发展中国力学事业、为"两弹一星"事业作出重要贡献。

　　不幸的是，郭永怀于1968年12月5日因从试验基地赶回北京的飞机失事而牺牲。同月被内务部授予烈士称号。1985年被追授国家科学技术进步奖特等奖。

1990年被党中央、国务院、中央军委授予"两弹一星功勋奖章"。

1980年1月16日，钱学森在为《郭永怀文集》写的纪念文章中饱含痛惜与深情地感叹：

> 现在已是80年代的第一春。还要倒数到第11个冬天，郭永怀同志因公乘飞机，在着陆事故中牺牲了。是的，就那么10秒钟吧，一个有生命、有智慧的人，一位全世界知名的优秀应用力学家就离开了人世。生和死，就那么10秒钟！10秒钟是短暂的。但回顾往事，郭永怀同志和我相知却跨越了近30个年头。

而对于这位"最相知"的挚友，钱学森在文中评价道：

> 我认为郭永怀同志是一位优秀的应用力学家，他把力学理论和火

1958年，钱学森、蒋英夫妇（前排左一、左二）与郭永怀、李佩夫妇（后排左三、左二）等人的合影

热的改造客观世界的革命运动结合起来了。其实这也不只是应用力学的特点，也是一切技术科学所共有的，一方面是精深的理论，一方面是火样的斗争，是冷与热的结合，是理论与实践的结合。这里没有胆小鬼的藏身处，也没有私心重的活动地，这里需要的是真才实学和献身精神。郭永怀同志的崇高品德就在这里！

• "北方局"的来信

1949年夏，周恩来指示"将动员在美国的中国知识分子特别是高科技专家回来建设新中国作为中心任务"。此后中共中央做出一系列决策以鼓励海外留学生归国，并成立"办理留学生回国事务委员会"。在此背景下，1949年5月20日钱学森收到一封经"留美中国科学工作者协会"理事会主席葛庭燧转来、由当时在香港大学任教的曹日昌代笔的"北方局"的来信：

学森先生：

听好几位留美的同学提到您，可惜我们没有见过面。

近来国内的情形想您在美也知道得很清楚：全国解放在即，东北华北早已安定下来了，正在积极地恢复建立各种工业，航空工业也在着手。北方工业主管人久仰您的大名，只因通讯不便，不能写讯问候，特命我代为致意。如果您在美国的工作能以离开，很希望您能很快地回到国内来，在东北或华北领导航空工业的建立。尊意如何，盼赐一函。一切旅程交通问题，我都可尽力襄助解决。

最后，我作一个自我介绍，我是学心理的，现在香港大学任教。因为香港接近国外，国外朋友回国的多数经过香港，我就顺便地招呼一下。

余另叙，候示，即祝

研安

弟　曹日昌上

五，十四

葛庭燧在笔记本中抄录了转交的信件

在转交信件的同时，葛庭燧也致信钱学森：

学森兄：

顷接曹日昌兄由香港来信，附有致兄一信，谨此奉上，请查收。

曹兄系清华同学，曾留学英国，现任香港大学心理学教授。据悉，伊现为国内外联络人之一，此次致兄信系遵北方当局之嘱。敦请吾兄早日返国，领导国内建立航空工业。曹兄来信虽语焉不详，但是很可见北方当局盼兄回国之切。

如兄愿考虑最近期内回国，则一切详情细节自能源源供给。据弟悉，北方当局对于一切技术的建设极为虚心从事，在为人民大众服务的大前提下，一切是有绝对自由的。以吾兄在学术上造诣之深及在国际上的声誉，如肯毅然回国，则将影响一切中国留美人士，造成早日返国致力建设之风气，其造福新中国者诚无限量。

弟虽不敏，甚愿追随吾兄之后，返国服务。弟深感个人之造诣及学术地位较之整个民族国家之争生存运动，实属无限渺小，思及吾人久滞国外，对于国内伟大的生存斗争犹如隔岸观火，辄觉凄然而自惭！

尊见如何，尚祈教我，

专此，敬请

研安！

弟　葛庭燧谨启

五月二十日

弟拟于下月中旬赴麻省剑桥参加美国物理学会（六月十六日至十八日），届期如兄有暇，当造访请教。又及。

早在1948年，钱学森便感到"祖国形势已有转变"，且"形势变化非常快"；1949年，他也看到周培源给林家翘的信，说"北京西郊解放时的情况如何理想"。曹日昌与葛庭燧的来信更使钱学森内心深受触动。1993年他在给葛庭燧八十寿辰的贺信中写道："我决不会忘记，是您启示我早日从美归国，为新中国服务！"

确立学界大人物的地位
（1949 年 7 月至 1950 年 6 月）

自1949年7月钱学森回到帕萨迪纳至1950年6月"钱学森案件"发生的一年间，钱学森在加州理工学院的声誉几乎可以与20世纪30年代的冯·卡门相匹敌。他身兼数职，既是科学家，又是教授，还是管理者，俨然成了加州理工学院一个不容小觑的大人物。

这一时期，钱学森最主要的职务是担任古根海姆喷气推进中心主任，他的任期是1949年至1955年。

1949年8月，新学期尚未开始，钱学森一家刚在帕萨迪纳安顿好，钱学森就立即投入喷气推进中心的组织和规划工作，设法使中心能在学年一开始就运转起来。

1949年12月1日，钱学森在美国火箭学会年会宣读了题为"丹尼尔和佛罗伦斯古根海姆喷气推进中心的教学和研究工作"的报告，介绍喷气推进中心的教学和研究工作。报告中指出，中心的目的有三个：一是按研究生的水平在火箭和喷气推进技术的领域培训青年工程师和科学家，竭力培育新一代先驱者，将航空前沿推向下一个"更高的"范畴；二是在火箭和喷气推进领域策动研究和提出先进的理念，竭力对这一新领域的坚实发展贡献必要的基础知识；三是促进和平时期火箭和喷气推进的商业和科学应用。钱学森指出，喷气推进专业的教学计划应适当包括机械工程与航空工程两个领域的内容。希望招收来自这两个学科领域有专业基础的大学生。两个专业方向的培养计划包括：一是5年计划，取得科学硕士学位；二是6年计划，获得航空工程师或机械工程师的学位；三是继续深造，授予哲学博士学位。火箭和喷气推进的课程学习于1949年9月正式开始。此外，教学课目和研究课题会根据实践经验进行调整，整个教学计划将有数年的调整期。弗兰克·马勃指出："由于钱学森的精心规划和指导，中心圆满地达成了哈利·古根海姆的目标。"

钱学森所规划的喷气推进中心把理论和工程术结合在一起。他在喷气推进中心工作中所取得的丰富经验，是后来回国创办中国科技大学的基础之一，中国科技大学就是要办成理工结合，且以"理"引领"工"的加州理工学院类型，培养会工程技术工作又能开展科学研究的学生。理科学习要求夯实知识基础，工科则要求熟悉工程技术问题，会机械制图。他主张中国科技大学不要办零一系、零二系……只要一个系——零零系，理工一样学，出去什么都能干，提倡通才教育。

此外，这场报告还大大提升了钱学森的公众知名度。报告中钱学森以一个航程为3 000英里的火箭飞行器为例，研究了它的飞行性能，并给出了小于1小

钱学森（左三）与同事在加州理工学院合影

时的飞行时间的分析，进而指出："实现洲际火箭客机的要求完全没有超出当今掌握的技术范畴。为了达到一个合理的着陆速度毋需有大的机翼，有关结构重量的技术要求也不是不可能做到的。这样的火箭班机何时能实现呢？那是一个困难的问题。但是有一件事是肯定的：在前面讨论中所指出来的基础研究肯定将能促进长程火箭旅行之日的到来。"

当时美国《纽约时报》和《时代》杂志都以长篇介绍了钱学森的科学创想，后者还刊登了钱学森的照片。《大众科学》和《飞行》杂志也都对这种火箭飞机进行了生动的宣传。这一年中，钱学森还大胆预测月球旅行不出30年即可实现，且行程只需一周。1950年5月，《大众机械》杂志封面上画了宇航员的形象，杂志里引用钱学森的话说，"工程师们可以立即建造登月火箭"。此时的钱学森已经确立了他所在领域内主要发言人的地位。

在喷气推进中心的工作以外，担任罗伯特·戈达德教授的钱学森在学院的教学任务很重。第一个学期，钱学森就开授四门课程：液体和固体推进剂火箭，

钱学森在加州理工学院授课　　　　　　　　钱学森在加州理工学院讲授火箭客机知识

高温设计问题，以及与喷气推进实验室其他成员共同开设的喷气推进动力装置和喷气推进研究课程。

　　这一时期钱学森还计划担任喷气推进实验室的顾问，并继续任美国航空喷气公司顾问。他每个月抽出三个周一，为公司提供咨询服务。这家起初只有6名员工的小公司此时已经成为一个拥有上千职员的大企业。由于工作需要，钱学森申请了保密许可证，以便他可以从事公司与美国空军、海军和陆军军械部签订的机密航空研究合同的工作。1949年9月，钱学森获得了美国陆军给予的机密研究许可证。

　　1949年冬天，蒋英再度怀孕，幸福的三口之家又将迎来一位新成员。

　　这一年，钱学森的家成了一个小社交圈子的中心。圈中人都是钱学森在加州理工学院或喷气推进实验室的朋友。

　　此时，罗沛霖与钱学森来往密切。几乎每一个周末，他都在钱学森家中度过，他们时常一同欣赏古典音乐。在大学时代，他俩就已经熟识。罗沛霖自1935年大学毕业后，曾在延安做过通信工程师。1947年，罗沛霖受中国共产党组织指示和资助，又在钱学森的建议和推荐下，考取自费留学，到美国加州理工学院攻读电子工程系博士学位。

刚刚就任罗伯特·戈达德教授的钱学森（左三）与加州理工学院的同事在一起

　　不过，罗沛霖与钱学森同在加州理工学院期间交往的时间仅有一年。自1948年秋到美国后，罗沛霖于1950年6月就回国了，他回忆道："那时我觉得是党组织派我出来留学的，不能浪费时间，如果浪费了时间对不起党组织，所以我打算在两年之内把博士读完。"在美国时，罗沛霖与中国共产党组织也有联系，他认为自己有责任替党组织做一些事情，就在加州理工学院创办了留美中国科学工作者协会分会，组织了很多活动。1949年夏，钱学森从麻省理工学院回到加州理工学院的时候，罗沛霖还组织中国的同学们去欢迎钱学森。在罗沛霖的动员下，庄逢甘等在美学者陆续回国。钱学森回忆当时罗沛霖也叫他"早日为解放了的祖国服务"，这深深促动着钱学森的回国之心。

二、 身陷囹圄——困境之中

1950年6月6日，美国联邦调查局官员指控钱学森是"美共党员"。钱学森继而遭遇了被吊销涉密研究许可证、禁止离美、扣押回国行李，乃至拘留。此后，虽然案件的调查与听证会中指控证据不充分，但是美国司法部最终选择性地采纳对钱学森的不利证词，于1951年4月判定其"曾是美国共产党员的侨民"，命令将他驱逐出境但暂缓执行，并驳回了钱学森的上诉。1953年3月，钱学森获得假释，但行动遭到限制和监视。直至1955年8月4日，美国司法部才同意其离美。五年中钱学森遭到巨大的身心折磨，此间，他对祖国和科学的向往愈发强烈。

"钱学森案件"始末

● 案件起源与背景

关于"钱学森案件"的一个基本问题是：为什么美国司法部会怀疑、指控并最终判定钱学森是美国共产党员？对于这一问题的认识既要考虑当时整个时代的历史背景，也要考虑钱学森的个体情况，还有一些其他的因素。

"钱学森案件"发生于美国"麦卡锡主义时期"（1950—1954年）。二战结束后，美国与苏联从战时盟友转变为冷战对手。与苏联在国家利益上的冲突、意识形态上的尖锐对立，以及1949年至1950年间世界各地发生的一系列重大事件，使得美国国内产生了对共产主义的巨大恐慌。这一系列重大事件包括：1949年8月29日苏联首枚原子弹爆炸，打破了美国维持四年的核垄断地位；1949年10月1日中国共产党领导的中华人民共和国宣告成立，壮大了国际共产主义的力量；二战后，自1945年起美国国内相继曝出苏联间谍案、"共谍"案等事件。

1950年2月，谋求连任的美国参议员约瑟夫·麦卡锡（Joseph McCarthy）

在西弗吉尼亚州的惠灵市发表演说，指出在美国国务院内潜藏着205名共产党员，而他手中正掌握着他们的名单。他的指控让当时已经处于恐慌边缘的美国公众深受震动。这一系列事件的发生使美国陷入了一场歇斯底里的对共产党人的政治迫害，以"麦卡锡主义"为代表的反共、排外运动席卷整个国家。

在这一历史背景下，至少有以下三类人群成为调查和迫害的主要对象：一是当时在美国从事国防合同工作的军方、工业界和大学的科学家们；难以判断在20世纪50年代有多少科学家由于美国政府对共产党的迫害而告别了自己的科研生涯，像加州理工学院这样拥有众多从事高级别国防工作的外国人和自由主义者的学校，更是成了麦卡锡主义肆虐的重灾区。二是中国人；朝鲜战争一开始，美国移民局和联邦调查局便联合起来对华人社区中可能存在的左翼"颠覆活动"进行"清剿"，在美国的许多中国留学生成为司法部门骚扰的对象。三是有共产主义倾向或是"同情"共产主义的人。而在美国移民局看来，钱学森的身份——一位曾参与美国火箭导弹研制及其他诸多高级军事机密研究的中国科学家——属于以上三类人群的"交集"。除了中国人和科学家两个身份特点，钱学森还被怀疑与朋友威因鲍姆及其领导的共产党小组有关系。

威因鲍姆在"钱学森案件"之前就引起了联邦调查局的怀疑。联邦调查局调查发现，威因鲍姆在20世纪30年代在加州理工学院鲍林实验室任助理期间是一名共产党员，且是洛杉矶帕萨迪纳区共产党122专业组的领导。1949年威因鲍姆在填写安全申请表时否认自己的共产党员身份。由此，联邦调查局指控他作伪证，并于1949年开始调查此案。1950年6月16日威因鲍姆因被指控犯有伪证罪而遭到逮捕。当年9月，他被判三项伪证罪（包括否认他曾是一名共产党员、组织他人入党及煽动党组织活动）成立而入狱。

那么，钱学森与威因鲍姆案件的关系是什么呢？第一，钱学森在读博期间所参加的共产主义学习小组活动，在联邦调查局看来正是威因鲍姆所领导的党组织活动。第二，钱学森承认与威因鲍姆关系密切；两人都热爱音乐，在钱学森读博期间就常有来往；1946年，威因鲍姆申请喷气推进实验室材料部数学研究员一职时，钱学森是其工作推荐人。第三，在联邦调查局人员就威因鲍姆案询问钱学森时，钱学森表示并不能确认威因鲍姆是共产党员，且他始终不曾怀疑过威因鲍姆对美国的忠诚，因此拒绝指控威因鲍姆是共产党员。钱学森指出他们的交往只是一种社交性质的往来。但钱学森与威因鲍姆的这种关联，直接影响到联邦调查局和移民局对钱学森身份的判断，及此后钱学森在美国的处境。除了钱学森外，联邦调查局对威因鲍姆及共产党122专业组的打击，也影响了其中多位科学家的职业生涯与生活轨迹，但是威因鲍姆是其中唯一获罪入狱的。

不过，钱学森的遭遇与他这些身份的影响只能在20世纪50年代的历史背景里解读。事实上，1950年对威因鲍姆和钱学森等人是共产党员的指控，早在1941年左右就出现了。当时，威因鲍姆刚开始为本迪克斯航空公司工作，他从好友马林纳处获悉：在加州理工学院航空系的一个大型派对上，古根海姆航空实验室主任克拉克·米利肯（Clark Millikan）对马林纳说，有人告诉他们马林纳、威因鲍姆和另外的两三个人是共产党员。威因鲍姆认为这显然是联邦调查局告诉他们的。那时他认为在这样的指控下，自己的安全许可证会被取消，但实际上却并没有。从1941年至1949年，他都拥有开展最高机密工作的安全许可证，直到1949年，麻烦突然找上门来。同样地，早在20世纪40年代初，陆军情报部门也听到过关于钱学森是共产党员的指控，但也没有采取措施终止他的安全许可。相反，钱学森被准许参与那些被列为"限制""机密"甚至"绝密"的项目。显然，那时的美国政府认为像钱学森、威因鲍姆和马林纳这些人的科学能力远比他们潜在的安全风险更重要。十年之后，同样的身份特点却使钱学森成为冷战的迫害对象。正如威因鲍姆所感慨的，如果他们这些人是如此"危险"的话，为什么政府机构不在对他们有所怀疑之初就采取行动？唯一的解释就是1950年代的政治气候使然。

除了上述两方面较为直接的影响因素外，在当时还有一些其他因素或也对钱学森在这一案件中的遭遇产生了一定的影响。

一是，当时在美国面临驱逐出境的外国人在法律权利上处于弱势地位。与法庭审判不同，驱逐出境听证会对外国人极为不利。面临被驱逐的外国人所享有的权利远不如刑事案件中的被告人（无论是外国人还是美国公民）。除非证明自己无罪，否则他们会预先被推定有罪，且举证责任也由外国人承担。在听证过程中，任何谣言、八卦或影射都可以作为证据。

二是当时美国有关办案机构及其官员存在官僚主义作风。移民局和联邦调查局在案件调查和听证会期间，可能对证人施压甚至威胁证人提供他们所想要的证词。例如在钱学森案件中，根据有关材料显示，移民局和联邦调查局曾事先要求并示意证人理查德·路易斯（Richard Lewis）（自认曾是共产党122专业组成员）提供不利于钱学森的证据，否则他也将面临伪证罪指控。由此，虽然并不能确定钱学森的身份，但迫于被指控的压力和威胁，原先拒绝作证的路易斯后来在"钱学森案件"的第三次听证会上提供了对钱学森极为不利的证词。他指出在一些秘密支部会议上见过钱学森，并称自己确信钱学森是一名共产党员。此外，曾是共产党122专业组成员的弗兰克·奥本海默也迫于联邦调查局的压力而在好友威因鲍姆一案中出面作证。当威因鲍姆的律师问他为何作证时，当时已经丢掉了大学教职而在科罗拉多从事农场工作的奥本海默表示，联邦调查局官员以能否恢复教职工作一事来威胁他。

再者，美国司法部最终在缺乏确凿证据的情况下就做出对钱学森的判决。上海交通大学钱学森图书馆研究馆员张现民指出，从美国司法部就驱逐钱学森问题所召开的四次听证会来看，对钱学森是否为共产党员的询问，证人中正反两方面的证词都有，而参加共产党122专业组活动的也未必都是共产党员；听证会上所谓的"物证"，即一份写有"钱学森"名字和被认为是钱学森化名的"约翰·M·戴克"（John M. Decker）的1938年党员名单，也是由一位警官抄录的，上面的字迹并非当事人手迹。根据这些调查，联邦调查局难以明确判断钱学森是不是共产党员。然而，"在是是非非之间，在当时宁可错杀百人，不让一人漏网的背景下，联邦调查局在没有确凿证据的前提下，美国检察官还是选用了不利于钱学森的证词，最终做出了驱逐钱学森的判决"。

这样的事并非个例。张纯如指出，如果说对钱学森判以驱逐出境的"证据"站不住脚的话，那么在另一些案例中，用来攻击其他科学家的"证据"更不可靠。科学家们很快意识到，只要与被认为和左翼的人有联系，就可能成为被怀疑的对象。

在威因鲍姆看来，对他的整个指控、调查和审判过程都是技术性的。在那样的政治气候中，相关的调查、审判机构及其官员或许在一定程度上为了功利性目的，不顾当事人真实具体的情况，不考虑他们是否真的危害了美国的利益，而只是为了能够在身份问题上对当事人"定罪"。乃至像钱学森这样的科学家，调查人员也不顾他对美国的贡献和他对待工作忠诚尽责的口碑，以及他对科学事业的热情远远超出对政治的兴趣等实际情况。办案官员或在判决的措辞上做文章，或在调查中威逼利诱，使得整个过程在一定程度上成了一个技术性的证明过程。

三是当时美国媒体的缺位。张纯如评价当时美国的媒体完全不像当代这般犀利，而是极为温顺与不作为。20世纪50年代的报纸没有对钱学森的故事展开独立调查，没有对钱学森被移民局和联邦调查局跟踪后的生活状况进行后续报道，没有到钱学森的家中对他进行深入采访，没有深入挖掘钱学森在共产党122专业组中的实际活动情况，也没有研究他回到中国可能带来的技术影响。与此相反，在一篇篇报道中，记者们只是引用了政府对于事态的一面之词。媒体作用的缺失使得政府机构缺乏监督和压力。在一定程度上，钱学森所遭遇的不公与当时的媒体环境有关。

四是当时美国国内对"种族问题"的认识以及民间组织的维权力度。当然，这也是在与当代情况的比较中得来的后话。20世纪50年代，美国人对涉及种族和民族的问题远不及今天这样敏感。如果钱学森案发生在今天，亚裔团体和民权组织会公开发声、辩论，他的支持者会更擅于运用现代游说技巧获取支持，而当事人及其律师在与政府打交道时可能也会更老练、更有策略。由此，尤其对这类有高关注度的案件，移民局根本无法如此轻易实施法律上的驱逐。而在钱学森身处美国的那20年中，美国人对政府的态度更多的是天真和信任，而在社会和法律层面都对亚洲人抱以公然的歧视。中国人在美国的社会和法律生活的方方面面都遭到偏见与不公待遇。在这种种族歧视的背景下，加之当时华裔美国人社区普遍对政治漠不关心，使得钱学森遭到驱逐时几乎没有引发人们的抗议。

• 案件初期钱学森的遭遇

除了20世纪40年代因涉密研究需要而开展的例行安全调查，在美国政府机构对钱学森正式提出指控与取消机密研究许可的一年前，即在1949年5月至1950年3月间，有关人员已经开始对钱学森与共产党及威因鲍姆之间的关系展开调查。参与调查的官员分别来自美国中央情报局、司法部联邦调查局和陆军反情报部队。

从前期调查来看，受访人普遍肯定了钱学森对美国的忠诚以及当时他对政治兴趣的淡漠；而威因鲍姆的共产党员身份、组织者地位以及共产主义倾向则得到了确认。然而，令联邦调查局人员疑虑的是，他们在一份档案中发现钱学森的共产党员身份、所使用的党名，以及与其他人定期参加党会的记录。1949年8月18日，中央情报局官员查看这份档案后，在报告中写道："所调查文件主人的真实姓名是钱学森，他的共产党名字是约翰·M.戴克（John M. Decker），于1938年加入共产党，拥有1939年号码为1004的党员证。1939年，他在加州理工学院时，隶属于共产党专业组，出生于中国，是一名学生。"这使调查官员得出的推论是钱学森是帕萨迪纳区共产党122专业组中的成员，并且推荐该小组领导威因鲍姆进入加州理工学院喷气推进实验室工作。彼时，这位刚刚上任古根海姆喷气推进中心主任未满一年的戈达德教授还不知道厄运即将来临。

首先，钱学森的涉密研究许可证被吊销了。1950年5月18日美国陆、海、空三军人事安全局召开会议，研究决定钱学森案件问题。会议一致认定，有理由相信，钱学森从事涉密和航空研究对美国的国家安全和核心利益十分不利。他们认为：钱学森曾经是司法部所认定的具有颠覆性质的共产主义组织的成员；钱学森与共产党成员有比较亲密的关系，并对他们持同情态度。最后，全体成员决定禁止钱学森接触涉密（内部、秘密、机密和绝密）工作以及航空研究，并将就此致函钱学森工作单位加州理工学院。6月6日，三军正式签署了禁止钱学森接触涉密研究通知，将吊销他的涉密研究许可证。

同一天，即1950年6月6日，两名联邦调查局特工到钱学森的办公室询问钱学森与共产党组织及与威因鲍姆的关系。

钱学森否认所有指控，但他感到美国政府已经对自己产生了怀疑，这令他立即做出辞职的决定。6月16日，钱学森收到了加州理工学院转送的禁止他从事机密研究许可的书信。对钱学森而言，被吊销涉密研究许可证对于他的事业、声誉和自尊心都是极大的打击。当时他兼任喷气推进实验室和航空喷气公司的顾问，前者90%的研究都是保密的；此外，他还将承接加州理工学院签订的秘密国防项目。没有了许可证，这些工作都无法展开。甚至钱学森认为"没有许可证，就无法完成作为加州理工学院古根海姆教授的职责"。钱学森认为，联邦调查局人员对他的质问代表了美国政府对他所持的怀疑与敌视；既然美国政府已经抛弃旧日对他的尊敬和褒奖，以怀疑和冷酷的态度对待他，那么在这样一个国度，还有什么值得留恋。

1950年6月16日，钱学森在收到涉密研究许可证被吊销的通知当天，更加坚定了回国的决心，便将辞职回国的打算告知校方。6月19日，钱学森在给联邦调查局的声明中也表达了回国的决定。他指出，自己在美国的十余年中一直是受欢迎的客人，也获得了成功。他认为，他的到来对于美国和他自己是互惠的，因为在二战期间，他也为美国的科学进步作出许多贡献。而现在原有的受欢迎的地位已不复存在，一团疑云笼罩着他。因此，唯一还能做的有绅士风度的事就是离开。

钱学森此时做出辞职回国决定的原因，既有面对身份遭到质疑及涉密研究许可证被吊销而做出的本能反应，也有回国报效的留学初衷。只缘此间"瓜葛诸多"，尤待时机。此外，或许还有一些因素共同促使钱学森决定立即回国。

例如，在1949年10月中华人民共和国成立后不久，钱学森就开始收到父亲一封封迫切催促他尽快回国的来信，因为父亲将接受一个重大的胃部手术，且他也希望能够与从未谋面的孙子孙女相聚。钱学森本就为长期以来无法对父亲尽孝深感内疚，眼下的遭遇与父亲的催促更加深了他要回国照顾父亲的心愿与责任感。

再者，1950年6月16日威因鲍姆在家中遭到逮捕。美国政府以伪证罪指控他在1949年9月向军方官员撒谎说自己从未加入共产党。彼时，威因鲍姆正在接受关于他申请喷气推进实验室材料部门数学研究员一职的安全审查。当初，钱学森是威因鲍姆申请这一职位的推荐人。冯·卡门指出，钱学森曾被要求指证他的这位老朋友，但他拒绝了，这使他"引起了联邦调查局的注意"。

另一个可能的促成因素是1950年6月25日朝鲜战争的爆发，加剧了美国和亚洲共产主义国家之间的紧张局势。钱学森好友罗沛霖想马上回到中国与妻儿团聚。他担心再等下去，可能就再也回不去了。罗沛霖说当时钱学森也有同样的担心。而此时钱学森遭到怀疑，也使罗沛霖担心会牵连自己，所以他急忙要离开美国。

为了办理回国手续，1950年7月29日钱学森将回国的决定函告美国国务院。七八月间，钱学森着手办理了回国行李的打包托运与归国机票的预定事宜。与此同时，钱学森也在校方建议下向国防部产业雇工审查委员会提出申诉，并约定于8月23日在华盛顿召开听证会，希望就吊销从事机密研究许可证进行重新审查，由此也能弄清事情原委，恢复钱学森在科学领域的名誉。对校方而言，恢复了机密研究许可证就可以继续留住钱学森。对钱学森来说，张现民认为："他即使决定回国，也要留个清白，按照美国的程序离开美国。"对此，罗沛霖也曾说："学森对我说，以他在学术界的地位，要回国，他就要正大光明地回，不能悄悄地离开。"①

然而，钱学森却遭到了美国官方对他离境的阻碍。1950年8月21日，已办妥回国事宜的钱学森从洛杉矶前往华盛顿。此行一是准备参加听证会，二是去拜访昔日的朋友、同在华盛顿的海军部副部长丹·A·金贝尔（Dan A. Kimball），希望得到他对于听证会的帮助。金贝尔曾是航空喷气公司的执行副总裁，与担任公司顾问的钱学森早就相识。但金贝尔反对钱学森回国，在8月23日与钱学森的会见结束后，他立即向司法部通报，指出以钱学森所具备的学识，应阻止钱学森离开美国。此后，在许多中英文文献中流传着金贝尔的一句

---

① 罗沛霖：《浦汇·矶市·燕城——忆钱学森兄的二三事》，《神州学人》1990年第5期。

名言，如在20世纪60年代出版的《中国的蘑菇云》（*The China Cloud*）一书中，作者写道："'我宁愿打死他也不愿让他走'，据说金贝尔曾经这样对朋友说，'不管在哪里，他都值三到五个师'。"[1]

据此，1950年8月23日晚钱学森刚从华盛顿飞回洛杉矶机场时，移民归化局总稽查便向钱学森宣布了由司法部移民归化局执行法官签署的不准离开美国的命令。此后，钱学森只得取消机票，而他原本于1950年回国的愿望也由此破灭。

同一时间，钱学森回国的行李也遭到了查扣。为了运输回国行李，1950年7月，钱学森联系搬运公司，于8月18—19日对其家中和办公室物品进行包装。之后，搬运公司注意到一些资料上有"内部""绝密"字样，立即报告洛杉矶海关。1950年8月21日，根据海关的申请，当地法院以企图携带"机密资料"出境为由，下令要求洛杉矶海关扣押钱学森滞留的所有文件。8月24日，洛杉矶地方法院签署命令，扣押滞留在海关的钱学森的八大箱子行李。

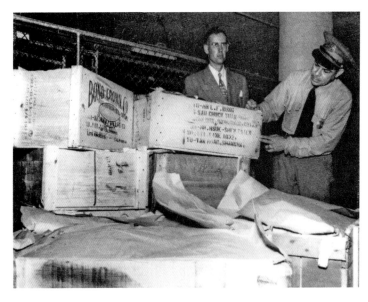

洛杉矶海关规费征收办公室人员（左）和司法部移民归化局检察官在检查钱学森的行李

① William Ryan and Sam Summerlin，*The China Cloud: America's Tragic Blunder And China's Rise To Nuclear Power*，Boston: Little，Brown and Company，1967.

此后，钱学森被扣押的行李经历了长时间、多部门的审查。由于行李中大量各类资料的涉及面广、专业性强，审查工作难度很大。调查人员为这些材料编目后，光是资料目录就足有26页。

从调查情况来看，虽然其中有些文件上标有"涉密"字样，但在查封时，这些资料绝大部分都已解密或进行了降密处理，少数资料为"内部资料"，只有极个别资料为"绝密"级别资料。1951年1月4日，美国司法部根据各部门呈送的审查报告，做出阶段性结论，认为没有任何证据证明钱学森违背了美国《间谍法》或《出口控制法》。

在对钱学森进行行李审查期间，美国司法部出于国家安全考虑，提出将一些被他们视为美国政府财产的材料归还给有关单位的意见，并要求钱学森同意、签字。1951年4月，钱学森在信中表示同意归还，但指出："我签字同意将这些材料转给国防部并非声明我承认这些材料具有涉密性质。"

至1954年4月，美国政府有关机构基于对钱学森被扣押行李的长期调查与数十次听证会意见，最终同意撤销扣押令。4月23日，美国司法部驻洛杉矶南部地区检察官与钱学森的辩护律师库柏共同签署了《撤销扣押令的命令及条款》的文件。1954年8月5日，被扣押四年后，钱学森的绝大部分行李得以赎回（部分资料被美国军方和美国航空顾问委员会没收）。

然而，当时美国媒体在扣押钱学森行李的相关报道中，把未经证实的对钱学森的嫌疑放大得比最后的真相更突出。张纯如指出，当时《洛杉矶时报》的头条宣称，在钱学森的行李箱中发现了"机密数据"。但关于此事的后续报道，即钱学森并没有违反保密规定的调查结果却被埋在报纸背面。这对钱学森的名誉是不公平的。

1950年9月6日，两名移民局官员到钱学森家中带走了钱学森。拘留令控告钱学森违反了1918年10月16日修改通过的《移民法》，理由是他被发现在进入美国之前是该法案第一部分所列举的如下组织成员：试图利用武力或者暴力倡导、唆使颠覆美国政府的组织、协会和社团组织的外国人。此后，钱学森被关押在洛杉矶以南的特米诺岛上，至1950年9月23日获保释。对于被拘留的日子，钱学森曾回忆："关在里面的时候，不许和别人说话，晚上每10分钟又有人开门扭开电灯看一看我有没有逃走。这样的生活不是正常的生活，而是一种迫害和虐待。"①

相比身体上遭受的折磨，对钱学森来说，精神层面的打击更大。回顾过去十几年，钱学森努力学习、工作，为科学事业、美国航空航天事业的发展全身心地付出，他的贡献曾得到过美国学界与军方的诸多认可与嘉奖；他从美国第一个喷气推进技术训练班的教员，到成为一名光荣的戈达德教授、古根海姆喷气推进中心主任，一直尽心尽力地为美国航空航天领域培养人才——这样的他却被认为是"试图利用武力或者暴力倡导、唆使颠覆美国政府的外国人"而被拘禁，可想而知那带给他的是怎样的震惊、愤怒与伤害。

钱学森遭拘留的特米诺岛

①　钱学森：《我在美国的遭遇》，《人民日报》1956年1月2日。

• 听证会与判决

在对钱学森被扣押行李进行审查的同时，自1950年11月至1951年4月，美国司法部围绕"钱学森案件"，即就钱学森的党员身份以及是否驱逐钱学森等问题召开了4次具有法律效力的正式听证会。其间，钱学森以睿智与胆识机智应对刁难问题。然而半年内举行4次听证会也令他深受折磨，并更坚定了他回国的信念。

1950年11月，钱学森（左二）在美国洛杉矶司法部移民归化局听证会上

1951年4月26日，美国司法部移民归化局在缺乏确凿证据的情况下，选择性地采纳对钱学森的不利证词，最终判定钱学森是"美国共产党员"，决定将他驱逐出境。

对于这一判决，钱学森后来于1951年5月、1952年2月两次向移民局提出抗议申述，但均被驳回。1952年12月9日，移民归化局致函钱学森，指出驱逐令是"最后决定"，并说明因1950年8月23日，钱学森收到不准离开美国的命令，故驱逐他的行动将暂缓执行，除非该命令被撤回。

关于对钱学森先禁止离境、后又驱逐出境的矛盾命令造成的暂缓驱逐，张纯如在《蚕丝——钱学森传》中写道："美国移民局几年后给出的解释是，这是因为有两项独立规定分别作用于钱学森。一项是依据1950年的《国内安全法案》修订过的1918年移民法案。由国会制定的这项法案规定，驱逐一切可能颠覆美国政权的外国人。美国移民局正是依据这一法案想驱逐钱学森出境；但与此同时，美国国务院有职责防止那些接受过技术训练而可能被敌国所用从而危害美国国防利益的外国人离境。钱学森在喷气推进技术等方面的资历，无疑令其身属此类。"也就是说，对钱学森下达的前后矛盾的命令是美国司法部移民局与美国国务院两者基于两项相互矛盾的政策而做出的不同决定。张纯如指出，当美国政府官员试图对如何处置钱学森做出决定时，他们的官僚主义和各自为政令钱学森一直处于进退两难、无法得到确定答案的状况。

1953年2月4日，美国司法部移民归化局向钱学森明确假释期间的活动限制规定，其中包括每月亲自到移民局办公室报到、及时汇报家庭地址或工作情况发生变更的情况、在没有获得准许的情况下只能在洛杉矶市区范围活动等。据此，从1953年3月到1955年9月（连续31个月），钱学森每月都需到移民局报到。

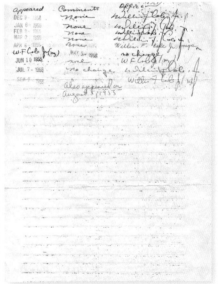

钱学森每月到移民局办事处签到的登记表

1953年11月，加州理工学院院长杜布里奇在一封信中指出这是对钱学森"更为严厉的限制"。对他出行范围的限制使他无法参加许多科学会议，甚至也无法去附近橘子郡的海滩走走。

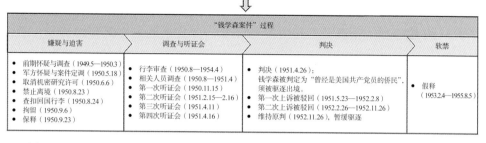

时代背景	个人因素	其他因素
➢ 间谍案、"共谍"案相继曝出（1945年起） ➢ 冷战（1947.3.12—1991） ➢ 苏联首枚原子弹爆炸（1947.8.29） ➢ 中华人民共和国成立（1949.10.1） ➢ 麦卡锡主义（1950—1954）	➢ 中国人 ➢ 高级军事机密研究科学家 ➢ 共产主义学习小组活动 　（被调查为共产党帕萨迪纳122专业组） ➢ 与小组书记威因鲍姆的关系 　（好友、工作推荐人、拒绝指控其党员身份）	➢ 美国面临驱逐出境的外国人在法律权利上的弱势地位 ➢ 有关办案机构及其官员的官僚主义作风 ➢ 媒体作用的缺位 ➢ 种族歧视以及民间组织维权力薄弱

"钱学森案件"起源与背景

"钱学森案件"过程

嫌疑与迫害	调查与听证会	判决	软禁
• 前期怀疑与调查（1949.5—1950.3） • 军方怀疑与案件定调（1950.5.18） • 取消机密研究许可（1950.6.6） • 禁止离境（1950.8.23） • 查扣回国行李（1950.8.24） • 拘留（1950.9.6） • 保释（1950.9.23）	• 行李审查（1950.8—1954.4） • 相关人员调查（1950.8—1951.4） • 第一次听证会（1950.11.15） • 第二次听证会（1951.2.15—2.16） • 第三次听证会（1951.4.11） • 第四次听证会（1951.4.16）	• 判决（1951.4.26）： 　钱学森被判定为"曾经是美国共产党的侨民"，须被驱逐出境。 • 第一次上诉被驳回（1951.5.23—1952.2.8） • 第二次上诉被驳回（1952.2.26—1952.11.26） • 维持原判（1952.11.26），暂缓驱逐	假释 （1953.2.4—1955.8.5）

"钱学森案件"过程图

阴云中的光芒

自1950年9月23日在特米诺岛关押十几日获保释后，钱学森又经历了数次调查、申诉及最终判决。此后，仍在加州理工学院开展教学研究的钱学森及家人遭到了长期监视与软禁。对于那段时刻被监视的生活，多年后蒋英回忆道："那些年，我们精神非常紧张。"

案件也使钱学森在加州理工学院的整个工作处境与社交活动都受到了极大限制。尽管自杜布里奇以下，加州理工学院的人员可能已经尽最大努力想把事情弄清楚；但现实是，他们的生活一如既往，而钱学森的生活却支离破碎。在喷气推进实验室，工程师们不允许和钱学森交谈，他们无法和钱学森探讨相关工作和研究问题，而钱学森也拒绝与学生谈论喷气推进实验室有关导弹的工作，以免给他们带来麻烦。加州理工学院的其他教职工当时或许都不想牵涉到"钱学森案件"中。因为担心自己也成为调查对象，航空系的一些同事也因此而避开钱学森。

案件过程和"驱而不逐"的判决结果使得钱学森一直处于等待中。但即使身心遭受巨大压力，钱学森依然充满了对科学研究的兴趣与创新精神。在此期间，钱学森专注于学术研究工作。1951年10月29日弗兰克·马勃写信给冯·卡门，告诉他钱学森已经接受了案子不会很快解决的现实，虽然他并不快乐，但他内心平静多了。钱学森研究了诸多学术问题，此后一个阶段反而成了他学术研究的一段高产时期。根据已出版的《钱学森手稿》和《钱学森文集 海外学术文献》收录的文章来看，案件期间钱学森完成的论文或著作（包括未发表的研究）约有21项（见表4），其中仅1952年一年完成的论文就有约12篇，且8篇都完成于当年上半年，这在航空或火箭技术领域是极为了不起的成绩。

表4　钱学森在案件期间完成论文情况统计

序　号	完成时间	篇　　　名
1	1950年12月1日	探空火箭最优推力规划
2	1951年9月27日	双原子气体辐射的发射率.Ⅲ.在300K、大气压及低光学密度条件下一氧化碳发射率的数值计算（与S. S. Penner, M. H. Ostrander合作）
3	1952年1月2日	火箭喷管的传递函数
4	1952年1月3日	一种用于比较垂直飞行的动力装置的性能的方法
5	1952年1月21日	确定双原子分子转动谱线半宽度（与S. S. Penner合作）
6	1952年2月14日	快速加热的薄壁圆柱壳的载荷相似律（与郑哲敏合作）
7	1952年2月22日	火箭发动机中燃烧的伺服–稳定
8	1952年初	关于谱线吸收系数的某些积分的计算（结果被收入Penner专著《定量光谱学和气体辐射》）
9	1952年4月28日	远程火箭飞行器的自动导航（与T. C. Adamson和E. L. Knuth合作）
10	1952年6月10日	薄壁机翼受热载荷相似律
11	1952年9月12日	物理力学，一个工程科学的新领域
12	1952年10月14日	纯液体的性质
13	1952年11月19日	从卫星轨道上起飞

序　号	完成时间	篇　　名
14	1952年（估计）	用燃气透平制造一氧化氮（未发表）
15	1953年6月	用气体动力学过程制造化工产品的可能性（未发表）
16	1954年	Poincaré-Lighthill-Kuo方法
17	1954年4月30日	峰值保持最优控制分析（与S. Serdengectl合作）
18	1954年6月20日	高温高压气体的热力学性质
19	1954年	专著《工程控制论》（英文版）
20	具体日期不详	制导系统的噪声滤波（未形成正式论文发表，相关结果被收入《工程控制论》一书）
21	1955年10月24日	热核电站

注：完成时间为已知最早宣读或收稿时间。

在生活和工作的重重限制下，钱学森在非涉密的学术领域依然取得了非凡的成就。1953年1月16日钱学森在致冯·卡门信中说："最近，我转到了博弈与经济行为理论的研究。最终，我希望消除科学与所谓的人文研究的鸿沟。"这一年，钱学森开创了两门新的学科领域。

一是开创物理力学。1953年初，钱学森发表了一篇具有科学史意义的文章《物理力学，一个工程科学的新领域》，正式提出"物理力学"概念。其时，钱学森在加州理工学院古根海姆喷气推进中心为研究生开设物理力学课程，并自己编写教材。这一新的力学分支主张从材料的原子、分子结构的微观性质预见物质的宏观力学特性，改变过去只靠实验测定力学性质的方法，大大节约了人力物力，并开拓了高温高压流体力学的新领域。钱学森所开创的物理力学在国际上产生了巨大的

在受美国当局监控期间，钱学森仍坚持学术研究

影响，得到了广泛重视和发展，其核心思想和研究模式已成为当今材料科学和力学学科的世界潮流。[1]

二是开创工程控制论。1953年底，钱学森在加州理工学院开设了一门新课程"工程控制论"。这是钱学森把维纳（N. Wiener）于1948年所开创的控制论推广至工程技术领域，用于工程中自动控制系统设计、分析的一门新的技术科学，是控制论领域的一次伟大突破。1954年钱学森所著《工程控制论》英文版在美国出版后，在世界科技界引起广泛关注，被认为是一部奠基式的著作，后被译成多种文字发行。[2]对于写作这本书，钱学森曾说过一句精彩的双关语："那本书是给美国人看的。"[3]1963年6月，已回国数年的钱学森在与控制论、系统工程和航空航天技术专家宋健院士的一次谈话中回忆起开创工程控制论的经历时说："当时并没有想到建立新学科，而是为避开美国特务的追踪和迫害。那时我还年轻，虽然痛苦，精力还很充沛，我不能消沉。我必须积累知识，随时准备返回祖国，为建设新中国尽力。"[4]

对于钱学森在这段时间的工作，曾是钱学森指导的博士生、著名力学家郑哲敏评价道：

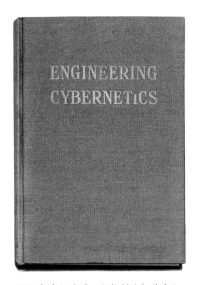

1954年出版的《工程控制论》英文版

> 在那个条件下，他仍努力工作，可以想象那个压力有多大。但是
> 在那个条件下，可以看出一个人的意志，他表现得很坚强。钱先生很
> 快就把情绪扭转过来，一心一意，安心工作，做很重要的工作，他教

① 朱如曾：《钱学森开创的物理力学之路》，载庄逢甘、郑哲敏主编《钱学森技术科学思想与力学》，国防工业出版社，2001年，第69—75页。
② 姜玉平：《钱学森创建的"工程控制"在中国的传播和发展》，西安交通大学学报（社会科学版），2005年第4期。
③ 文洋：《钱学森在美国（1935—1955）》，《人物》1982年第6期，生活·读书·新知三联书店，1982年，第31页。
④ 宋健：《民族英雄钱学森》，《光明日报》2015年11月27日。

两门新课程，一门是物理力学，一门是工程控制论，1954年他出版《工程控制论》。这本书的内容和他以前做过的一些研究，如导弹内部燃烧室内振荡燃烧的控制、导弹的导向、导弹轨道的控制等，都是有关系的。他那时说，我不牵涉任何硬件，我就讲与这些问题相关的数学理论。我不是讲那些元器件，你看我的书，没有这些东西，我只是讲些共同的基本理论。在那个很恶劣的情况下，突出地做了这样两项重要的工作，显示一个人坚强的意志。

当时在加州理工学院求学的美籍华人流体力学家吴耀祖回忆道：

钱老在中国极力协助而未能如愿离美返华这五年中，周末备讲稿，下周除正课外，再外加这些新课。不需二三讲，即引起其他教授呼应参与。其中最重要的骨干是 Charlie De Prima 和 Arthur Erdelyi 两大数学教授，吸引得教室座无虚席。年后开讲物理力学时，钱老将古典力学、分子运动论、经典统计力学、量子统计力学，一起融会贯通，更广求应用，看来好似深思熟虑，为来日运筹做好准备。钱老这些宏著，大有孔子困于陈蔡而著春秋之感。

1953年钱学森获得"彭德雷航天著述奖"。该奖项成立于1951年，以美国火箭学会创始人、该学会主席乔治·爱德华·彭德雷（George Edward Pendray）的名字命名，旨在表彰那些在航天科学研究领域中作出重大贡献且著述丰硕的科学家。该奖每年颁发一次，每次仅表彰一名科学家。钱学森在获奖后并未领取，一直由加州理工学院为其保管。2015年3月，

钱学森所获"彭德雷航天著述奖"奖杯（复制件）

加州理工学院校长托马斯·罗森鲍姆将一份同比例复制品赠送给上海交通大学，藏于钱学森图书馆。

软禁期间，钱学森与蒋英会在家中用音乐排解心中苦闷。蒋英弹吉他，钱学森吹奏西洋竖笛，或是一起听古典音乐唱片，他们都喜欢贝多芬的第九交响曲和莫扎特的交响乐，从中汲取力量，寻找慰藉。据吴耀祖回忆："周末有时钱老也带领夫人、永刚小弟、永真小妹全家，去洛杉矶西南海滨游玩，举望白云碧空，海波涛涛，心旷神怡，亦堪保健。"

钱学森与家人的合影

1953年冬，钱学森邀请带薪休假半年的郭永怀到加州理工学院讲学。李佩回忆道："我们搭乘了横穿美国的火车到了帕萨迪纳，在钱学森家附近租房子安顿下来，钱学森和郭永怀一起做科研，讨论高超声黏性流动以及奇异摄动理法等问题。此后一直到回国之前，是他们两人科学研究的黄金时期。""钱家的情况与过去大不一样了，屋里空空荡荡的，倒是蒋英的那架大三角钢琴还在……好几次，我们在钱家吃饭，都是大科学家钱学森亲自下厨，可见，钱学森与郭永怀的亲密友谊！""在帕萨迪纳的时候，我们两家人住的地方很近。大家经常聚在一起，钱学森和郭永怀大多数时间在谈论一旦将来能够回国，有哪些亟待解决的工作要做。"

但钱学森迟迟无法知道自己究竟何时能够回到祖国，案件本身与此间的种种遭遇对钱学森身心带来巨大的打击。在关于钱学森在1953年底至1954年底的三段记述中，我们依然能读出他的愤怒与沮丧。

一是，1953年冬，钱学森再次见到郭永怀，对此他回忆道："他和李佩同志到加州理工学院。他讲学；我也有机会向他学习奇异摄动法。我当时的心情是很坏的，美国政府因不许我归回祖国而限制我的人身自由，我满腔怒火，向我多年的知己倾诉。他的心情其实也是一样的，但他克制地劝我说，不能性急，也许要到1960年美国总统选举后，形势才能转化，我们才能回国。"

二是，1954年6月25日，《科学美国人》杂志编辑致函钱学森，询问为什么他强烈建议将自己的名字从杂志中删除。6月30日，钱学森复函告知《科学美国人》删除的原因，指出：（一）虽然我对美国的很多科学家充满崇敬之情，但是如果把科学家作为一个整体来看的话，我很难有同感。换句话说，如果把我确定为美国科学家团体中一员，我感到很羞辱。（二）事实上，我不是美国科学家，我是一名中国科学家。目前只是美国政府的命令将我滞留在这个国家而已。最后说：我希望你能理解这些理由，将我的名字从即将编辑出版的《科学美国人》中删除。

三是，1954年12月8日，钱学森的沮丧在写给马林纳的信中全面爆发，信中写道：

你能指望加州理工学院的行政当局会损害他们自己的前程（至少他们认为这会有损前途）来求得一个历史的真相吗？在知道历史总是被改写之后，你还能相信历史吗？你认为在世界上还有正义和诚实可言吗？你还指望在没有自我公关或不去聘请一个公关人员为你服务的情况下，在美国功成名就吗？亲爱的朋友，让我们别再相信这些虚构的事了！你现在正从事着创造性的工作，为什么要让这些琐事烦扰你呢？毕竟，如果一个人可以在自己最后的日子里，对着自己的良知说，他给予人类的要比他从人类那里得到的更多，不是也很好？

又及：我把你的信和这封信的复印件一起存档，留给未来的历史学家们。

抛开案件种种，回望钱学森的1950—1955年，本章题中"成就""困境""家国牵系"这三个词及其关系正是对钱学森这一段人生遭遇的勾勒与阐释。

这里的"成就"，既是指追求，也表示贡献与收获；"困境"，是指钱学森"身陷囹圄"的五年处境，包括在事业、生活和归国愿望上的受阻、限制等不利之处；"家国牵系"，既是指钱学森的国籍身份，也包含了报国初心、父子亲情、归国愿望、祖国的召唤与支持等所有与家国牵系的种种。

在这五年的困境与成就之间，钱学森在事业追求上受阻，且过往的贡献与成就不仅不能使他摆脱困局，反而成了令他陷入困境的一个重要因素。这令钱学森一方面感受到不公、愤怒、沮丧，进而发出"毕竟，如果一个人可以在自己最后的日子里，对着自己的良知说，他给予人类的要比他从人类那里得到的更多，不是也很好？"的感慨；另一方面，他继续追求非涉密的科研事业，依然取得卓越的学术成就。这种困境中的追求与成就更彰显了一份对于祖国和科学事业的赤子之心，也使钱学森开始思考科学与政治的关系，思考如何方能成为一名有作为的科学家。

在"困境"与"家国牵系"二者之间：一则，归国受阻是其中一重最大的困境；二则，中美两国的关系、中国科学家的身份也是造成困境的重要因素；

三则，报国初心、父亲的盼望、祖国的局势与召唤、自身的处境，都使得钱学森更迫切地想要归国。而在困境中，中国共产党领导下的中华人民共和国政府在帮助钱学森突破困局、最后成功回国的过程中也发挥了重要作用。

三、归　国

"钱学森案件"发生后，中国政府和群众团体便对美国扣押钱学森等中国学者相关事件密切关注，并采取相应援助举措。例如，1950年9月至11月，中国学界团体等组织及有关人士就美国无理扣押钱学森等欲回国的学者纷纷发表通电申明，抗议美国的行为，要求释放钱学森回国。1951年10月5日，外交部美澳司获知美国可能将钱学森监送至台湾地区时，立即提出应对方案："动员力量予以援救，使钱不致被美帝监送台湾而能设法回国。"然而，救援机会直到1955年中美大使级会谈时才出现。

朝鲜战争结束后，中美双方境内都滞留了一批对方的公民。美国滞留在中国的人员除被中国扣留的军事人员外，也有一些其他美国公民，这使美国政府在其国内面临很大政治压力。而对中国政府来说，国家百废待兴，社会主义建设事业急需大批人才，争取海外留学生回国是一项重要任务，因此中方希望接回那些滞留在美国的留学生。双方的需求为此后中美大使级会谈的举行以及美国国务院签署同意钱学森回国提供了可能和有利条件。

1954年6月，中美两国利用日内瓦谈判之机，就双方侨民归国问题进行了直接会谈。其时美国国防部认为中国留学生离美不能违背美国的安全利益。据非正式审查，美国国防部"只发现一个人不能离境，那就是钱学森"，同时对外声称"钱氏本人似亦无意离开美国"。

日内瓦会议后，在美中国留学生分别于1954年8月、9月在美国的东西两岸给艾森豪威尔总统写信呼吁撤销对中国留学生离境的禁令。这使美国扣留中国留学生的事情公开化，引来同情者们和社会人士声援。与此同时，那些被俘美国人的亲友、宗教界、报界和国会纷纷向美国国务院施加压力。他们认为对中国人的扣留对美国要求中国释放被俘美国人造成阻碍，要求国务院争取解救被扣在中国的美国人。

1954年9月3日，第一次台海危机爆发，使中美两国刚刚恢复交流的关系出现停滞。1954年年底中国通过印度传话，暗示战俘问题与中国留学生返国问题可以同时谈。1955年4月万隆会议期间，周恩来总理发表声明，称中国政府愿意与美国谈判。作为回应，美国开始谋求恢复中美会谈。同年3月至6月，美国政府为接回在华侨民及掌握会谈主动权，开始重新审视在美国的中国技术人员滞留问题，包括对钱学森学识时效性重新做出判断，认为"他那个时候掌握的涉密信息可能被最新研究所超越，并且这些信息在苏联阵营看来也可能成为基本常识"。经美国国务院、司法部、国防部等部门协调，以及艾森豪威尔总统亲自过问，美国政府于1955年6月13日已形成同意钱学森回国的原则意见。

此前，在1955年春，美国政府尚未形成同意钱学森归国的意见，钱学森就先向即将回国的同学徐璋本请求援助。徐璋本在1950年以后也在加州理工学院工作，1955年3月已获得回国许可。[①]在徐璋本回国前，钱学森再三嘱托徐璋本向中国政府转达自己"期望于今年暑假中返国服务"的心愿。1955年5月徐璋本回到中国，此后，他提出援助钱学森回国的请求经中华全国自然科学专门学会联合会呈交至外交部。当时外交部已经收到了钱学森向陈叔通发出的求援信息，并已经做出了处理意见。

钱学森给陈叔通写求援信的时间是1955年6月15日。彼时美国总统艾森豪威尔刚刚做出同意国防部释放钱学森等人的意见，但钱学森对此尚不知情。他因偶然在当年5月号《中国画报》（即《人民画报》英文版）上看到父亲的老师、时任中华人民共和国全国人民代表大会常务委员会副委员长的陈叔通和毛泽东等党和国家领导人一起在天安门城楼上的画面，便想抓住一切机会，希望通过陈叔通营救他们回国。信件寄出后由钱家治首先收到，于7月7日致函陈叔通。此后，信件由陈叔通转交，经中科院副院长竺可桢、张稼夫，至政务院副总理

---

① 王仁：《回国经过回忆》，载全国政协暨北京、上海、天津、福建政协文史资料委员会编《建国初期留学生归国纪事》，中国文史出版社，1999年，第245页。

钱学森致陈叔通的"求援信"（原件存外交部档案馆）

陈毅处，7月21日陈毅批示外交部处理。

　　就在求援信辗转期间，钱学森于7月27日得知美国国防部同意"最后一名习得飞弹技术的学者（钱学森）返回大陆"的消息，便又在7月29日由蒋英执笔致函父亲钱家治，告知"七月廿七日为吾辈应该纪念的一天，遥想隔岸相望，必具有同感，并有那天能走就走，请各亲友暂时耐心等待"。

　　在钱学森寄出这封喜讯的同一天，中国外交部美澳司司长徐永焕还在就陈毅对"求援信"的批示，向外交部副部长章汉夫、外交部部长助理乔冠华做详细汇报，并提出在中美大使级会谈中提及钱学森案例的处理意见，指出："钱学森是喷气式飞机和火箭专家，在美国有相当地位，因此估计美国可能还不会轻易放他回来。但是，由于四大国会议后国际局势一般趋于和缓，美国又终于接受了周总理在万隆会议所宣布的中美直接谈判的建议，因此也有放他回来的可能，或以放钱（学森）作为对我释放更多一些美国在华人员的相应行动。如在会谈开始时已有钱（学森）回国的消息，则会谈中当然不提此事。如尚无被放回的消息，则我方应在此次日内瓦会谈中谈到我留学生和侨民问题的时候，具体问美方关于钱（学森）的情况和是否放他回国。如对方作肯定答复，此问题即不再提。如不肯定，则提出释放的要求。如说不放，则用说理的态度，而坚持释放的要求。以上是否有当，请予批示。"8月2日，章汉夫、乔冠华批示表示同意。

1955年8月4日，在中美大使级会谈期间，经过美国国务院以及司法部最终确认后，美国司法部移民归化局洛杉矶分局局长艾伯特·德尔·古尔丘（Albert Del Guercio）签署同意钱学森归国的正式通知。这是美国在中美大使级会谈进入到关键时刻做出的重要决定。次日，钱学森领取了离境许可通知。

另一方面，由于信息不对称，8月7日晚，即中美大使级第四次会谈前夜，中国外交部给谈判代表王炳南大使发送电报并附上钱学森案例材料。翌日，王炳南在会谈中就中国学生回国发表声明，说到目前为止还有很多学生被禁止回国，并特别提到钱学森事例。于是美方谈判代表指出钱学森已被允许离境。

经历五年等待后，钱学森最终得以归国。这是在中华人民共和国力争留美

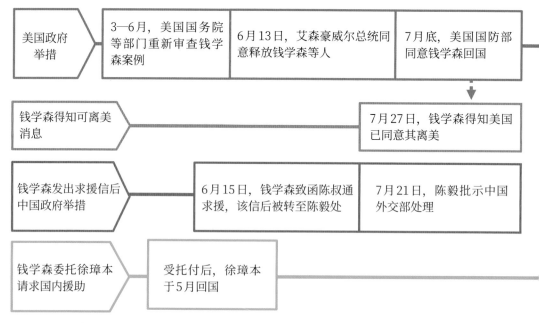

1955年促成钱学森归国的相关举措及流程示意图

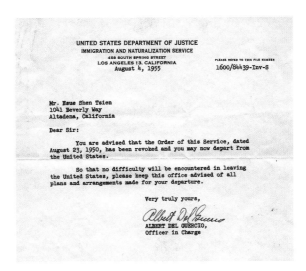

由美国司法部移民局局长签署的同意钱学森回国的通知

学生回国以及中美两国在1954年日内瓦会谈、1955年中美大使级会谈的历史背景下，双方通过各自诉求和考量而促成的结果。

离开美国前，钱学森去拜别了导师冯·卡门。

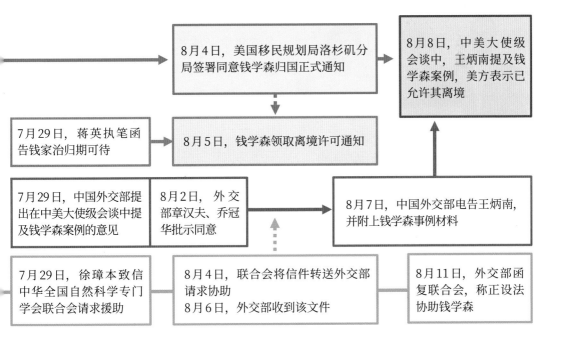

1991年10月16日，钱学森在"国家杰出贡献科学家"荣誉称号授奖仪式上谈及人生的"三次激动"时，回忆起当时的画面：

> 到1955年夏天的时候，我被允许可以回国了。当我同蒋英带着幼儿园年纪的儿子、女儿去向我的老师告别时，手里拿着一本在美国刚出版的我写的《工程控制论》，还有一大本我讲物理力学的讲义。我把这两本东西送到冯·卡门老师手里，他翻了翻很有感慨地跟我说："你现在在学术上已经超过了我。"这个时候他已74岁了。我一听他这句话，激动极了，心想我20年奋斗的目标，现在终于实现了，我钱学森在学术上超过了这么一位世界闻名的大权威，为中国人争了气，我激动极了。这是我有生以来第一次这么激动。

超过了"世界闻名的大权威"，"为中国人争了气"，是令钱学森铭记一生的"第一次激动"。尽管遭遇了五年的困境，但回首二十载，钱学森已经从一名青年学子成长为世界级著名科学家，以个人的奋斗与成绩为自己、为民族争得了荣誉。

1955年9月17日下午，钱学森一家在洛杉矶港口登上"克里夫兰总统号"邮轮，踏上回国之路。钱学森在码头接受记者采访时说："我打算尽我最大的努力帮助中国人民建设自己的国家，以便他们能够过上有尊严的幸福生活。""我是同情中国政府的，我相信我的前途在中国，全世界人民都是一样的，都在谋求和平和追

钱学森一家在邮轮上的合影

求幸福。"10月5日，轮船抵达菲律宾马尼拉港口后，有美联社记者提问钱学森："你到底是不是共产党员？"钱学森答道："我还不够格做一名共产党员！共产党人是具有人类最崇高理想的人。"1955年10月8日上午，钱学森一家抵达香港。

自美国同意钱学森回国以后，中国共产党和中华人民共和国政府就对保障钱学森安全入境、做好钱学森回国初的行程接待做了全面、周到的布置，使钱学森倍感亲切温暖。

1955年9月21日，为确保行程中的安全，外交部以钱学森父亲的名义给归途中的钱学森发了一封电报，并通过香港海岸电台呼叫"克里夫兰总统号"船长转达。电文内容为："知你回国，甚慰。望小心保重，沿途勿登岸。政府将派人在边境车站接你。均甫。"[①]

1955年9月20日，周恩来在密件中指示外贸部电告华润公司（中国政府设在香港的海外经济联络点）指定可靠同志协助钱学森回国事宜。华润公司联系港中旅合作磋商、实施了接送方案，使钱学森在登岸前就感受到了来自祖国同

外交部以钱学森父亲的名义给钱学森发的电报；
左图为外交部档案馆的电报底稿，右图为钱学森收到的电报内容

① 荣正通、张现民：《关于钱学森回国的档案查考》，《北京档案》2016年第6期。

胞的欢迎和问候。后来华润公司在谈及这次秘密接送钱学森回国任务时指出，老一辈的华润人有幸经历了一次历史的重大事件。1955年9月22日，中华人民共和国外交部、新华社还联合给新华社香港分社发了一份加急秘密电报，要求派记者陪钱学森入境。

1955年9月20日，在陈毅副总理的指示下，中国科学院委派朱兆祥（时任中华全国科学技术普及协会常委兼秘书处负责人）为代表去深圳迎接钱学森并安全护送至北京。9月27日，国务院分别给广东省人民委员会和上海市人民委员会各发了一封加急电报，要求协助做好迎接钱学森回国工作。为做好接站准备，朱兆祥特地拜访中科院的吴有训、钱三强、赵忠尧和郑哲敏，并专程赴沪拜望钱家治，以了解情况。

1955年9月22日，在朱兆祥离京出发前，吴有训将其与陶孟和联名写给钱学森的书信交给朱兆祥。信函内容为："学森先生：先生排除万难返回祖国，我们感到无比欣慰。兹特派朱兆祥同志代表中国科学院前来欢迎。希望不久就能和您在北京相会。"

1955年10月8日，朱兆祥与广东省政府交际处邵副处长一起在深圳罗湖桥头顺利接到了钱学森一家，并把吴有训与陶孟和的联名信面交给钱学森。此后，钱学森和朱兆祥都曾撰文回忆这一历史性的时刻与情景。

朱兆祥回忆道：

> 1955年10月8日靠近中午时分……钱先生就和我谈起他在美国最后5年的遭遇来。
>
> （蒋英说）今天是他5年来说话最多的一天了，回到了祖国，可以自由自在地说话了。
>
> 车窗外的景色很吸引他们……充满了对阖家即将团聚的欢乐和对祖国前途的希望。①

---

① 朱兆祥：《钱学森1955年回国和参观东北的经过（上、下篇）》，《神州学人》2010年第1期，第32—37页。

钱学森回忆道：

> 对我个人来说，深圳是我滞留美国二十年后，于一九五五年乘客轮横渡太平洋，在九龙登陆后，走上祖国的第一站！我也记得在边界就见到五星红旗和毛主席像的激动心情！

> 经过短短的火车行程，我们抵达深圳对岸，我们中的一位同志大声喊"看，五星红旗"。是的，这是我们的红旗，如此鲜艳。在中午太阳的光照下熠熠闪光。我们所有的人突然沉静下来，很多人眼里噙着泪花。我们跨过了桥，我们来到了我们的国家，我们的祖国，我们引以自豪的国度——一块四千年文明从未间断的土地。我们还从扩音器里听到"欢迎你，同胞们！整个国家欢迎你！我们现在正处在五年计划的第三年，我们需要你。让我们一起工作，为更加美好、更加富饶的生活努力吧！"，这时，我们感到异常的兴奋。

终于，二十年的旅美生涯结束，钱学森又回到了祖国，即将开启新的人生征程。

钱学森一家经过罗湖桥前往深圳

表 5　1935—1950 年钱学森在美时期成长阶段表

阶段时期	主要身份与事迹
1935 年 9 月— 1936 年 9 月	➤ 麻省理工学院航空工程硕士
1936 年 10 月— 1939 年底	➤ 加州理工学院航空理论博士：预见"热障"、提出"卡门—钱近似"公式，在航空界声名鹊起 ➤ 加州理工学院火箭研究小组的理论家（1937 年春至 1939 年末） ➤ 参与美国陆军航空兵第一个火箭研究计划（1939 年） ➤ 留校任加州理工学院航空系研究员（1939 年 9 月至 1943 年 8 月）：开始研究薄壳失稳问题，1939 年 10 月完成论文《球壳在外压下的屈曲》，其理论很快被学术界和工程界所接受
1940 年初— 1941 年末	➤ 任加州理工学院航空系研究员 ➤ 暂退火箭小组：1940 年起，火箭研究计划被列为高度军事机密，钱学森因侨民身份无法获得参与资格 ➤ 非涉密的薄壳屈曲问题研究：在 1940 年到 1942 年间发表了多篇相关论文 ➤ 参加学院与美国陆军军械部合作项目——弹道试验用超声速风洞设计：1942 年造出全美第一个可达 4 马赫速度的连续运行的超声速风洞
1942 年初— 1944 年 12 月	➤ 任美国航空喷气公司顾问（1942 年 3 月至 1950 年 6 月） ➤ 任美国第一个喷气推进技术训练班教员（1942 年至 1944 年） ➤ 获得涉密研究许可证（1942 年 12 月） ➤ 晋升加州理工学院航空系助理教授（1943 年 9 月至 1945 年 11 月） ➤ 回归火箭小组，参与撰写美国导弹计划的第一份正式建议书（1943 年 11 月） ➤ 任喷气推进实验室研究分析部首位主任（1944 年 7 月至 1944 年 12 月），参与研制美国第一批军事火箭导弹
1945 年 1 月— 1945 年 6 月	➤ 任美国陆军航空兵科学咨询团成员（1945 年 1 月至 1946 年 2 月） ➤ 赴欧洲考察（1945 年 4 月 28 日至 6 月 20 日） ➤ 参与完成美军历史上第一份详尽的科研调查报告《迈向新高度》（1945 年 5 月至 12 月） ➤ 与郭永怀提出"上临界马赫数"——空气动力学中的一个重大发现（1945 年 4 月） ➤ 多次获美国军方嘉奖
1945 年 7 月— 1946 年 8 月	➤ 晋升副教授（1945 年 7 月至 1946 年 8 月） ➤ 编著《喷气推进》出版（1946 年）：一度成为美国关于喷气推进的最权威著作 ➤ 完成论文《超空气动力学——稀薄气体力学》：革命性地改变了人们对高空高速飞行的过往认识，发表后获得极大关注并被频繁引用，奠定作者作为当时最杰出的理论空气动力学家之一的地位 ➤ 成为美国空军科学顾问委员会首批成员（1946 年 6 月至 1949 年 11 月）

阶段时期	主要身份与事迹
1946年9月— 1949年6月	➤ 35岁晋升教授（1947年3月）：麻省理工学院第一位中国籍教授，也一度是最年轻的正教授和在副教授职位上任期最短的一位（仅13个月） ➤ 参与两项学院与海军合作的机密项目：建造一枚配备固体火箭发动机的吸气式导弹、建造一座超声速风洞 ➤ 兼任几项美国军方科学顾问工作：空军科学顾问委员会成员、海军炮火研究所顾问、参与美国原子能委员会"曼哈顿计划" ➤ 继续担任美国航空喷气公司顾问 ➤ 组建家庭：与蒋英结婚（1947年9月）、儿子钱永刚出生（1948年10月） ➤ 当选美国艺术与科学院院士（1949年5月）
1949年7月— 1950年6月	➤ 任加州理工学院古根海姆喷气推进中心主任（1949年7月至1955年8月） ➤ 任加州理工学院"罗伯特·戈达德"教授（1949年7月至1955年8月） ➤ 兼任加州理工学院喷气推进实验室顾问、美国航空喷气公司顾问 ➤ 关于"洲际火箭客旅"的设想使其公众知名度大大提升（1949年12月）
1950年6月— 1955年8月	➤ "钱学森案件"相关遭遇 ➤ 开创物理力学与工程控制论

表6　钱学森旅美期间履历表

1935年9月至1936年9月	麻省理工学院航空工程硕士
1936年10月至1939年6月	加州理工学院航空理论博士
1939年9月至1943年8月	加州理工学院航空系研究员
1942年3月至约1950年6月	美国航空喷气公司顾问
1942年至1944年	美国第一个喷气推进技术训练班教员（CIT）
1943年9月至1945年11月	加州理工学院航空系助理教授
1944年7月至1944年12月	喷气推进实验室研究分析部首任主任（GALCIT-JPL）
1945年1月至1946年2月	美国陆军航空兵科学咨询团成员（SAG）
1945年11月至1946年8月	加州理工学院航空系副教授
1946年6月至1949年11月	美国空军科学顾问委员会首批成员（SAB）
1946年9月至1947年3月	麻省理工学院航空系副教授
1947年3月至1949年6月	麻省理工学院航空系教授
1949年7月至约1955年8月	加州理工学院古根海姆喷气推进中心主任
1949年7月至约1955年8月	加州理工学院"罗伯特·戈达德教授"（终身教授职位）

第三章　归国筑梦

回国后，钱学森做了两个重要的人生选择——加入中国共产党与担当中国导弹航天事业的技术主帅。火箭、导弹事业创建与发展的初期，是钱学森肩负任务最艰巨繁重、最具挑战性的时期。兼任中国科学院力学研究所所长与导弹航天器研制机构技术主帅的他，不仅面临国家一穷二白的处境、工程任务的巨大压力和种种技术难题，还面临着政治运动的影响。

1959年，钱学森正式成为中共党员，他十分珍视自己的政治生命。在政治与科研之间，钱学森始终以国家大任为标杆，在党的领导下、在万难中率领科技人员开创中国的导弹航天事业。

一、成为一名共产党员

在钱学森人生的"三次激动"中，超越导师、"为中国人争了气"是第一次激动，而成为一名中国共产党的党员则是他"人生的第二次激动"。他曾说："在建国10年的时候，我被接纳为中国共产党的党员。这个时候我心情是非常激动的，我钱学森是一个中国共产党的党员了！我简直激动得睡不着觉。这是我第二次的心情激动。"

认识新中国

　　1955年10月8日，钱学森一家终于回到祖国。在朱兆祥的全程陪同下，他们先后来到广州、上海、杭州、北京。初回国，除了访友、祭祖外，钱学森在诸多参观访问中受到各方热情迎接。11月，钱学森又到东北深入考察国内工业现状。这些考察使他见识到新中国成立几年来的迅速发展，亲身体会到中国共产党的巨大组织力量。

1955年10月25日，钱学森在母校交通大学举办的座谈会上发言

1955年10月23日，钱学森（右一）到中国科学院上海办事处参观

1955年10月28日，中国科学院副院长吴有训（右一）、物理学家周培源（左二）在北京火车站迎接钱学森（左一）

1955年，钱学森（前排左二）回国后到母校北京师范大学附属中学看望老师

1955年10月16日，朱兆祥在杭州向中国科学院和外交部发送电报报告钱学森行程，其中说道："沿途我为他们介绍国内建设和科学事业发展情况，他们说：比他们所想象为最好的还要好，国内公共场所的整洁和招待人员的效率都使他们惊异，感到祖国进步的神速……钱对归国后所受到的欢迎感到意外，并深受感动。在与广州、上海科学界接触后，特别是参观植物生理所后，深感我国科学研究工作条件较美国好多。"①

谈起初回国的感受，钱学森感叹道：

> 科学院派来接我们的朱兆祥同志，对我们的照顾可以说是无微不至。朱是我见到的第一个党员，我对他有感情和敬重的心。在广州的参观使我第一次感到毛主席的伟大，以及革命先烈对人民事业立下的丰功。我所接触的党的领导同志，他们看事物的清晰、深刻，使我对他们起了敬佩的心。我的确认为党是英明的，我可以完全接受党的政策方针。经过上海、杭州，最后到了北京，沿途的照顾使我心里很过意不去。原因是在资本主义社会，谁也不会对谁有那样的关心。

初回国的钱学森看到祖国到处都是新气象，非常兴奋，喜爱摄影的他拍了不少照片。一个月下来，买胶卷、冲印花光了当月三百多的工资，这才使他明白不能像在美国那样花钱了，从此他再没有动过那台相机。②

1955年11月5日，钱学森在中国科学院庆祝十月革命38周年纪念会上表示："回国后的短短时间中，已经感觉到祖国的重大变化，看到了科学研究工作受到人民政府的大力支持和科学事业以及其他各方面建设的迅速进步，而这是同马列主义思想的指导和苏联的帮助是分不开的。"11月9日，中央人民广播电台播出钱学森的回国感受，其中讲道："我感觉到很深刻的是现在祖国的工作人员人人都十分努力，人人都完全发挥他们每个人的全部能力……我想其原因是

---

① 朱兆祥：《钱学森1955年回国和参观东北的经过（上、下篇）》，《神州学人》，2010年第1期，第32—37页。
② 涂元季：《姓钱不爱"钱"》，《人民日报》，2007年8月4日。

思想搞通了，做事有了正确的方向，有了英明的领导。"

1955年11月12日《人民日报》报道了钱学森在北京半个月以来的参观访问活动，报道称："钱学森告诉记者说，通过半月来的参观、访问等活动，第一，他已经看到了祖国正在进行社会主义建设事业，但这一事业的规模之大，是他过去所没有想到的；第二，他所参观过的部门，几乎每一单位的负责人都对他谈到对技术人才的需要，因此他深感到今后自己在工作岗位上培养新生力量的重要，他说同时应该争取在国外的留学生都尽快回到祖国来参加建设事业。"

1955年11月，经国务院同意、中国科学院安排，钱学森于11月23日至12月20日在工业基础较为雄厚的东北三省开展一个月的考察。在这次考察中，钱学森深入了解了国内工业现状，形成对于组建力学所、发展力学的构想。在访问哈尔滨军事工程学院期间，他回答陈赓院长问的"中国人搞导弹行不行"时，说了一句"外国人能搞，我们中国人就不能搞？"，从而坚定了中国领导决策层发展导弹和火箭的决心，吹响了中国导弹航天事业起步的号角。

钱学森回忆与陈赓大将会面的经历

1956年5月钱学森在第一次全国先进生产者和积极分子大会上发言谈道：

我是一个技术科学的工作者，是6个月以前才摆脱了美国政府的无理拘留回到祖国来的。我发表过科学论文，在高等学校里教过书，所以是一个知识分子，也是在资本主义社会中过得很长久的一个知识分子。我在新社会中只有7个月，我需要学习的地方很多，来参加全国先进生产者代表会议就是一个难得的学习机会——要向各位代表学。现在我仅以一个小学生的态度向大家报告：我深深地感到生活在新社会里是多么快乐、多么光荣！我们的科学工作已经不是关在研究室里面的工作，它已经是整个国家社会主义建设中的一部分，它得到全国劳动人民的支持，所以科学工作者的事业也是整个劳动人民的事业，高级知识分子也正在脱离他们从前的阶级地位，他们正在加入到劳动大军的队伍里。我个人也是如此，这使我感到无上的光荣。在脑力劳动工作中，我永远要争取做一个先进工作者。

1956年5月11日，钱学森（前排左八）参加第一次全国先进生产者和积极分子大会

1956年2月和9月，钱学森先后写了两封信给郭永怀，前一封表达了钱学森对好友即将归国的期盼与关切之心，后一封则是对郭永怀回到祖国的欢迎信。信中钱学森作为中国科学院力学研究所所长，真挚又热烈地向郭永怀介绍了他对于祖国建设事业和工作前景的认识。

1956年2月2日钱学森致郭永怀信件内容为：

永怀兄：

接到你的信，每次都说归期在即，听了令人开心。

我们现在为力学忙，已经把你的大名向科学院管理处"挂了号"，自然是到力学研究所来，快来，快来！

计算机可以带来，如果要纳税，力学所可以代办。电冰箱也可带。北京夏天还是要冰箱，而现在冰块有不够的情形。

老兄回来，还是可以作气动力学工作，我们的须（需）要决（绝）不比您那面（边）差，带书的时候可以估计在内。多带书！这里俄文书多、好，而又价廉，只不过我看不懂，苦极！

请兄多带几个人回来，这里的工作，不论在目标、内容和条件方面都是世界先进水平。这里才是真正科学工作者的乐园！另纸书名，请兄转大理石托他买，我改日再和他通信。

此致
敬礼！嫂夫人均此！

钱学森　上

二月二日

我们有人出席世界力学会议（比国九月）。

1956年9月11日致郭永怀信件内容为：

永怀兄：

这封信是请广州的中国科学院办事处面交，算是我们欢迎您一家三众的一点心意！我们本想到深圳去迎接您们过桥，但看来办不到了，失迎了！我们一年来是生活在最愉快的生活中，每一天都被美好的前景所鼓舞，我们想您们也必定会有一样的经验。今天是足踏祖国土地的头一天，也就是快乐生活的头一天，忘去那黑暗的美国吧！

我个人还更要表示欢迎你，请你到中国科学院的力学研究所来工作，我们已经为你在所里准备好了你的"办公室"，是一间朝南的在二层楼的房间，淡绿色的窗帘，望出去是一排松树。希望你能满意。你的住房也已经准备了，离办公室只五分钟的步行，离我们也很近，算是近邻。

自然我们现在是"统一分配"，老兄必定要填写志愿书，请您只写力学所。原因是：中国科学院有研究力学的最好环境，而且现在力学所的任务重大，非您来帮助不可。——我们这里也有好几位青年大学毕业生等您来教导。此外力学所也负责讲授在清华大学中办的"工程力学研究班"（是一百多人的班，由全国工科高等学校中的五年级优秀生组成，两年毕业，为力学研究工作的主要人才来源）。由于上述原因，我们拼命欢迎的，请你不要使我们失望。

嫂夫人寄来的书，早已收到，请不必念念！

不多写了，见面详谈。

即此再致

欢迎！

钱学森　1956年9月11日

附：力学所现有兄旧识如下：

钱伟长、郑哲敏、潘良儒

钱学森回国后也立即受到党和国家领导人的亲自接见、关怀与重托。他们对钱学森的高度重视与高规格礼遇，与钱学森在美国遭受的屈辱形成天壤之别，更使得钱学森对中国共产党心存感激。

1955年11月5日，钱学森受到国务院副总理陈毅接见。原国务院科学规划委员会秘书长，原中国科学院副院长、党组书记张劲夫曾撰文回忆1956年初其刚出任中国科学院副院长主持全院工作时，陈毅就谆谆嘱咐他："各学科的负责人，是科学元帅，绝不要从行政隶属关系来看待，要从学术成就来看待。尊重科学，首先要做到尊重学者。中国的科学家是我们的宝贵财富，一定要重视发挥科学家的作用。"张劲夫说："这段话对我教育至深，至今仍记忆犹新。它成为我在科学院工作的座右铭，也成为我与钱学森同志及众多科学家建立深厚友情的思想基础。"

1955年12月26日，陈赓陪同钱学森到北京医院看望时任国务院副总理兼国防部长彭德怀元帅。一见面，彭德怀就紧紧握住钱学森的手说："欢迎，欢迎！我们太需要你这样的火箭专家了！……中国的国防现代化就要靠你们这些知识分子了。"次日，陈赓以国防部名义，代表彭德怀设宴欢迎钱学森归国。宴席上王震（时任中国人民解放军副总参谋长）和万毅（时任总参谋部装备计划部部长）等将领与钱学森热烈探讨发展火箭和导弹问题。陈赓指着王震和万毅对钱学森说："他们都是'导弹迷'，都对钱先生研究的导弹技术感兴趣。今天认识认识，日后还要共事打交道。"

1956年1—2月，钱学森以无党派民主人士身份参加全国政协二届二次会议。期间在2月1日晚，毛泽东主席设宴招待出席全国政协会议的全体委员。宴席上，毛泽东特别将原本排在第37桌的钱学森改到第1桌，与自己同坐。他嘱托钱学森要多培养科技人员，并对钱学森说："听说美国人把你当成5个师呢！我看呀，对我们来说，你比5个师的力量大得多。"钱学森在全国政协会议期间，曾发自内心地表达了自己归国后的情感："我深深地热爱着我们新生的国家。我回到新中国，心中充满了快乐，这里没有猎奇的记者，没有联邦调查局特务的跟踪，没有庸俗下流的广告画，我们呼吸的是纯洁、干净、健康的空气！我们的科学工作者受到党和政府的关怀和爱护，我深深地感到生活在新中国是多么快乐，多么光荣！"

1956年，中央新闻纪录电影制片厂推出了一部纪录电影《春节大联欢》，它可以称得上是新中国最早的"春节晚会"。当时中国最知名的科学家和文艺工作者代表欢聚一堂，有数学家华罗庚，作家老舍、巴金，表演艺术家梅兰芳、袁雪芬、赵丹等。钱学森偕蒋英也参加了这次联欢会，这是他第一次出现在公众场合。

1956年3月14日，钱学森应周恩来总理之邀在中南海参加中央军委会议，并向党、政、军领导人做关于火箭、导弹的报告。听众有党中央书记处的同志、国务院副总理以及部长、军队高层领导，身份之显耀，在钱学森多年讲学史上前所未有。报告前，周恩来指出："今天请各位老总来，不是当先生，而是要当一回学生。现在就请刚从美国归来的钱学森同志给大家讲高尖端技术课，谈谈我国发展火箭、导弹技术的设想和规划。"这些声名显赫的听众对钱学森的礼遇和尊重，更使这位见过很多大场面的科学家深受感动。

1956年5月10日，航空工业委员会主任聂荣臻向国务院和中央军委提交《建立我国导弹研究工作的初步意见》，不久便得到中共中央书记处批准。时任中共中央书记处总书记的邓小平表示："大家放手去干，成功了，功劳是你们的；失败了，责任由书记处承担。"

1956年10月8日，中国第一个导弹研究机构国防部第五研究院成立，钱学森担任院长。建院时，周恩来专门向聂荣臻交代：钱学森是爱国的，要在政治上关心他，工作上支持他，生活上照顾他。这不但是对钱学森个人的关怀，而且也表达了党和国家对所有战斗在航天战线的专家们的信任和支持。[1] 在以后的工作中，聂荣臻非常关心钱学森，他常说"钱学森是国家的宝贝"。为保护钱学森安全，聂荣臻曾规定，没有他本人批准，钱学森不得乘坐任何类型的飞机，在工作、生活上，聂荣臻都为钱学森考虑周到。在技术问题上，聂荣臻尊重、信任钱学森，维护钱学森在科学工作中应有的地位与职权。[2]

回国后，钱学森对于祖国的面貌和中国共产党有了直观的认识，也有更多机会学习马克思主义，进而产生了学习党的理论知识的迫切动力。

① 《中国航天事业的生命线》编写组编：《中国航天事业的生命线》，宇航出版社，1996年，第92页。
② 陈洪编著：《聂荣臻的科技思想与实践研究》，国防工业出版社，2009年，第135—136页。

1957年至1958年担任钱学森在力学所第一任秘书的张可文回忆道："在力学所的时候，我经常见到钱先生和郭永怀先生两人，利用晚上加班的时间学习、讨论毛主席的《矛盾论》《实践论》。有时候，我还偷着笑，觉得他们讨论的问题'太有意思'，因为他们在美国没有学过，是初学者。而几十年之后，钱先生却在研究马克思主义哲学方面做出巨大的理论贡献。"①

钱学森在力学研究所办公室

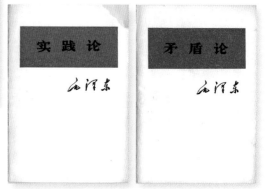

钱学森收藏的1975年版《实践论》《矛盾论》

1957年第1期《自然辩证法研究通讯》上刊登钱学森《技术科学中的方法论问题》一文，文中说：

> 在技术科学的研究中，我们把理论和实际要灵活地结合，不能刻板行事。我想这个灵活地结合理论与实际也就是辩证唯物主义的真髓了。因此，我以为世界上第一流的技术科学家们都是自发的辩证唯物论者，他们的研究方法是值得总结的。而有了辩证唯物论我们也可以

---

① 张可文：《女秘书眼中的钱学森》，《文史博览》2013年第1期。

把它用到技术科学的研究上去，提高研究的效率，少走弯路！

1957年5月15日，山东工学院院刊编辑室致信钱学森，请他谈谈作为一位著名科学家对于政治和科学、"红"与"专"之间关系的看法，钱学森在回信中说：

> 我钻研业务多年，但都是在资本主义的美国做的，就不容易同时学到马克思列宁主义，就不容易学到辩证唯物主义和历史唯物主义。在那种情况下我做了十几年的科学研究工作，也摸索出一套进行研究的方法，像处理问题应该怎样入手、怎样去看问题、怎样克服困难等等，当时倒也"自鸣得意"，算是我的科学研究心得吧。在我回到祖国以后，有好机会学习马克思列宁主义了，这才感到惭愧：我的那套心得，那套科学研究方法在辩证唯物主义和历史唯物主义里都有，不但有而且那里说得比我更完全、更精细。这就使我感到：马克思列宁主义不但是社会科学里不可一日没有的指南针，而且也是研究自然科学最好的指导。我不免私下想：如果我能早一些学一点马克思列宁主义，我也许能在科学工作中做出更多些成绩。因为有了这一点体会，我认为马克思列宁主义是我们必须早早学习的，即使不能深入掌握，只能了解其中比较浅显的一部分，那也对我们钻研自然科学有莫大的好处。

可见，钱学森在理论学习的过程中，尤其是结合科研工作的心得体会后，他愈发感悟到马克思主义的指导作用，这也促使他很快接受马克思主义作为理论信仰。

入党始末

自1955年10月回国后，钱学森看到了祖国全然不同的新面貌，看到中国共产党的各级领导廉洁奉公、全心全意为人民服务的形象，并深切地感受到党对他的信任与关怀。这一切都触动了这位成长于旧时代的中国，又刚刚从美国摆脱磨难、志在回国报效的科学家。钱学森不仅在情感上对党有了亲近、感激，还对于中国共产党所领导的国家建设事业有了认识和认可，体悟到他个人的科技报国理想与才干只有依靠党组织才能得以施展与实现。在学习了党的理论知识后，钱学森也感到马克思主义是"不可一日没有的指南针"。这些因素都成为钱学森产生入党的直接动因。

另外，自1957年，中国科学院就开始注意考察钱学森，并于当年10月从"主要社会经历、政治历史情况、对党的态度、社会地位及其代表性、现任主要工作及表现、对他使用和安排的意见"等六个方面提出鉴定意见。其中提到："1955年回国后，表现很进步，拥护社会主义，拥护共产党，这一点在同时期回国的留学生中表现很突出。由于我们对他放手使用，十分信任，因而从来没有听到他的怨言，在重大问题上一般尊重党的意见。"这说明党组织也有意吸纳钱学森这样稀缺而堪当大任的科学家作为党的一分子，来领导建设国家的科技事业。

1957年9月至10月，钱学森随聂荣臻率领的中国政府工业代表团赴苏联访问，谈判引进导弹等事宜。这次访苏经历更增进了钱学森对于党的认识和感情，并促使他产生了入党的愿望。钱学森在入党自传中说：

> 1957年秋天我第二次到苏联去，这次对苏联的国际主义精神有了深一层的体会。我们在莫斯科期间，苏联发射了人造地球卫星，完全明白地说明苏联科学技术的优越。我开始体会到社会主义阵营的伟大、苏联的伟大。在莫斯科期间，我们之中除我之外都是党员，而且是久经锻炼的党员。他们的日常生活是完全符合毛主席所说的，集中与民主、统一意志与个人心情舒畅矛盾统一的境界。这使我认识到党是集体，是一个可爱的集体。我开始对党有了感情，回国后向晋曾毅同志表达了争取入党的愿望。

1957年访苏期间，钱学森（右一）与代表团其他成员合影

1958年初，钱学森做出了一次重要选择，47岁的他申请加入中国共产党。钱学森向时任中国科学院党组书记、副院长的张劲夫郑重提出入党请求，得到肯定和鼓励。张劲夫后来回忆："他在美国只是向往进步事业，并不是共产党员，但却背上了'共产党'的'罪名'，遭到残酷迫害。是党挽救了他，使他能够归国投身于社会主义建设事业。从这个背景看，他要求入党是理所当然的了。"[1]

钱学森在入党申请书中写道："我回国近三年来受到党的教育，特别是整风运动中的教育，使我体会到党的伟大，党为实现共产主义社会这一目标的伟大。我愿为这一目标奋斗，并忠诚于党的事业。"

---

[1] 张劲夫：《让科学精神永放光芒——读〈钱学森手稿〉有感》，《复杂系统与复杂性科学》，2006年第2期。

1958年10月16日，钱学森被接收为预备党员。1959年11月12日，钱学森成为一名正式的中国共产党党员。这是钱学森对于个人定位的一次重要选择，并深刻地影响着他此后的人生观、价值观。

表7　钱学森入党流程表

1957年访苏回国后（10月17日以后）	向力学研究所党支部书记晋曾毅表达争取入党的愿望
1957年10月	中科院从"主要社会经历、政治历史情况、对党的态度、社会地位及其代表性、现任主要工作及表现、对他使用和安排的意见"六方面做出鉴定意见
1958年初	向中国科学院党组书记张劲夫郑重提出入党请求，得到肯定与鼓励。中国科学院秘书长杜润生和力学研究所党总支记杨刚毅为入党介绍人
1958年4月6日	向力学研究所办公室支部提交7页纸"思想检查"，交代自身经历及回国初思想，得到组织的肯定
随后	力学研究所办公室支部召开有部分群众参加的支部大会，征求广大党员和群众的意见。钱学森认真听取并做详细记录，留存8页记录稿纸
1958年4月19日	再次向力学研究所办公室支部递交8页"交心"材料，谈及对党的各项方针政策的认识，尤其是对反右斗争的认识
1958年9月24日	向中国科学院力学研究所党总支书记提交入党申请书
1958年10月16日	力学研究所办公室支部召开有部分群众参加的支部大会，正式讨论钱学森入党问题。全体党员一致同意钱学森入党，也诚恳地给他提出了意见和希望
随后	力学研究所党支部将钱学森入党的申请向中国科学院党组作了汇报。中国科学院党组、党委多次讨论研究同时期申请入党的郭沫若、李四光入党的问题后，最终同意三人入党
1958年10月30日	中科院党组将接受郭沫若、李四光、钱学森三位同志入党事宜上报周恩来、聂荣臻并中央
1959年1月5日	中科院力学研究所党总支下发通知："今接院党委通知，您已被接受为中国共产党预备党员，预备期1年，自1958年10月16日至1959年10月16日，组织生活编在办公室支部"
1959年11月12日	力学研究所办公室支部召开会议，一致通过钱学森转为正式党员的决定
1960年5月17日	向力学研究所办公室支部（并转中国科学院党委）提交转正自我检查材料
1960年7月20日	中国科学院党委常委会批准了钱学森为正式党员的报告

在1960年5月17日向力学研究所办公室支部（并转中国科学院党委）提交的转正自我检查材料中，钱学森从三个方面汇报了自己的思想转变和改进的方向。

一是谈及个人和组织的关系。他说："一年来能服从组织要求，让干什么就干什么；且也懂得了依靠组织，遇事应该先和力学所的领导小组同志，或五院党委同志先商量一下，然后再行动。"

二是关于个人与群众的关系。他写道："在我入党的时候，同志们所提意见，大多集中在这一方面，一年多来，自己主观上还是在克服这一缺点上有所努力的。如当市场紧张时，尚能从大局上看问题，心想如果农民多吃点，而招致我少吃点这是好事！因此，多年来我是有什么吃什

1959 年 1 月 5 日，中科院力学所党总支下发钱学森被吸收为中共预备党员的通知

么，不能自以为特殊。此外，在对待力学所和五院的同志和群众也一般能耐心听他们意见。但有时听不下去了，而面色不那么自然，使人仍感我不耐烦，还有时，或因时间紧，或因我太疲乏，就没耐心了，听不下去。因此我没做到让大家畅所欲言、吸取广泛群众意见，这就对完成党所交给我的任务不利。为了党的事业，必需纠正。"

三是在贯穿党的方针政策方面。钱学森指出自己"对总路线是拥护的"，对党的知识分子政策还要加强学习和了解。最后，他说："入党一年多来，算是我在改造成一个劳动人民的知识分子道路上，走出了几步，但离目标还差得远，但我有信心，在党的教育下和同志们的监督帮助下，通过自觉的努力，我是可以成为一个好党员的。"

中国共产党第八次全国代表大会通过的《中国共产党章程（1956）》第九条指出："预备党员的预备期，从支部大会通过他作预备党员的时候算起。党员的党龄，由党的支部大会通过他转为正式党员的时候算起。"据此，钱学森入党时

间为1958年10月16日，但计算党龄要从1959年11月12日转正算起。

1959年1月6日钱学森在《中国青年报》上发表《党是前进的指路明灯》一文，谈入党感受，并对"为什么一定要入党"这一问题做出回答：

> 有人说："不入党不是也一样能成为科学家，不是也一样能为祖国建设服务吗？何必一定要入党呢？"这是个对自己的要求问题，如果对自己要求不高，在党外是能够做出一些成绩来。但是，一个对自己有着更高的要求的人，愿为党的事业做出更大更好的贡献的人，他就会很自然地产生一种靠拢党、努力使自己成为一个共产党员的崇高愿望。以为科学高于一切以搞科学研究为清高、科学研究不需要政治的想法是一种不实际、不科学的错误想法。在今天这样阶级斗争十分尖锐而复杂的时代，没有一种工作是可以离开政治而单独存在的。科学研究为一定的社会制度、一定的阶级服务，是天经地义的事实。

由此可见，除了前述的入党动因，钱学森入党的深层原因也来自他对于政治与科研关系的理解。

二、 万难中铸伟业

担任中国导弹航天事业的技术主帅，是钱学森1955年回国后做出的又一个重要选择，也是钱学森人生中极具非凡意义的一个选择。

1956年10月8日，中国第一个导弹研究机构国防部第五研究院成立，标志着中国航天事业正式创建。钱学森作为技术主帅，带领科技人员仅用七年时间，便实现了中国导弹从仿制到自行研制的飞跃；他开班授课，为中国航天事业的创建培养了一批优秀科学家和工程技术人才；他主持了我国航天事业总体发展蓝图的规划，带领航天人探索形成了航天系统工程的组织管理体系与方法，并参与了中国早期导弹、火箭和卫星主要型号的研制和试验；他以高超的智慧，在决定和实施航天重大技术方案的许多关键时刻发挥了关键作用。经过半个多世纪的发展，中国跻身世界航天大国之列，弹（导弹）、箭（火箭）、星（人造地球卫星）、船（飞船）、器（深空探测器）全面发展。钱学森出色完成了国家赋予他的任务，也奠定了他作为中国航天事业奠基人的重要地位。

钱永刚在《钱学森人生的五次选择》一文中这样写道："钱学森晚年曾经跟他的秘书说：我实际上比较擅长做学术理论研究，工程上的事不是很懂，但是国家叫我干，我当时也是天不怕地不怕，没有想那么多就答应了。做起来以后才发现原来做这个事困难这么多，需要付出那么大的精力，而且受国力所限只给这么一点钱，所以压力非常大。"

在万难之中、在巨大的压力下，钱学森以全部的智慧与责任心担当使命，最终不负党的信任与自己的选择。

初创之时

1956年2月，根据周恩来总理的指示，钱学森草拟了一份《建立我国国防航空工业意见书》，为我国火箭和导弹技术的创建与发展提供了极为重要的实施方案，为国家决策提供了重要技术支撑。同年10月，中国第一个导弹研制机构国防部第五研究院成立，钱学森担任首任院长。

在极其简陋的条件下，钱学森向五院人员讲授"导弹概论"。1957年，钱学森随聂荣臻率领的中国政府工业代表团访问苏联，促成中苏签订《关于生产新式武器和军事技术装备以及在中国建立综合性原子工业的决定》（简称"国防新技术协定"）。此后，苏联提供了近程导弹的样品和相关资料，国防部五院开始仿制工作。1960年"东风一号"近程地地导弹仿制成功。其后，钱学森领导五院走上独立自主设计、研制我国战略导弹的道路。

在中国导弹航天事业创建的最初五六年，钱学森与科技人员面临着多方面、接踵而至的困难。

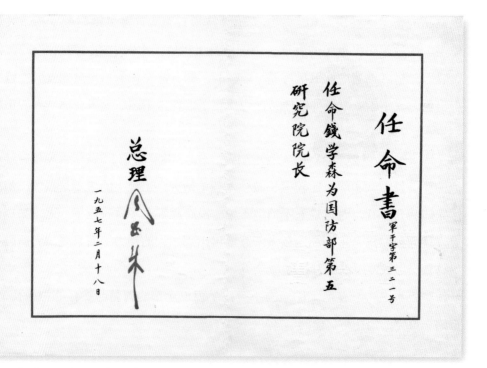

周恩来总理签署的任命钱学森为国防部第五研究院院长的任命书

- 人才匮乏怎么办？

中国导弹航天事业初创之时，人才问题是首先摆在眼前的难题。人才的匮乏，一表现在数量上，二表现在专业知识技能的储备上。当钱学森确信中央下决心搞导弹后，在五院建立之前他就开始谋划人才队伍这一头等重要的问题。在1956年2月他写给周恩来的《建立我国国防航空工业意见书》中，关于队伍建设的篇幅占据了一半以上。他开列了分散在中科院、哈军工等单位的21名"最高级人员"，希望借助他们的力量，扩展导弹研制骨干队伍；他提出了从1956年到1967年逐年需要的高等学校航空相关专业毕业生的种类和数目；他建议选派高等学校毕业生到苏联及其他兄弟国家学习；他还希望尽快从全国有关科研单位和院校调集人才。

当时人才难题的解决，一方面是靠行政调集。聂力在《山高水长：回忆父亲聂荣臻》一书中写道：

父亲后来回忆说，创建五院，最困难的还是人才调集问题。当时，第一个五年计划刚刚开始，全国各地、各行各业都在加紧建设，科技人才极度匮乏，科学家、专家更是凤毛麟角，是每个单位的"心肝宝贝"，挖人家的人才，就等于割人家的肉。但是，搞国防尖端技术，又必须集中大批技术骨干力量，要个顶个的，不能滥竽充数。于是，问题就来了。周恩来深知其中的难处，他指定父亲召集会议，抽调人才。

1956年6月2日，主管国家科技工作的聂荣臻召集会议，商讨为筹建导弹研究等机构抽调所需要的各类工程技术人员和政治、行政干部和后备技术人员，以及解决导弹研究机构急需用房等问题。会后，陈赓"贡献"了哈军工的顶梁柱任新民、梁守槃、庄逢甘等人，但很多单位却没动静，有的单位在聂荣臻三番五次催促后仍迟迟不放人。两个月后，人员仍到不齐，钱学森心中焦急，颇不满意地询问："导弹、火箭的事还搞不搞了？要搞，就应该赶快着手调人，不能再拖了。"

为了解决这一难题，从1956年7月至1957年6月，即国防部五院建院前后的一年时间中，由钱学森、国防部第五局（导弹管理局）和国防部五院的有关领导提需求，由周恩来、聂荣臻根据需求亲自协调解决，期间形成了关于调集人才队伍的重要的四份报告。

1956年7月28日，时任国防部第五局（即导弹管理局）局长的钟夫翔向聂荣臻呈递报告（关于调人的第一份报告），一是催促上级尽快落实200余名大专学生，让他们开始导弹知识的学习以及到有关厂、所实习；二是请上级尽快商调"几个处的干部"，特别是"由各部抽调的工程技术人员"；如不能一下子全部调齐，"应先调集部分人员，并将院的主要负责同志调来，以便先将架子搭起，开始工作"。可见钟夫翔、钱学森为早日开展导弹研制的急切心情。聂荣臻接到报告后非常重视，赶紧找周恩来商讨。周恩来告诉聂荣臻："可请钱学森来北戴河一谈，并休息几天。需要哪些人，提出名字，你写报告，我批！"钱学森遂赴北戴河当面向中央领导汇报五院筹备情况，特别是尽快调集人才的需求。

在党和国家领导人的直接干预下，调配骨干人才、大专以上毕业生的工作有了进展。在专家、教授中，哈军工的任新民、庄逢甘和梁守槃、朱正分别于8月和9月中旬到五院报到。国家分配的240余名大专毕业生有一部分陆续到五院报到。但调人的速度和数量还是不够理想。

为了促成所需专家尽快落实，9月11日，钟夫翔、钱学森又给聂荣臻呈上一份报告（关于调人的第二份报告），信中恳切地说："为了满足工作最低要求，避免在与苏方谈判一旦有了结果以后因缺乏干部而产生的被动忙乱现象，经过再三考虑和征求中国专家意见，至少还须先调来42名技术干部。"报告后还附上42名拟调人员名单。聂荣臻接到这份报告几天后，即以这份报告内容为主，又向周恩来呈递了一份报告（关于调人的第三份报告），并附上了钟夫翔、钱学森提出的42位专家的名单。周恩来收到报告后，直接给各单位打电话"要人"。终于，报告中和名单中提到的蔡金涛、屠守锷、黄纬禄、吴朔平、姚桐斌等数十位专家和一部分技术骨干先后进入五院，100多名大专院校的毕业生也到院报到。

钟夫翔、钱学森之所以能够提出很多专家、教授名单，一是得益于钟夫翔作为"老革命"的资历和对电信技术领域拔尖人才的了解，二是得益于钱学森归国后一年多到全国各地的参观访问，尤其是1955年底在工业基础较为雄厚的东北的一个月考察之收获。

1957年6月1日，五院对苏联P-1导弹的仿制工作已经展开。这时，缺乏中层技术干部的问题开始显现。为此，院长钱学森、政委谷景生又向聂荣臻递送了一份报告（关于调人的第四份报告），要求从有关单位抽调73名中层技术干部，其专业涉及28个种类。报告称："由于我们对各单位情况了解不够，故不采取提名方式，谨将被调单位、需要专业、人数、条件分列表上，请核示。如获同意，恳请国务院早日作出决定，以便分别与有关单位洽商。"

至此，国防部五院创建时期的技术骨干队伍基本形成。这支队伍由两部分人组成：一部分是从全国各地"讨来"的专家、教授等骨干精英，他们既发挥了各自的专业才干，又是培养人才梯队的"教师队伍"。这些当年三四十岁的专家、教授，在此后航天事业的发展中，大都成为"名将""名帅"。另一部分是从全国各大专院校选调分配来的年轻的优秀学生，他们边学边干边摸索，很快进入工作状态，在五院创建时期起到了关键作用，在此后航天事业50余年的发展历程中，绝大部分成长为栋梁之才。这样多的人员在短时间内聚集五院，实属不易。

另一方面，在调集人才的同时，还有人才培养的问题亟待解决，为此钱学森等一批专家亲自开班授课。从1955年末回国后不久，钱学森便开始为各单位讲课，如：1955年11月25日下午，为哈军工的教授作学术报告；1956年元旦后，在总政排演场为校官以上部队领导干部讲火箭、导弹知识；1956年春，在北京航空学院作报告，介绍当时美苏等国空气动力学的发展情况，讲解火箭、导弹发展现状等。

此后，钱学森等一批专家分别在三个单位体系内系统性地开展导弹航天事业的各类相关人才培养工作。

一是在国防部第五研究院开展导弹知识和技术培训。五院成立时聚集的大批人才各有专长，但对即将从事的导弹事业基本一无所知。因此，钱学森说："过去我为美国喷气技术训练班的学生讲了近十年课，那是培养他们的人才，现在培养的是祖国自己的人才。我现在所做的工作就是希望能重振中华民族的国威、军威。"他亲笔撰写了中国第一本导弹技术培训教材——《导弹概论》，主要面向航天工程技术人员。他用这份讲稿，向进入五院的人员系统地讲授导弹知识，为中国第一代航天人启蒙。《导弹概

1956年，钱学森为导弹技术培训班撰写的《导弹概论》讲义

论》在中国航天的起步阶段起到了十分重要的引路作用，它成为中国航天的奠基著作。

1956年9月从部队调到五院的李文梓、李伟回忆道："来之前只听说过'炮弹'，从没听说过'导弹'，是钱院长给我们讲课，一手把我们带出来的。当时，我们听过钱院长好几次课，大课是在466医院的食堂里，坐在长条凳上听的；小课是在医院小会议室里听的，记得墙上还挂着一块小黑板，钱院长和其他专家的讲课持续了3个月。"

此外，钱学森还请其他专家教授一起授课。他拟定了空气动力学、发动机、弹体结构、自动控制、电子线路、计算机等有关专业的学习计划，请梁守槃讲授"火箭发动机"，庄逢甘讲授"空气动力学"，史超礼讲授"航空概论"，朱正讲授"制导理论"等。在仿制苏联导弹时，他还举办导弹技术训练班，边讲课边结合具体工作，组织大家开展讨论，边学边干。

1960年，中央书记处决定，国防部五院从全国重点高校提前吸收一批毕业或将毕业的大学生，总数约6 000人。1960年和1961年，钱学森组织在五院开展第二轮大规模的讲课培训。在1958年进入五院的留苏毕业生、原航天工业部副部长鲍克明回忆道：

> 1960年分配到北京永定路地区、南苑地区、北航地区和云岗地区各分院的毕业生，都集中起来到政治学院，听钱学森来讲第一课。我被指定在云岗地区三分院讲解冲压发动机。钱学森要求我和几个讲课者把讲课大纲写好交给他，他仔细地审阅，告诉我们哪里是重点，哪里应细讲。当时，像我这样讲课的人可能有一二十个，他都一个人一个人地看所拟大纲，一份一份地改，一个人一个人地提示如何讲。

对于钱学森提的意见，鲍克明说："经他那么点拨，我茅塞顿开。自己学了好几年，都没有他讲得清楚。可见钱老对各种发动机研究的功底之深。"

二是在中科院力学所开展多方面的人才培养工作。1956年1月，中国科学院力学研究所成立。钱学森立即办起了工程控制论讲习班，由他授课，为我国培养了大批自动控制方面的人才，并很快成立了中国科学院自动化所。该所日后为我国航天事业、导弹核武器的研制和发展立下了汗马功劳。

1956年在"十二年科学技术发展远景规划"的制订过程中，钱学森担任综合组组长和力学发展领导小组组长，倡议加速培养大批力学和自动化人才。在钱学森等人建议下，经国务院决定，1957年2月25日，由高教部与中国科学院主办、中科院力学所和清华大学联合承办，在清华大学建立的工程力学与自动化两个研究班正式开班（前者办了3届，后者办了1届）。钱学森、郭永怀、钱伟长、钟士模参加建班的最初工作。钱学森主持创办这两个研究班，并任自动化研究班班主任。在工程力学研究班，钱学森讲授"水动力学"和"宇航工程"，其中"水动力学"课程从1958年底至1959年初每周讲一次，每次4节课，共8讲。这两个研究班不仅为我国工程力学事业的发展奠定了坚实的人才基础，对力学学科的发展产生了深远影响，还直接推动了"两弹

工程力学研究班第一届毕业纪念照

一星"工程和中国航天事业的发展。第一届学员在学了一年半之后，正值中国科学院第一设计院成立，相当一部分力学班和自动化班的学员调入该院，大大增强了我国探空火箭和运载火箭研制的力量。这些人才大部分成为"两弹一星"事业和航天事业的中坚力量，有的成了培养新一代人才的著名教授。

三是在中国科学技术大学开展教学工作。1958年6月，在钱学森等科学家积极倡议下，中共中央书记处同意筹建中国科学技术大学，钱学森为建校筹备委员会委员之一。9月20日，中国科学技术大学正式成立开学，郭沫若任校长，钱学森任力学系主任直至1970年学校迁至合肥。他在该系办学模式设计、教学计划制订和课程设置等方面起了关键作用。1961年9月至1962年1月，钱学森为中国科技大学力学系58级、59级学生主讲"火箭技术概论"课，并撰写讲义，后经整理编为《星际航行概论》。这是中国面向高等院校的第一本航天专业基础教材，于1963年2月出版。近代力学系以钱学森的技术科学思想为指导，为国家培养出一大批优秀的力学科研和航天科技人才，其中有不少成为我国航天事业的骨干。

从1956年至1961年，钱学森于百忙中在各种场合讲课达上百次之多。这些课程，尤其是在五院讲授的"导弹概论"和在中国科大讲授的"星际航

1960年1月，钱学森（左前一）与郭永怀（左前二）等科学家与中国科学技术大学各系负责人研究教学工作

钱学森给中国科技大学的学生讲课

钱学森在中国科学技术大学的任课表

行概论"，在中国航天发展史上具有极其重要的开先河的作用。在两门课程教材基础上整理出版的《导弹概论》和《星际航行概论》成为钱学森回国后的首批经典著作。从钱学森等专家教授的导弹、航天知识技术扫盲班里走出了一大批中国航天事业的业务骨干；此外，在非正式教学的实际工作中，在钱学森等技术领导的指导、影响和提携下，很多年轻的科研人才迅速成长，成为各种导弹、火箭、卫星、飞船等型号的总设计师和总指挥。

1960年5月16日，钱学森（前排右一）与郭永怀（前排右二）等在中国科学院力学研究所召开的座谈会上发言

1960年春，钱学森拿着力学研究所首次爆炸成形试验的样品为科技人员分析讲解

● 基础薄弱靠什么?

钱学森曾说:"当时我们新中国建国不久,经济建设刚刚起步,各方面都很困难,那时我们连汽车都没有造出来,还能搞导弹?所以当时并不具备搞'两弹'的条件,说'白手起家'一点都不假。"那么,面对国家如此薄弱的各方面基础,搞导弹和航天又靠什么呢?

一靠在自力更生为主的基础上,力争外援。

1956年10月8日聂荣臻在国防部五院成立大会上强调导弹研制方针:"我们对导弹的研究制造,应采取自力更生为主,力争外援和利用资本主义国家已有的科学成果为辅的方针。"1957年9月7日至10月16日,钱学森随聂荣臻率领的中国政府工业代表团访问苏联。1957年10月15日,中苏双方共同签订了"国防新技术协定",共5章22条。苏联政府承诺在原子能工业、生产与研究原子武器、导弹武器、作战飞机、雷达无线电设备以及导弹和核试验基地建设等方面对中国进行援助。

作为导弹援助项目的谈判组长,钱学森为中苏"国防新技术协定"的签订做了大量细致而卓有成效的工作。他以一个内行专家的犀利眼光,仔细地搜寻着一切可以争取到的援助细节,防止遗漏;同时,由于在美国时他更熟悉和擅长的是理论研究,对于如何组织大规模科研生产和大型航天工程也缺少实践经验,因此他鞭策自己尽量多向苏联的科研生产体制学习。

钱学森访苏期间的信件底稿和笔记充分反映了他对争取国家利益一丝一毫不马虎的敬业精神以及急切想让中国导弹及早腾飞的忧国之心和他虚心学习、充实自己的态度。

如,1957年9月22日,钱学森以中方第三委员会名义致苏方的信件中,写道:

> 为了全面安排我国的社会主义建设计划,请您在以下几个问题给以协助:

1. 目前中国冶金方面及化工方面的专家已到苏联，希望了解C-75，P-2，每一套（包括地面设备）所用的燃料及原材料的品名，（金属的，非金属的）规格和数量。

2. 靶场的规模、设备和投资。

3. 装备一个C-75防空连的投资。

4. 两院所需大学毕业的专家，各种专业的各需多少？中技各种专业各多少人？

为了迅速地掌握导弹方面的技术，以及安排第二个五年计划的工作，希望了解：

1. 关于接受P-2及C-75，需要什么样的组织设备和注意哪些问题？

2. 为了准备生产P-2及C-75，需要注意做什么准备工作（估计到更先进的型号）。主要的要有哪些工厂，现在中国第二机械工业部为了完成这一任务要增加什么厂，用现有的工厂中哪个厂，作为C-75及P-2的装配厂较为合适？以上的第一个问题，希望您能安排一次时间面谈。

又如，1957年9月26日钱学森致苏方多姆拉契夫的信中写道：

为了便于中国安排无线电工艺的生产，请您答复我们下列几个问题：

（一）P-2的地面控制设备中，属于无线电工业部门生产的有哪些品种（所谓品种是指整架机器，例如雷达，导航机，电子计算机，遥测设备，接收机等）。如果是属于无线电发射或接收设备，那么它们是超短波还是微波的。每个品种在正常生产条件下，所需的工时大约是多少，它们应由无线电部门的哪类工厂生产较为合宜。不属于无线电工业部门生产的控制设备有哪些品种，它们应由哪些工业部门生产。

再如，钱学森有一份参观苏联各研究所、试制工厂和谈判准备工作的笔记。在长达19页的笔记中他极为详细地记录了苏联导弹试制工厂里的车间设置及规格：

1. 制模车间；2. 备料车间；3. 热处理车间；4. 试制中央实验室；5. 装备车间（加工），大型及中型；6. 装备车间（加工），小型如舵机；7. 机械车间，标准件及关键件；8. 表面处理；9. 装备焊接车间；10. 燃烧室车间；11. 发动机装备；12. 火箭装备；13. 辅助；14. 试验台；15. 动力车间……

总火箭试验台的面积为2 000—2 500平方米，发动机试验台总面积有1 000平方米，有150—200吨的酒精仓库、200吨的煤油仓库、250吨的硝酸仓库和15吨过氧化氢仓库等。

在上述记录旁边，钱学森还仔细地标注还需要有1 200平方米的停车场。观察之余，钱学森也思考着下一步谈判还需要向苏方提出索要具体设备的清单和数量，他在笔记中写道：

1. 金属切削机床500台；2. 压机50台；3. 炉50台；4. 焊接100台；5. 特种50台；6. 非标准400台；7. 仪表2 000个……

此外，钱学森在1957年9月20日写给苏联方面的信中写道：

在这次中苏两国谈判之后，必然引起中国方面第二个五年计划的重新调整问题，因此急于想知道，苏联移交给中国导弹的价格。希望您通过以下两个办法之一，将它的价格通知我们：

1. 直接由工业部门，将价格通知第三委员会。

2. 由工业部门将价格通知苏联经济联络总局，再由经济联络总局通知中国代表团。

据此，《钱学森的航天岁月》一书中写道："苏联早期援助我国的P-1和P-2导弹，在大多数中国人的印象中是无偿援助的，因为没有资料透露过有关的情况，而在钱学森访苏期间留下的信件底稿中，却清清楚楚地讲明了付费问题。"

正如该书指出，这些信件和笔记"从一个侧面真实地反映了'中国政府工业代表团'中专家所起的绝对重要的作用——有目标的'要'和给什么要什么的结果，绝对是大相径庭的。钱学森的访苏，在很大程度上放大了苏联对中国导弹援助的实际作用"。

根据协议，从1957年至1961年底，在导弹、火箭技术项目中，中国方面从苏联引进了4种导弹系统：P-2地地导弹、K-5M空空导弹、C-75地空导弹、C-2岸舰导弹，以及设计制造技术和战斗使用资料。特别是在1960年至1961年间苏联提供射程为500公里的P-2导弹的技术资料。此外，协定中还明确，苏联将向中国派遣专家帮助中国仿制导弹、选勘和建设导弹综合试验靶场，提供导弹研制与发射基地的工程设计资料，并增加中国派赴苏联的火箭与导弹专业留学生名额。[①]

二靠中国共产党领导下的全国大协作。

不可否认，苏联的援助对我国导弹航天事业的初创具有重要意义，但"外援"的力量是有限的，且还需要国内跟进和配套。但1958年国防部五院的导弹仿制工作刚迈步，就遇到了苏联图纸资料提供不全、国内原材料缺料、元器件品种规格不全，生产和试验的设施设备缺乏、工厂技术与管理力量薄弱等难题。面对苏联有限的援助和国内薄弱的工业基础，国防科委调动全国有关工业部门参加大会战，支持五院仿制任务。国防部五院还与第一机械工业部共同制订了

---

① 周燕：《"导弹司令"孙继先与苏联"老大哥"的交往》，《党史博览》2018年第1期。

仿制计划，协调分配了各自的攻关任务。全国直接、间接参加会战的单位多达1 400个，主要承制工厂有60多个，涉及航空、电子、兵器、冶金、化工、建材和轻工等众多领域。

当时亲历会战的火箭总装厂副厂长冬春回忆道：

> 仿制"1059"的时候，有3 800多项零部件材料需要落实、解决。别说是我们这些扛枪杆子出身的门外汉，就是读了大学的专家看了也全傻了眼，工人师傅连同技术员看到材料清单有一半都不认识是什么东西。好在来了一场全国大动员、大协作！所以导弹、火箭的生产，不是一个研究院、一个总装厂就能干得下来的。导弹的成功发射，首先是国家组织的力量，是千千万万群众的智慧、心血和汗水呀。

钱学森曾说："中国在那样一个工业、技术都很薄弱的情况下搞'两弹'，没有社会主义制度是不行的，那就是党中央、毛主席一声号令，没二话，我们就干。"他举例并感叹道：

> 党把全国的力量都动员起来了。事实证明，只要充分发挥中国人的聪明才智，就没有克服不了的困难。比如，当时我们的通信手段非常落后，一搞大型试验，就要占用全国一半以上的通信线路，邮电部只好关闭大部分通信用户，把线路调归试验使用。为了保证试验任务的组织指挥畅通无阻，不出任何差错，把全国的民兵都调动起来守卫电线杆，一个民兵看管两个电线杆，确保万无一失。没有党的组织领导，这种事情谁能办得成？

三靠"土法上马"。

在基础薄弱的情况下，中国航天科技人员因地制宜、就地取材，使用"土方法"随机应变，在艰苦条件下展现出了吃苦耐劳、坚持不懈的坚毅品质和极大的创造力。以T-7M火箭的研制为例：这是在钱学森的指导下，由上海机电设计院研制的中国第一枚试验型液体燃料探空火箭。这枚火箭于1960年2月19日在上海南汇简易机场首次发射成功，是我国研制航天运载火箭征程上的一次重大突破。①

1960年4月29日，T-7M火箭第四次发射时钱学森在现场指导

T-7M火箭自1959年9月份开始规划设计，不到3个月就进行了发动机首次点火试车，到首次发射成功，总共不到5个月时间。然而如此高效率产出的

① 《1960年2月19日"T-7M"火箭发射成功》，科普中国：http://big5.xinhuanet.com/gate/big5/www.xinhuanet.com/science/2018—02/19/c_136969841.htm。

T-7M火箭，其研制绝非易事。《钱学森的航天岁月》一书对该火箭研制过程中科研人员的艰苦与"土法上马"有生动的描述：

　　为了计算一条弹道，"初生牛犊"们硬是夜以继日地干了2个月的时间，没有电子计算机，就用手摇计算器，或者干脆拨拉算盘珠子，算出的纸堆得比桌子还高。

　　为了保证火箭发动机启动安全，要用爆破薄膜作启动阀，而这种薄膜的铣削深度公差不得超过0.005毫米，依当时的机械加工水平，这是根本做不到的。两名年轻的女科技人员只得手工操作，一个小小的膜片历时一个半月，作了近千次试验，终于达到了设计要求。没有控制火箭头体分离的定时钟表机构，他们花了7元钱买来一只小台钟，改装后经过多次试验证明可以替代；点火装置需要起爆器，他们将手电筒小电珠的玻璃敲碎，取出灯丝裹上硝化棉，自己动手加工做成。

文中所提到的手摇计算机，其操作其实相当繁琐。手摇计算机一般也只能做四则运算、平方数、立方数、开平方、开立方，如需输入三角函数和对数，就要查表。如计算中有括号，就更复杂，需正摇几圈，反摇几圈，还要用纸笔记录。当时，人工手摇计算一次弹道需费时2个月左右，一条卫星轨道的数据通常需要计算好几天。

上海计算机打字机厂在1950年代后期制造的通用牌手摇计算机（上海交通大学钱学森图书馆藏）

　　此外，科研人员又在露天地上搭起液流试验台，把厕所改装成测试室，把一个废弃的地下碉堡改成热试车的场所。T-7M火箭发射时，发射架像是自来水管焊接而成的；试验的"指挥所"是用麻袋堆成的；没有火箭自动跟踪仪器，研制人员用自制的人工跟踪天线，靠几个人用手把着旋转和俯视；没有专用的推进剂加注设备，试验人员用自行车打气筒一下一下地把推进剂压进贮箱中。

然而，正是这样的"土办法"使我们的火箭发射成功了。

试验人员用打气筒为T-7M
探空火箭加注推进剂

自制的人工跟踪天线，靠几个人用手把着旋转

上海老港发射场用麻袋垒成的控制间

1960年4月29日，T-7M火箭发射1个小时前，钱学森（左一）等人在用作发射指挥所的农舍前休息

• "大跃进"里"爬楼梯"

1958年4月28日，国防部五院决定将我国仿制苏制P-2导弹的代号定为"1059"。5月29日，聂荣臻向五院具体部署了仿制工作，要求第一批导弹于1959年10月完成总装出厂，争取国庆10周年前试射成功，代号"1059"正源于此。此时，中共八大二次会议通过了"鼓足干劲，力争上游，多快好省地建设社会主义"的总路线，全国掀起"大跃进"热潮，追求高速度、高指标，很快在全国范围形成了浮夸风。国防部五院也有人提出了一些脱离实际的目标，并一度出现了轻视仿制、急于搞自行设计的思想。有人说："现在全国人民都在赶超英美，我们再继续仿制下去，走苏联的老路子，什么时候才能赶超英美呢？"

在这样的气氛中，作为院长的钱学森也十分无奈。时任计划处处长的王道力回忆道："那时候，在科技管理方面，更是无奈加无奈。计划不断被冲击、改变，当时有句话叫'计划赶不上变化'。……钱学森院长提出学习管理科学、学会科学管理，立即被个别同志批评为'不要用资本主义国家的管理办法代替社会主义的管理'。钱学森同志只好默不作声。"

1958年6月16日，钱学森、王诤向聂荣臻汇报，五院打算仿制并自行设计苏联的5种导弹，聂荣臻对此做出指示："五院拟安排5种导弹型号的生产试制，又安排自行设计5种导弹型号，这值得研究。鼓足干劲是对的，没有这种干劲和奋发图强的精神，就一事无成，也谈不上突破技术、掌握先进技术。但干劲必须与科学态度相结合。型号不宜一下子安排过多。步子一下子跨得太大易走弯路。还是少走弯路好。国家花那么多钱请来苏联专家，应该抓紧时机，尽量把他们的东西学到手。"

为制止急于求成的思想，聂荣臻及时指示：我国导弹事业的起步工作，一定要通过仿制，"爬楼梯，大练兵"，向独立设计发展。他指出，仿制的目的是独创，但必须在仿制中把技术吃透，才有利于独创。

在关键时刻，聂荣臻的指示为五院工作起到了把关定向的重要作用，使五院最终没有落入高指标、浮夸风的浪潮中，却更坚定地突出了工作重点。

国防部五院此后明确地提出了"以仿制练兵、循序前进"的指导方针。由此，虽然在仿制和向苏联专家学习的过程中，一度出现生搬硬套或"冒进"的现象，但由于明确了"学习是为了独创"的指导思想，这些现象很快得到了纠正。

可以说，作为主管科技工作的党和国家领导人，聂荣臻面对全国大跃进的狂热在工作中保有这份难得的冷静，是中国"两弹"事业的幸运。

• 应对苏联撤援

1960年7月16日，苏联政府照会中国政府，决定自12天后也就是7月28日开始撤走全部在华的苏联专家。此后在短短一个月内，苏方撤走了援华的1 390名苏联专家，撕毁了两国政府签署的12个协定，废除了200多个科技合作项目。1960年8月，在国防部五院的苏联专家也全部撤走，并带走了有关图纸资料。苏联毫无商量余地的态度和急速撤援的举动对中国尚在起步阶段的导弹研制工作无疑是一个较大的打击。但研制团队并非毫无应对的办法，至少在指导思想与心理准备、已有的工作方法，以及初期的储备积累三方面，对苏联撤援后走向独立研制工作起到了缓冲和推进作用。

第一，在指导思想和心理准备方面：一是1956年聂荣臻所强调的五院建院方针，明确"自力更生"与"力争外援"两者关系：前者为主，后者为辅，自力更生是立足点，是首要原则，也是今后方向。这就明确了不能完全仰赖外援的思想，为走向独立自主研制导弹树立了思想原则。二是中国在两国关系的恶化过程中，对于苏联撤援已有心理准备。1960年初，中央召开政治局扩大会议，对苏联可能停止援助的情况做了最坏的打算。3月25日，国防部五院党委召开扩大会议，具体研究了仿制与自行设计的关系，决定抽一部分力量适时转到自行设计上来，并对完成仿制工作的步骤、节点等一系列重要问题做了安排。31日，聂荣臻完全同意国防部五院的决定，并指示：仿制不能停，要把能学到的尽快学到手。由此，在苏联撤走专家后，1960年9月13日，中央军委在北京召开扩大会议，明确提出了"发愤图强，突破尖端，两弹为主，导弹第一，积极发展喷气技术及无线电技术，建立现代化的、独立完整的国防工业体系"的方针。

第二，在已有的工作方法方面：我国导弹研制人员在先前的学习和仿制过程中形成了"反设计"方法。这套工作方法成为苏联撤援后，我国能够继续独立地开展仿制、研制工作的有效方法。

早在1956年12月，苏联援助的2枚教学用Р-1导弹运到中国后，钱学森就要求对此开展"反设计"，吃透导弹知识。他说："我们没有导弹的图纸和资料，但是，现在我们毕竟有了实物，可以按专业组把弹体、发动机，直到每一个螺丝钉、垫圈，都小心地拆下来，仔细研究做好记号后再分别去测量，最后我们自己动手绘制图纸。这是我们锻炼队伍的最好时机。""反设计"的目的是要摸清导弹结构和材料、零件尺寸及使用性能，作出一套既有理论根据，又符合操作实际的文件，为下一步仿制作好准备。此后"反设计"法有效用于地地、地空和海防导弹的研究仿制。

地地导弹中的"反设计"：1959年3月，梁守槃被任命为仿制导弹"1059"的总设计师。回忆起研究"1059"导弹反设计的情景，梁守槃说："我向钱学森提出来，我们是不是搞一个反设计？假定苏联没有给我们图纸，只有这个导弹的指标，就是要飞起来打600公里，我就以600公里的指标来设计，设计以后跟苏联的资料对比，尺寸一样不一样，各方面一样不一样。如果有不一样的地方，就应该找出为什么我设计的跟理论公式不一样，而苏联那个理论公式是怎么样得到的，找出理论与实际之间的联系。我把总体设计提出来以后，钱学森表示同意，支持了我。后来我们搞了反设计，成功了。"苏联专家撤走不到3个月，1960年11月5日，仿制苏联Р-2导弹的"1059"近程地地导弹"东风一号"发射试验成功。

地空导弹的"反设计"：1957年11月9日，由钱学森、谷景生、王诤联名签署《关于导弹研究院的体制意见的报告》，组建了国防部五院第一、二分院。其中，二分院的主要任务就是研制包括地空导弹在内的导弹控制系统，并投入

1960年11月，"东风一号"导弹进入发射厂房做吊装测试

一定力量集中仿制C-75地空导弹，仿制代号为"543"。苏联撤援后，钱学森根据聂荣臻的指示，依靠和发挥中国自己专家的作用，在二分院提出了"学习'543'，吃透'543'，仿出'543'"的口号。在工厂按图仿制的同时，五院在钱学森的具体组织下，全面开展了"543"的"反设计"工作，目的是通过自己的努力，更深入地掌握整个武器系统及各分系统的性能、内在运行机理和规律及参数选择的依据等。二分院还于1962年5月召开了由各研制单位及高等院校参加的"543"反设计工作报告会，交流成果，总结经验。1964年12月10日，中国仿制"C-75"型地空导弹成功，命名为"红旗一号"导弹系统。

海防导弹的"反设计"：1959年，我国开始仿制苏联提供的Л-15舰舰导弹，代号"544"。国防部五院一分院组建了海防导弹总体设计部（第四总体设计部），开展"反设计"，并派人下厂参加仿制生产工作；二分院也抽调人员参加弹上末制导雷达、自动驾驶仪的仿制设计工作；三机部南昌320厂负责弹体制造与总装。钱学森在指导研制地地导弹的同时，分出一部分精力参与组织了"544"导弹的仿制生产。仿制稍有眉目，就遭遇苏联撤援，几乎把"544"导弹的仿制逼上死路。为了及早给我军提供现代化的武器装备，中央决定收缩战线，集中力量先发展地地导弹和地空导弹，在取得突破或解决有无问题后，再发展海防导弹。1965年4月，国防部五院三分院改组成为舰舰和岸舰导弹研究院。早在1961年，一分院已把第四总体设计部划归三分院，集中负责海防导弹的研制；历经5年奋斗，终于突破难关。1966年，"544"导弹仿制成功。该型导弹定型后被命名为"上游一号"，用于装备海军导弹快艇，比原定计划提前了2年。从此，我国拥有了第一种舰舰型海防导弹，人民海军的武器装备开始进入导弹时代。此后，自行设计海防导弹同样遇到了只有苏联提供的生产图纸，而没有设计资料的问题。为此聂荣臻和钱学森给研制人员鼓劲，要求从理论上吃透苏联的资料入手，从"反设计"着手。1965年，梁守槃带领科技人员在"上游一号"的基础上，很快投入到了"海鹰一号"岸舰导弹的研制中。"海鹰一号"先后进行了25次飞行试验，1974年定型。"海鹰一号"岸舰导弹的成功飞行，标志着我国海防导弹经历艰苦创业，终于走上了独立发展的道路。

第三，在初期的储备积累方面：中国导弹事业从1956年"创业"到1960年苏联撤援，已积攒了初步"家业"——有领导单位，有相对配套的研制、设计、试验和生产的基础设施和手段，还有一支热爱学习、刻苦攻关的专业人才队伍。

一方面，在机构和设施建设上，当年钱学森在给周恩来写的意见书中所提到的导弹工业的领导机构、科研机构、设计单位、生产工厂、试验单位全部有了雏形。

在党中央的支持下，国防科委成立，导弹研制有了国家层面强有力的领导保障。在钱学森的亲力亲为下，科研机构也有了保证：中国科学院各研究所协助国防部五院解决预先研究和专业技术攻关难题；作为导弹研究设计机构的国防部五院，已经建立了主抓导弹总体技术的一分院和主抓控制系统的二分院，特别是一分院建立了三个导弹总体设计部，分别对口地地导弹、地

国防部第五研究院旧址

国防部第五研究院导弹生产车间旧址

空导弹、海防导弹的仿制和研制。在生产工厂方面，1958年6月，地处北京南郊、原二机部下属的飞机修理试制厂——211厂，这一配备上千名技术工人和几百位熟悉工业生产和管理干部的大厂，被提供给国防部五院作为导弹总装厂。1958年，导弹试验基地也已建成；19兵团、20兵团和工程兵部队十万大军经过艰苦奋斗，仅用两年半的时间就在巴丹吉林沙漠的戈壁滩上建立起中国第一个综合导弹试验靶场。此外，由苏联援助的四大工程，即"8102"（一分院建设工程）、"8103"（液体火箭发动机试验站建设工程）、"8108"（空气动力研究中心建设工程）和"8109"（二分院建设工程）也快完工，五院马上就能具备相对配套的导弹研制、设计、试验和生产的基础设施和手段。

另一方面，人才队伍建设也有了一定的规模。在聂荣臻、陈赓等元帅、将军和各行各业及大专院校的鼎力相助下，一批批科技精英，包括一大批海归人才，汇聚到了国防部五院，仅钱学森点名要的就有上百人。

1960年，五院调进4 000名大专生、2 000名中技生和4 700名复员兵。这是一支爱学习的队伍。原航天工业部副部长鲍克明回忆道："那时，由钱学森院长发起的五院新一轮学习导弹理论和技术知识热潮，在机关和各分院及所属部、所、厂、站全面展开。五院还规定老专家带助手和培养年轻技术骨干，各单位形成了浓厚的学习钻研热潮。白天努力工作，夜晚各研究室、办公楼灯光明亮，结合自己的专业工作，读书、钻研、讨论不止，以至于深夜动员大家回宿舍睡觉、休息，成为各级党政领导每天工作的一项任务。"不仅勤奋，这支队伍的学习与攻关能力也极强。在仿制"1059"时，他们开动脑筋自己动手，仅弹体结构一项的材料代用率就达40%以上；在376种辅助材料中，有80%以上是用代料方法解决的，自主生产的占到三分之二。这一方面大大节约了从苏联购置的成本，另一方面也锻炼了队伍。最让钱学森放心不下的导弹控制系统，也让黄纬禄带领的团队"拿下了"。

苏联撤援，虽然一时困难，但聂荣臻和钱学森"心中有数"：我国自主研制导弹已有了基础和储备，离开苏联专家，中国人绝不会一事无成。

● 三年困难时期

1959年至1961年，我国国民经济发生严重困难，不但国家财政极度紧张，而且各种物资奇缺，"两弹"事业建设在极其艰苦的条件下推进。

在巴丹吉林沙漠，官兵在艰苦条件下建设中国第一个陆上综合导弹试验靶场，他们常以野菜充饥

钱学森在获得"两弹一星功勋奖章"后的谈话中回忆道："60年代初，由于生活困难，吃不饱肚子，又要坚持科研攻关，不少人患了浮肿病。聂老总看到这种情况，心急如焚。他亲自出面，给各军区打电话，要他们支援'两弹'研制工作。于是从各军区调来了一批黄豆、带鱼、猪肉和羊肉等，分给科技人员，以渡过难关。可贵的是，当时直接负责调拨分发的行政后勤人员们却一口也不吃。所以尽管当时大家都很困难，却能团结一心，勒紧裤带，白天奋力工作，晚上加班加点。"

又据钱学森秘书涂元季所述，有一次聂荣臻专门交代给钱学森家半边猪肉。钱家炊事员每次到食堂割一小块做肉末吃。保卫秘书刁九勃和炊事员见钱学森劳累清瘦，一次便割了一大块做回锅肉，遭到钱学森批评：现在全国人民都生活困难，连毛主席周总理都不吃肉了，你居然给我做回锅肉！党性到哪里去了？刁九勃和炊事员见钱学森如此严肃地批评，只好把回锅肉端走，还像往常那样剁成肉末，细水长流地吃了好几天。①

面对经济困难、粮食供给不足这样的艰苦处境，中国早期导弹航天事业的领导与建设者们团结一心、勒紧裤带、坚持奋战，没有他们的这种牺牲与奉献精神，便没有这份事业的继续发展。

• 技术问题"由钱学森抓总"

在1960年这一年，苏联撤援了；这一年，全国尚处于经济困难时期；这一年，钱学森还经历了一次"降职"。

1960年3月18日，周恩来总理签署了一份任命钱学森为国防部第五研究院副院长的任命书。

从院长降为副院长？

原来，随着"1059"导弹仿制的开始，地空导弹、岸舰导弹的仿制工作，以及各项科研设施和配套生活设施的建设工作也陆续铺开。作为国防部第五研究院院长，钱学森一方面组织队伍自力更生、"土法上马"，另一方面协调紧缺材料，解决燃眉之急。此外，他还要处理各种行政事务，连盖宿舍、建幼儿园都要他拍板。从1959年下半年开始，钱学森在五院工作的时间明显增多。到了1960年，他在两个单位的工作时间安排与之前完全反了过来，减少了在中科院力学所坐班的天数，绝大多数时间都放在了国防部五院。1960年3月，他请求将自己降为副职，以便集中精力专司重大技术问题。聂荣臻此前并未料及钱学森的苦恼，当他了解了钱学森的请求，便同意任命他为技术副院长，并很快调解放军空军司令员刘亚楼兼任国防部五院院长，空军副司令员兼参谋长王秉璋担任副院长，主管行政工作。聂荣臻在关于国防部五院工作安排的会议上说："钱学森主持全院的研究设计工作，把行政工作免去，发挥你科学家的作用，可以选择几个助手协助你工

---

① 涂元季、莹莹著：《钱学森故事》，解放军出版社，2011年，第233—234页。

周恩来总理签署的任命钱学森为国防部第五研究院副院长的任命书

作，要有参谋，把你的意图传达下去，党委和政治机关要保证。"

然而，在主动提出降职的同时，在国防部五院已经当了三年半院长的钱学森却还面临着技术领导地位未得到充分重视的处境。

1960年5月17日，钱学森在向中国科学院力学研究所支部并党委提交的入党转正自我检查材料中谈道：

> 五院工作，我感到吃力，不如力学所工作那么在行，我检讨起来有一个问题：力学所我能基本上掌握，在业务上我的意见有分量；而五院业务范围广，我能掌握的只是一小部分，必须同其他同志结合在一起才能做好，我的意见不那么显著。①

1960年10月9日下午，聂荣臻向前来汇报工作的五院领导说：

> 试车台试验没请钱学森参加是不对的。要积极让他参加试验，我们的专家不比苏联专家差，中国人的头脑是很聪明的。有些工艺中国

① 钱学森：《钱学森转正自我检查材料》，航天档案馆，档案号：1960-034-A034-001。

人擅长，有办法解决。搞科学试验不叫浪费。我经常讲要重视我们自己的专家。钱学森是一位很淳厚的人，讲话明确、简练。老实说，我们受他的鼓励。要人家干工作就要相信人家，对我们的专家要依靠。

上述言语既透露出钱学森遭遇的尴尬与被动处境，也体现了聂荣臻对钱学森的爱护。

1961年7月12日上午，聂荣臻及其他几位国防科委领导在听取王秉璋、王诤汇报五院工作时指出：党支部只起保证作用，技术问题不需要再经过党支部讨论；但要讨论如何保证和组织各方面的配合，以求迅速实现，并解决科研中的问题。五院的技术问题应由技术人员充分讨论，由钱学森抓总，然后由党委批准他的建议、支持他，即使错了，党委来承担责任；所谓党的领导，是掌握政策、方向，不可能解决具体的技术问题。五院的几位老专家，任新民、屠守锷、蔡金涛、吴朔平、梁守槃、庄逢甘，可以考虑分别担任一、二、三分院的技术副院长，在技术上接受钱学森的领导。

正是聂荣臻一次次站出来代表党的领导给予钱学森最大的支持和信任，从而明确、保障了钱学森技术领导作用的有力发挥。

• 两弹"上马""下马"之争

1961年1月，中共八届九中全会提出对国民经济"调整、巩固、充实、提高"的八字方针。据此，在国家财政极度紧张、各条战线都面临砍减或压缩的情况下，国防工业部门和科研部门出现了发展尖端和常规武器谁先谁后、谁挤谁的争论，即两弹"上马""下马"之争。国防工业部门认为应该以研制常规武器为主，而国防科研部门则认为"两弹"研制不能半途而废，必须坚持攻关。1961年7—8月，在中央军委于北戴河召开的国防工委工作会议上，这场争论达到高潮。

聂荣臻的秘书范济生回忆道："当时的气氛搞得很紧张，坚持'两弹'下马的人，和坚持继续攻关的人，互不相让，各说各的理，有时开着会，就吵起来，桌子拍得叭叭响。"

会上主张"下马"的理由是：一方面，苏联撤援后，我国仅仅依靠尚不发达的工业体系和落后的科技力量，难以造出高精尖的"两弹"；另一方面，"两弹"投资如无底洞，花费巨大又不能完全保证达到预期成果。此外，在较长时期内，如果发生战争，我国主要还要依靠常规武器，因此，不如把有限的经费用在常规武器上。时任总参作战部参谋的李旭阁说："不要认为主张下马的人没有道理，那是不对的。当时饭都没的吃，'大跃进'等极'左'思潮影响下，社会生产力遭到严重破坏，各种困难和问题堆积如山，在这种情况下，搞经济的领导人主张等经济稍微恢复以后再上，不是没有道理的。"①

8月12日，周恩来总理在综合分析会议意见后明确指示"工业生产和常规武器是基础，尖端武器不容懈怠"。作为"两弹"事业的直接领导者和组织者，聂荣臻深知"两弹"研制的战略意义，也知道如果"两弹"下马，将会前功尽弃。因此他得知"两弹"争论中主张"下马"声音高涨后，力挺"两弹"继续"上马"，强调"常规武器要配套，尖端武器要研制，不能退缩下来。一退就会落后。一落后就是几十年，将来我们的后代会骂我们的"。8月20日，聂荣臻签发《关于导弹、原子弹应坚持攻关的报告》，直接上报毛泽东主席和党中央。报告阐明了我国两弹研制已有的基础和条件，也说明了当前的困难和解决方法，还表达了突破的决心："突破'两弹'是有条件有信心的，虽然遇到些暂时的困难，这个方针和决心不应改变。导弹，争取三年左右突破中程的，五年或更长一些时间突破远程的。原子弹争取三年左右突破初级的，五年或更长一些时间突破可装在导弹上的核弹头。"

会后经过近一个月的争论，1961年10月，中央军委最终决议"科学研究着重搞尖端，生产主要搞常规，基建主要搞配套"，并强调坚持"两弹"攻关不仅是个军事问题，还是个政治问题，不能有点困难就泄气。由此，争论平息，"两弹"继续"上马"。而正是这一重要战略抉择使我国"两弹"计划在随后几年成功实施，打破了帝国主义的核讹诈和核垄断地位，保障了我国国防安全，极大

---

① 黄庆桥：《1961年"两弹"上马下马之争》，《国防时报》2019年9月21日。

提升了我国国际地位，也为国民经济的恢复和发展提供了较为稳定的环境。此外，"两弹"事业的上马，也大大带动了国民经济建设中原材料、仪器仪表以及大型设备的发展，带动了许多新的生产部门以及新兴学科的建立与发展。[1]

但回头来看，有争论未必是坏事。它能够让不同意见充分表达，能够让人更加清晰地看到当时的困难，体会到这项重大战略工程得以延续的曲折与艰难，还有在实施上的艰巨性和紧迫性，以及最终取得成功的来之不易。

据《天地颂——"两弹一星"百年揭秘》一书描述，在北戴河会议期间钱学森也曾前往参加小组会议。但这场争论中钱学森的言论极少见有记载。不过，我们也许可以想象，当时争论的结果无论"两弹"是"上马"还是"下马"，对钱学森来说都是一种巨大的压力。作为导弹事业的技术领导，他深知"两弹"事业的发展条件、前景及其重要战略意义。如果"下马"，那么对于他所领导、规划的导弹航天事业及已经开展起来的工作来说无疑是巨大的打击。最终，结果是"上马"，那么钱学森便要拿出决心，确保实现聂荣臻提交的那份报告中所表态的"三年左右突破中程导弹，五年或更长一些时间突破远程"，这就如同向

1962年3月21日，处于发射准备阶段的"东风二号"导弹

① 张现民、周均伦：《1961年两弹"上马""下马"之争》，《理论视野》2016年第12期。

中央立下了"军令状"，钱学森必定要为此担起责任。

- "整风运动开始，我是一个莫名其妙的人。"

上述可见，在中国导弹航天事业初创的五六年间，重重困难接踵而至，涉及人力、经济与工业基础、国内国际政治环境，以及体制、管理、技术、决策等方面的诸多问题和困难。而在个人思想方面，1958年在钱学森申请入党之际，正值党内开展整风运动和反右派斗争。钱学森曾说自己那时对一些朋友"充满了旧知识分子群之中一种同道感"。他因曾去看望当时被定为"右派分子"的钱伟长，又在经济上接济"现行反革命分子"清华大学教授徐璋本的家属，而在入党过程中被批评为政治立场不坚定、思想上划不清界限。1958年4月，钱学森在《整风运动思想总结》中写道："1957年整风运动开始，我是一个莫名其妙的人。"可见，在当时特定的国内政治环境中，钱学森在思想方面也有不小的压力。

徐璋本就是那位在1935年给当时即将赴美的钱学森写下临别赠言的老同学。他与钱学森同年出生，自小学到大学一直与钱学森同校，但比钱学森低一级，1935年毕业于交通大学电机工程学院电信门。钱学森说："在交通大学时，我就知道他是学究，不问政治，以致他在交大毕业后居然到一个特务电台中去做工程师。我知道了之后曾劝他不要做下去，但我以后出国，下文不知。"徐璋本是1937年的公费留美学生，当时方向为水力发电工程。1938年，徐璋本赴加州理工学院，又与钱学森同校求学，1940年获博士学位回国，曾在九龙坡交通大学电机系和电信研究所、私立江南大学，以及中央大学电机系等高校院系任教，主要教授电磁理论、物理等课程。1949年前后，徐璋本再次赴美，先在哈佛大学工作一年，后又到加州理工学院任职，其间与钱学森常常见面。据钱学森说：美国移民局对他也不客气，1950年以后也不许他回国。那时徐璋本有时说要在美国住下去，并且要接家眷，有时又说一有机会就要回国。1954年以后，徐璋本一直表示要斗争回国。彼时，徐璋本曾因失业而有经济困难，钱学森也借过钱给他。1955年5月徐璋本回国，同年任清华大学物理教研组教授。①受钱学森托付，徐璋本回国后曾为钱学森联系协助他回国事宜。后来，钱学森回国以后，也曾两次去看望过徐璋本。

但是，1957年徐璋本在"反右派斗争"中遭遇了人生的重大转折。在这一年整风运动初期，徐璋本在清华大学举行的一次座谈会上认为"以马克思主义作为指导思想，一定要产生教条主义"，并建议取消用马列主义作为指导思想。1957年7月8日，在全国开展"反右派斗争"的情势下，徐璋本公然提出他的"政治纲领"，要组织"劳动党"，公开征集党员。此后，徐璋本还"动员"清华大学的师生加入他的劳动党、支持他的言论。这使徐璋本的妻子、同在清华大学水工教研室工作的王锡琼极为忧虑。应她要求，钱学森便在回国后第三次去看望徐璋本。钱学森回忆道："反右开始后，是他爱人留条叫我去的，这是因为他搞什么劳动党。我对他说他的想法是错误的，劝他不要搞，说他不懂政治，不要乱来。他当时不同意，一定要搞劳动党，我也就离开他了。"

物理学家谢毓章（曾在美国长期学习工作，并于1957年到清华大学物理教研组任教）后来说："徐璋本曾在美国留学，回国后，总使用美国的思维方式做事情。他认为每个人都可以有组织政党的自由，他也要组织政党，并且找人参加。尽管没有组织成，但有这种想法就不行，也把他抓起来了，定性为'反革命'。"这不免令人想起当初尚在读大学的徐璋本，在1935年给即将赴美留学的钱学森的那番赠言："我们多年来所见所闻大半都是'美国式'，而我个人觉得'美国式'有一种毛病就是离开'科学的哲学渊源'。我相信你是不会被蒙混的。"然而时隔20年后，徐璋本自己却因"美国式"思维，并不听钱学森等人相劝，最终获罪。

1957年12月25日，徐璋本被定为"现行反革命分子"，在清华大学被逮捕，并被判15年有期徒刑。②

徐璋本被捕入狱后，其妻子王锡琼因经济困难而找钱学森帮忙。经思考后，钱学森在1958年1月给王锡琼写了一封信，说明帮助王锡琼的情况。信件内容如下：

① 方惠坚、张思敬主编：《清华大学志下》，清华大学出版社，2001年，第718页。
② 吕成冬：《反右前后的清华教授徐璋本》，《炎黄春秋》2014年第8期，第58—62页。

王锡琼同志：

前在去年除夕托郑哲敏同志送上四十元，想已收到。

关于今后您一家生活问题我想过了，作答如下：

1）我们现在是生活在党所领导的社会中，每一个人的生活都是有一定的安排的。您的生活如果有长期的困难，应该把困难向工会提出，工会一定能公平地研究，如困难是真的，一定会在福利金中给出帮助。这一点不必因为徐璋本的原（缘）故而有所顾虑，徐璋本个人的事不能影响他的家人，更不能影响他的子女。至于说工会所订（定）的生活标准不如您所习惯的生活标准，因而有困难，这是应该努力克服的困难，一定要做到能在工会所订（定）的标准上生活。我们要想一想，我们的社会制度是按劳取酬，不能不按国家制度要求享受。再说今天正在创造我们世界的工人和农民，他们的生活水平并不比工会的标准高。他们能在这个标准生活，而且生活得很健康，那么您也应该在这个标准上生活下去，不会不可能的。

2）自然，要在工会所订（定）的生活标准生活，必需（须）对您家已（以）前的安排作很大的变动，具体怎么做？这您也许一时想不周全，我提意（议）您可以同工会中的人商量，向有同等收入和一家人口的家属请教。人家怎么做，您也可以学。这样做不是什么丢脸的事，相反，这样勤俭持家，克（刻）苦地和工人一样地生活是光荣的。

3）您应该自己好好地想一想，您对徐璋本的错误是不是作了坚决的斗争？您有没有在群众性的会里批评过他，宣告对他划清界线？这是必要的思想斗争，不然，您对徐璋本的认识不会清楚，您对他会有包庇的想头。这样一来，您就一定会在思想上离不了徐璋本，而一面又明明知道徐璋本是错了，这就给思想上带来了阴影，抬不起头来，那就生活不下去了。反过来说，如果能和徐璋本划清界线，那么思想上会大大地开朗起来，也就会产生出干劲儿来，不会怕困难了。

4）改变生活方式也不是一天就能做到的，所以我愿意在短期内帮助您。去年除夕的40元作为1月分（份）的钱；在这个月底，我愿意帮助您30元作为2月分（份）的钱；在2月底我愿意帮助您20元作为3月分（份）的钱。在这3个月后，改变生活想来可以完成，不必再帮助了。

　　此致

敬礼！

钱学森

　　为谨慎起见，钱学森在写好此信后并未直接寄出，而是先给他在力学研究所的秘书张可文去信，请她在发信之前先了解一下王锡琼本人有没有问题。

　　在得知王锡琼本人并无问题后，钱学森通过郑哲敏每月按信上所说数额把钱转交给王锡琼。以后来的眼光看，在当时的情势下，钱学森能这样做反而体现了他的同情心与人情味。但就是因为这件事，1958年力学研究所在"拔白旗，插红旗"运动中，有人给钱学森写大字报，指责他不能和现行反革命分子划清界限。为此，钱学森在1958年4月19日向党组织写的交心材料和1958年9月24日填写的入党申请书中，专门就他和徐璋本的关系问题向党组织做了交代，并"深刻检讨了自己认识上的错误"。

　　被判入狱后，徐璋本起初被关押在北京第一监狱，钱学森还去探望过他。据徐璋本"狱友"王学泰回忆：

1958年1月5日，钱学森致张可文信[①]

----

① 信中"王锡玲"即王锡琼。

"在监狱中，他受到了特别的待遇。狱方给他一间小屋，他住在那里，吃饭也是小灶，甚至为他单做。还有一个青年犯人伺候他。每天徐璋本在自己的小屋看书，写东西。有时老同学钱学森还到监狱里看他。每周可以回清华园与家人共度周末。周一上午或周日晚上返回第一监狱服刑。"后来徐璋本转移至河北的劳动改造场服刑。1975年3月，中华人民共和国最高人民法院实行第七次特赦，释放全部在押罪犯，徐璋本正是在这一次特赦中被释放。在1976年10月粉碎"四人帮"之后，钱学森给主管科技的国务院副总理方毅去信，表示确信老同学徐璋本没有历史问题，只是思想有些偏激。不久，徐璋本在经历近20年囚徒生活后，终得"平反"，回到清华大学。已经六十多岁的他痛惜廿载光阴流逝，拼命工作，欲夺诺贝尔奖，夜夜工作至凌晨二三时。[1]

有人将钱学森和徐璋本这两位同龄的老同学作比较，他们有相似的求学经历，同为美国加州理工学院博士，都于1955年从美国回到中国。在专业上，钱学森研究导弹，而徐璋本则研究反导弹技术，二位在当时都是新中国稀缺的国防尖端技术方面的人才。然而，在历史洪流之中，他们因对自身与时代关系的不同理解、对世界的不同认知而做出的选择，终于导向了截然不同的命运。钱学森准确地判断了其所处的时代环境特点和肩负的责任，最终不负使命，成就了伟大事业，而对徐璋本的遭遇或只能承受与理解。[2]

在已出版的钱学森书信中，有两封晚年钱学森写给徐璋本的信，反映了二人晚年时的交往。

一封是钱学森1986年12月30日致徐璋本信，内容如下：

徐璋本教授：

　　刚刚接到学长兄及嫂夫人的贺年片及赐二位合影，十分感谢！

　　似自师大附中纪念会上见面后又已几年，但我兄看来很健康，我

---

① 叶永烈：《钱学森与反导弹专家徐璋本》，《羊城晚报》第B05版，2014年11月5日。

② 谢泳：《钱学森和他的同学徐璋本》，载谢泳《逝去的年代——中国自由知识分子的命运》，福建教育出版社，2013年，第354—356页。

也很得到快慰。我们都很好，亦请释念！

至元世兄前来信说要找我谈，但后来具体化，大概他事情太忙了。也问他好！

即此恭祝您和锡琼嫂

新年快乐，并

身体健康！

钱学森

1986.12.30

另一封是钱学森1988年1月4日致徐璋本信，内容如下：

璋本学兄：

我们一家都非常感谢您一家送来的贺年片！真如卡片上说的，"我们友谊""随岁月而茁壮"！我们是六十多年的同学学友了呀，中间多少事呵！令人欢快的是：社会主义的中国现在已走上自己的发展大道，到二十一世纪中叶的目标及方法已经清楚了！

也因此我不理解，为什么卡片的创作者却画出雾蒙蒙雪地上蒺藜遍野？难道创作者不知道今天的中国早已不是鲁迅先生在三十年代写的"万家墨面无蒿莱"了吗？这是我国当前文艺界思想混乱的表现，作家们有不少是跟不上时代的步伐，他们落后了！这样他们又怎样当人民的灵魂工程师？

我觉得在这个意义上赵朴初的元旦献词《调寄驻云飞》是好的：

"喜报春回，十三大先开岭上梅。

开放云会，改革洪波沸。

飞！神龙起迅雷。澄清积痗。

万里长空，四海光明被。

十亿同心振国威。"

老同学，让我们共振国威吧！

问锡琼嫂好！

此致

敬礼！

钱学森

1988.1.4

两封信中流露出钱学森对徐璋本深切的关怀与鼓励，年过古稀的两人"友谊随岁月而茁壮"。而第二封信中提到的，徐璋本赠送给钱学森的贺年卡片上"创作者却画出雾蒙蒙雪地上蒺藜遍野"，与钱学森回复时引用的《调寄驻云飞》的昂扬气势，形成鲜明对比，似乎流露出不同境遇下两人的不同心境。当然，钱学森也是意在勉励老友振作。但就在这年底，徐璋本去世了。

• "从那时起，父亲的大手很少再牵着我的小手"

可以说，这一时期的钱学森身处种种艰难处境。而在叙述之中，我们只能部分地看到每一种艰难局面里钱学森的身影与作为，却难以准确地描述在这些难题错综复杂、交织一体的时刻，钱学森是如何应对的。

而钱永刚的一段回忆，为我们提供了一个珍贵而特别的视角，即在孩子眼中，那段时期父亲钱学森的工作状态及其对家庭的影响：

那时，他为了工作，不仅经

1959年，钱学森一家在中关村科学院宿舍楼家中合影

常废寝忘食，还要出差。到哪里去，去多长时间，不仅不告诉我，连妈妈也不知道。有时几个月都找不到人。回家时，又常常穿着厚厚的大皮袄、大皮靴，活像我在画册中看到的爱斯基摩人。那时，我只知道，他是一个研究飞行器的科学家，具体在做什么，别说是我，就连妈妈也不清楚。那时保密制度非常严格……直到20多年之后我才知道。父亲那时是为了研制导弹和卫星，而奔走于北国大漠，西域荒原。

谈到当时的艰难不易，钱永刚说：

> 那时候和现在是天壤之别，国家的财力、物力非常匮乏，就那么点钱，又要做那么大的事，对许多试验必须做到一次成功。因而对方方面面都要考虑得很周到，很细致。为什么后人这么敬重"两弹一星"的功臣？就是因为当时的环境和条件远远不能和现在比，完全是凭着他们的智慧、勇气和奉献"拼"出来的。

说到父亲工作对自己的影响，钱永刚感叹：

> 父亲的工作这样繁重、忙碌，自然也就无力关心我的学习和生活。也就是说，从那时起，父亲的大手很少再牵着我的小手……父亲晚年时，有一次和我聊天，他很感慨地说："你小的时候我工作特别忙，就顾不上你了。如果我们一个星期就做一道题，不论数学、物理、化学的，相信到你高中毕业时，全国的大学任你挑。"

从孩子对父亲的回忆中，可以看到，钱学森自一开始的志业选择到1950年代回到祖国成为中国导弹航天事业技术的"头"，他始终深刻明白自己身上肩负的艰巨使命与重任。对那一时期以钱学森为代表的一大批国防科技工作者而言，舍家为国或许是无须犹豫的选择。但舍家为国不代表他们对家人没有丝毫亏欠。

对他们来说，无法陪伴家人跟国家创建、发展导弹和航天事业的"大"困难相比不足挂齿，但就像钱学森对儿子说的那一句"顾不上你"，又何尝不是一份巨大的牺牲与付出。当我们回顾这番事业的创业历程，应当看到其中的每一种不易。

成败之间

钱学森曾说："科学家不要以为遇上失败是坏事情，科学家往往与千百次失败结为伴侣。不要以为鲜花、掌声、赞扬是科学家的生活，不要以为自己从事的研究总能被人理解。"在我国导弹航天事业的发展中，科学试验往往与政治、与国家利益之间有着更紧密的关联和影响，"对许多试验必须做到一次成功"。因此，在成功的喜悦背后也许有着不为人知的心酸与压力，而失败的打击也可能激发出巨大的潜力。

• "东风二号"失利后

1962年3月21日9时，在两弹"上马""下马"争论过后的半年，"东风二号"中近程导弹在高耸的发射塔架边整装待发。它寄托着对两弹继续"上马"的期待。然而几分钟后，"东二"导弹的首次发射失败了。在"两弹"争论后的这次发射失利，无疑给钱学森与科研试验人员带来了极大的悲痛与压力。

时任导弹控制系统副主任设计师的梁思礼回忆发射失败的景象说："导弹发射起飞以后，像喝醉了酒似的摇摇晃晃，头顶上冒出白烟，69秒后，导弹倒栽葱垂直坠毁在距离发射台前300米的地方，因为导弹里面装满了20多吨推进剂，落地爆炸腾起了100多米高的蘑菇云，地面砸出了一个4米深、22米直径的大坑。失败使大家非常沮丧。"总体设计部副主任谢光选说，这是他们导弹发射中的第一次失败。很多人趴在地上把头埋在沙子里，好久好久没有抬起头来；梁思礼蹲在大坑边抱着脑袋，泪水从指缝间渗了出来；总装厂的工人师傅失声痛哭。

"东风二号"导弹发射失利

"东风二号"导弹发射失败后，钱学森等赶赴试验基地分析发射失利事故原因

次日，钱学森等赶赴基地。导弹设计师王德臣回忆：

> 东风二号导弹爆炸后，酒泉试验基地通知北京设计单位派人来分析原因，单位接到通知让我马上出发，研究室的同事就像出丧似的把我送出了门，我连牙膏、牙刷、衣服都没有来得及带。飞机降落后，食堂给我们端来了肉丝面，我心里难过，一口也吃不下去，就在旁边站着，钱学森过来安慰我说，他在美国作研究的时候，也经常失败，那个"卡门—钱近似"公式是作了许多次试验、分析才完成的，现在重要的是认真总结经验，不能遇到一次失败就垮了。

一方面，钱学森在现场分析会上鼓励大家正确对待试验成败。他指出：科学试验如果每次都保证成功，那又何必试验呢？那就制造出来直接拿去使用就可以了。所以，不要怕失败，失败了，总结经验教训，再重来。经过挫折和失败，会增长才干，变得更加聪明。取得成功是锻炼；遭受失败，同样可以得到锻炼，而这种锻炼则更为重要，更为宝贵。大家要从遥测、光测参数中加以分析，找到设计的不足之处。要加强地面试验。

另一方面，钱学森在事故现场工作10天后返京，向聂荣臻汇报和检讨："我们没干好，对不起国家。我是技术总负责人，我有责任。"聂荣臻知道钱学森的压力，一再安慰道："第一次发射没有成功，我看是正常的。常规武器，一门大炮还要经过打几百发、甚至几千发的试验，何况导弹这样复杂的尖端武器呢。如果一下子就成功了，我倒不放心了。""不要紧，这次没搞好，下次会搞好，真金不怕火炼，不要怕失败。"

事实上，"东风二号"导弹首次发射失利，让钱学森处在了风口浪尖上。有人对钱学森产生了怀疑，甚至加以非议和指责。聂荣臻的秘书柳鸣回忆说：当时有些人就说钱学森单独搞这个东西，好像没有和工业部门结合在一起，有人还写文章批评这是分散主义。还有人说，这是从研究到设计，从图纸到资料，是纸上谈兵。有的人甚至说，有出息的科学家应该到生产第一线去。当时什么传言都有。关键时刻，聂老总又站到了钱学森的前面，替他挡住了种种指责，树立了钱学森的威信。聂老总给院里做工作，说钱学森是科学家，不是工程师，不是说哪个具体的技术问题，他不是解决这个问题的，要着重看他定的方向、趋势，不能拿着他当一般的工程师去使用。

经历了"东风二号"导弹发射失败，聂荣臻反而给了钱学森更多的信任、更多的保护，为钱学森专心致志工作排除一切干扰。

返京后，钱学森组织故障调查，经3个月努力，做出全面报告。该报告除了技术故障分析外，也反思了科研管理问题，为航天系统工程管理提供了宝贵经验。此外，钱学森特别提出"把故障消灭在地面"，这也成为我国导弹与航天器试验中的重要原则。

1962年，技术人员在研究改进"东风二号"设计方案

"东二"发射失败使五院领导深刻反思管理问题。在钱学森"系统"管理理念指导下，1962年11月8日《国防部第五研究院暂行条例》颁布试行。该条例核心内容主要有三项：

一是建立健全两条指挥线，即以总设计师为首的设计师系统（技术指挥线）和以行政总指挥为首的行政指挥系统（行政指挥线）。两条指挥线既有分工又密切配合，既保证了技术决策的科学和民主，又保证了决策计划的有效执行和实施。此后，从导弹、火箭到人造卫星、载人航天，我国每一个型号研制任务都有健全的两条指挥线。这一管理网络一直卓有成效地运转，成为中国航天富有特色的组织管理形式。

二是建立总体设计部。型号总体部是总设计师领导型号设计工作的参谋、顾问、执行和服务机构。总体部设计的是系统总体方案，以实现整体优化为目标，协调分系统之间及其与总系统之间的关系。总设计师主要通过它来领导整个型号的设计工作。自1964年以后，国防部五院组建了若干型号研究院，提出"以型号为目标，以专业为基础"，建立了科研与生产相结合的管理体制，每个型号研究院都设置了总体设计部（即总体部）。我国"两弹一星"的成功实践证明，建立总体设计部是一种非常有效的管理思想和方法。对于这一成功经验，周恩来生前曾希望把它推广到国民经济的重大工程建设上去。

三是建立科研生产计划协调管理系统。在钱学森的倡导下，五院建立了总调度室，统管科研生产计划协调管理。总调度室是总指挥的日常办事和执行机构，是航天工程计划与协调措施的科学性和人、财、物调度权力的体现者。1962年，钱学森提出将美国海军特种计划局于1958年底研制北极星导弹核潜艇武器系统时运用的新型管理方法"PERT"应用于我国导弹总体研制工作，并把这套管理技术定名为"计划协调管理技术"。据此，国防部五院将在科研管理中原先使用的线条调度管理图改为网络流程图。随后，在钱学森的积极倡导下，制订网络流程图的方法被广泛运用于航天部门的各级计划与工程任务中，大大提高了工作效率。网络流程图为两条指挥线提供了按型号研制规律办事的依据，成为两线合力推进工作的优质纽带。

钱学森将总设计师系统的技术协调与计划协调密切结合，并将其提炼升华为航天系统工程的组织管理体制。钱学森归纳说："两个各有专职的系统，技术指挥系统和调度指挥系统，两个系统、两组指挥员都向部门的领导负责，在部门领导的领导下亲密协作，搞好一个型号、一个产品的研制工作。这就是我国通过国防尖端技术、导弹核武器和人造地球卫星研制工作逐步形成的大规模科学技术研制

秘密

1950

國防部第五研究院暫行條例

（草案）

1962年11月

《国防部第五研究院暂行条例（草案）》

工作的现代化组织管理体制。"

从这次失败中催生的《国防部第五研究院暂行条例》系统地总结了五院建院以来的工作经验，集中地体现了当时航天科技工程的科学管理成果，使五院的各项工作进一步走向正规化、科学化，被誉为科学工作的根本大法，为我国后续导弹与航天型号研制探索科学有效又符合中国特色的航天系统工程管理模式奠定了基础，使我国航天型号研制从此避免了总体技术方案的失误。

"东二"首次试验失利后，技术总负责人钱学森肩负巨大压力，在党的支持下领导故障分析小组总结经验、吸取教训、修改方案、攻坚克难。总体设计部与各分系统设计单位经过两年多的拼搏，完成了4类17项试验。1964年6月29日，改进后的"东风二号"试射成功，中国第一枚国产中近程地地导弹由此诞生，标志着中国的导弹技术走上了独立研制的道路。

"东二"试验成功后，发射场最高技术负责人钱学森与现场总指挥张爱萍热烈拥抱

• "两弹结合"试验成功前后

1964年10月16日中国第一颗原子弹爆炸成功后，美国和苏联嘲讽中国"有弹无枪"。美国从实现第一颗原子弹爆炸到发射载有核弹头的导弹用了13年，苏联用了6年。其时美国国防部部长麦克纳马拉预言中国5年内不会有运载工具，并推断中国至少要在10年后才能掌握导弹核武器。

钱学森作为"两弹结合"试验技术总负责人，在重任与压力下率领科技人员协作攻关。2年后，中国人就打破了这一预言。

1966年10月27日，时任第七机械工业部副部长的钱学森协助聂荣臻组织实施我国首次"两弹结合"发射试验并获得成功。这标志着中国有了能用于实战的核导弹。

当天《人民日报》发行号外，向人们宣布"我国发射导弹核武器试验成功"。这一天，举国欢庆。可在基地的庆功宴上，因"文化大革命"造成观点分歧的七机部参试人员不愿坐到一起举杯庆贺，只有钱学森等少数人陪同聂荣臻在宴会厅里。

1966年"两弹结合"试验前，钱学森（左一）、邓稼先（左二）、朱光亚（左三）在北京天安门城楼上参加国庆观礼

人们庆祝我国导弹核武器发射试验成功

年初刚刚成立的七机部主要负责导弹、火箭的研制。在当时，七机部除了"八年四弹"的地地导弹研制任务外，还有地空导弹、岸舰导弹、人造卫星运载火箭和反导弹系统等各个型号的研制任务。在"两弹结合"试验完成后的一个多月，"东风三号"中程地地导弹也即将迎来首次遥测弹的出厂飞行试验。这些任务的最高技术负责人就是钱学森。面对分成两派的七机部人员和宴会厅里的局面，彼时的钱学森和聂荣臻一样，在高兴之余也有着深深的忧虑。

• "很可惜，我们比日本慢了一步"

1969年11月16日，"东风四号"中远程导弹（两级火箭导弹）在酒泉试验基地点火升空。该型号将作为"长征一号"（"东方红一号"卫星的运载火箭）的一、二级火箭，若发射成功，意味着中国很可能在1969年底1970年初以前先于日本发射卫星；但因火箭控制系统出现故障，发射失败。这对钱学森等人打击极大，因为这意味着卫星发射将推迟，落后日本几成定局，就如同输了比赛最关键一局。

"东风四号"导弹发射试验

当时世界最大的几家新闻媒体，几乎同时向全世界发布了这条新闻。日本获悉中国火箭试验失败的消息后，不禁窃喜，因为其有可能赶在中国之前发射卫星。而美国出于政治目的，乘机向日本提供了运载火箭的关键部件"陀螺仪"，即火箭飞行中制导与稳定的装置。

火箭试飞失败后，科技人员顶住压力继续进行第二枚两级火箭的试飞。1970年1月30日，距离失败后仅两个多月，第二枚试验火箭（即"东风四号"导弹）发射成功。2月4日，"长征一号"运载火箭从总装厂启运。

然而，一周后的1970年2月11日，日本第一颗人造卫星"大隅号"发射成功，先于中国上了天。仅仅两个多月后，4月24日中国成功发射第一颗人造地球卫星。

"东方红一号"卫星发射的成功，开启了中国航天史的新纪元。在举国欢庆

1970年4月26日，《人民日报》号外发布我国第一颗人造地球卫星发射成功的新闻

1970年4月26日，北京第二轧钢厂工人在天安门广场欢庆我国第一颗人造地球卫星发射成功

的时刻，钱学森在开心之外，比别人还多了一份歉意、可惜与思虑。在庆祝大会上，他做出检讨：很可惜，我们比日本慢了一步。卫星发射的时间一再推迟，作为国防部五院、七机部的领导成员，自己负有不可推卸的责任。

当时的酒泉基地运修站职工、高级技师孔继明记得，钱学森讲自己愧对大家，讲中国的人造卫星上天应该是第三个国家，争取第四个是绝对有把握的，结果我们是第五个，落在了日本以后。①

此外，让钱学森思虑的是，一年多前的1969年1月16日，苏联发射的重达7吨的"联盟4号"和"联盟5号"载人飞船在空间对接成功，实现了人类历史上第一次空间交会对接；随后的1969年7月21日，美国又发射了近46吨重的"阿波罗11号"载人飞船，实现了人类首次登月。此时中国的第一颗卫星才刚刚发射成功，下一步该怎么走？中国卫星研制与应用事业该如何发展？

在钱学森的构想里，中国卫星发展要经过三个步骤，"第一能上去，第二能回来，第三占领同步轨道"；走完这三步棋，中国近地卫星的基础技术就都掌握了。中国人造卫星技术和深空探测技术的开拓者之一，中国科学院院士、"两弹一星"元勋孙家栋说：

> 他有个完整思想。发射基地、火箭、卫星、测控网，这四件事情要通过我们国家第一颗卫星，要完整地把这个基础建设起来，这四个系统工作要协调，使得队伍建设起来以后，会研制自己的卫星，能把自己的卫星发射出去，卫星上了天以后，我们能管理得了，将来我们还要会用我们自己的卫星。

20世纪60年代，在钱学森的倡导下，亚洲最大的风洞群开工建设；70年代，在钱学森的提议下，中国远洋测量基地开始筹建，以西安卫星测控中心为

---

① 此前先于中国发射的四颗人造地球卫星分别是：1957年10月4日，苏联发射的世界上第一颗人造地球卫星"伴侣一号"；1958年2月1日，美国发射的"探险者一号"；1965年11月26日，法国发射的"试验卫星一号"；1970年2月11日，日本发射的"大隅号"。

代表的测控网络也开始在全国范围动工布局。这些具有前瞻性的部署，为中国将来的航天事业快速发展，打下了坚实基础。中国航天事业按照钱学森的构想，一步步向前发展。1971年，"实践一号"科学探测卫星发射成功。1975年，中国成为继美国、苏联后，第三个有能力自行研发及发射返回式卫星的国家。"神舟"系列载人飞船正是以返回式卫星系列所累积的大量经验为基础而发展出来的。

因此在钱学森看来，"东方红一号"发射成功，是中国航天事业向前迈出的第一步，就如他引用毛主席的话："夺取全国胜利，这只是万里长征走完了第一步。如果这一步也值得骄傲，那是比较渺小的，更值得骄傲的还在后头。"

动荡之中

1966年，正当"两弹结合"事业进入到关键时期，一场政治风暴不期而至，"文化大革命"让中国导弹航天事业受到了干扰。在这一时期，钱学森受到了毛泽东、周恩来的点名保护，他回忆道："'文革'期间，周总理仍然抓住这项工作不放，别的工作乱了，做不了啦，但'两弹'的工作一直没停。"

然而，钱学森也遇到了巨大的困难。一是导弹航天器型号研制环境与秩序受政治运动影响被严重破坏。这使钱学森所主持制订的一些重要计划被迫延期完成，如1965年所制定的《地地导弹发展规划》（即"八年四弹"规划）的最终实现推迟了八年，又如钱学森原本设想我国首颗人造地球卫星的发射能实现"保四争三"，最终却落后于日本成了第五名。二是周遭同事好友的遭遇给钱学森内心带来的影响。尤其在1968年，姚桐斌、赵九章、林鸿荪先后离世，挚友郭永怀也在这一年因公殉职，李佩、罗时钧、庄逢甘、罗沛霖等都在这一时期受到了较大冲击。对于钱学森来说，或许继续肩负使命、推进国家的航天事业成了他最坚强的信念与力量。钱学森的秘书涂元季曾说："他是非常非常地谨慎处事，所以这几十年走过来，他不仅没有倒，而且还成了优秀的共产党员，那也不容易啊。……当然中央很保护他，他自己也很注意处理各方面的关系，甚至注意自己的言行，要跟中央保持一致。"①

在这一时期，钱学森正因为受到党中央的保护，从而能够继续领导着"两弹一星"的科研工作，在被打乱的工作环境与秩序中发挥着与众不同的特殊作用，例如组织各方人员开展"东风三号"试验故障分析的串联会、"东风四号"和"长征一号"研制的动员大会，对研制人员做思想工作以消除派性干扰，亲自协调发动机试车等，从而推进了相关工作的开展。

有时，钱学森也要充当"现场急救队员"。1969年3月，"东风四号"中远程导弹在酒泉试验基地进行了3个月的合练，钱学森和任新民在发射场当起了"救火队员"。"文革"中生产环境与秩序被打乱，管理制度被严重破坏。为了赶进度，有的车间硬行组装，插头插不进插座，就用电烙铁焊上。任新民回忆道："打'东风四号'在发射场最苦的事情就是，全弹测试时元器件、电路系统毛病太多，拿下这关不容易。"发射试验人员遵循"把故障消灭在地面"的原则，反复进行分系统和全弹地面试验；从1967年至1969年，除常规静力、振动试验外，对新研制的各系统和结构进行了20多项大型试验，包括6次全弹试车和简易试车，取得了丰富资料。

"文革"时期，正是我国导弹航天事业发展中科研任务较为密集、紧要的关键时期。此间钱学森既要解决工程技术问题，又要考虑复杂的政治因素，身上的责任与压力是巨大的。我们可以从"东方红一号"卫星研制中的

"东风四号"导弹

① 欧阳聪权：《科技与政治视域中的钱学森研究》，中国人民大学博士论文，2011年。

1973年，钱学森在飞往酒泉试验基地的专机上

两个故事中看到钱学森的一些经历。我国第一颗人造地球卫星自1958年预研，1965年被列为国家任务，拟于1970年发射。受"文革"冲击，1968年2月，原由赵九章等领导的中科院"651"设计院总抓的卫星研制任务及有关人员、设施、成果全部移交国防科委新组建的空间技术研究院。首任院长钱学森推荐孙家栋任技术总负责人，并建立卫星总体设计部，继续开展研制任务。

1969年，周恩来在中央专委会上定调："'651'总抓，由国防科委负责，钱学森参加"，"由钱学森负责卫星、运载火箭和地面系统三个方面总的技术协调和组织实施工作"。这是对钱学森的高度信任，也是对受保护的他委以重任。面对研制任务大调整、与日本的竞争、"文革"的影响以及国家的重托，按期完成首颗卫星任务成为钱学森及研制人员身上的一副重担。

1965年10—11月召开的中国第一颗人造卫星总体方案论证会（"651"会议）确定我国第一颗卫星为科学探测卫星。当时国防科委副主任罗舜初还表示，第一颗卫星"必须首先考虑政治影响"，贯彻毛主席"初战必胜"战略思想。会议定下首颗卫星目标为"上得去，抓得住，听得到，看得见"。后因

"文革"影响，卫星研制工作调整后，1967年春，在钱学森领导下，为实现研制目标，遵照聂荣臻"尽量简单，尽快上天，达到基本目的，掌握技术"的指示，卫星总体技术总负责人孙家栋提出修改简化方案，决定将"科学探测卫星"改为"工程卫星"，并特别为"听得到""看得见"删去部分项目。对此有人反对，钱学森劝说道：中国第一颗卫星在一定意义上是颗"政治卫星"，让全世界"看得见""听得到"是它的使命，一切要服从大局；不是废除原方案，而是把原方案分两步走，先用最短的时间实现卫星上天，再在此基础上发射科学探测卫星。

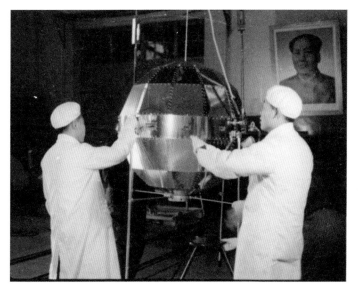

"东方红一号"卫星

1970年4月14日，"东方红一号"卫星发射倒计时第10天，钱学森正思考有关卫星播放《东方红》乐曲的问题。此前有人提出若发射失败，乐曲播放可能成为政治笑话，影响国家声誉。对此，钱学森想到用"过载开关"控制。万一发射失利，开关将切断卫星电源，避免误唱。但有人又质疑开关自身若发生故障，可能适得其反。一时间，围绕要不要过载开关出现了争论。复杂的政治因素和技术问题掺杂在一起，困扰着钱学森。国防科委曾将该问题报中央审批，却未得回复。钱学森心中焦急。当晚，他在汇报会上请周总理定夺。周恩来表态：如果火箭、卫星可靠，开关可以不要，待报告中央后再作通知。4月16日深夜，周恩来亲自致电国防科委："中央同意摘掉'过载开关'，并批准火箭、卫星从技术阵地转入发射阵地。"

"东方红一号"卫星的音乐装置

这一时期钱学森的经历正像宋健所言："由于钱学森担负责任的重大，'十年动乱'期间，受到了毛主席周总理亲切而有力的保护，在极其困难的条件下得以不间断地履行职责减少了航天事业的损失，领导航天部门继续取得新成就。在那高处不胜寒的年代，浑噩中的迷惘，风云突变的惶遽，直言和喏嚅之失衡，科学逻辑与'政治运动'的碰撞以及'研讨厅'习俗与政治传统的冲突等，他都碰到过。得益于周总理的指导，使他摆脱世间烦扰，专心致志于科学和技术工作。"①

决策之际

发展导弹与航天事业是中国共产党领导下的国家行为，背后是党、国家、人民的托付和期许，其中每一个决策都事关重大。作为技术主帅，钱学森不

---

① 宋健：《中国发展科技事业坚定的旗手》，载郑成良编著《民族之魂——人民科学家钱学森的精神风采》，上海交通大学出版社，2009年，第21页。

仅领导制订一些宏观的科研及工程规划，也需要在许多具体的技术问题上做出决策。决策意味对成败负责的担当，既要以国家需求为重，又要符合科研工作的内在要求，这是相当复杂的协调工作。而面对难题和决策，钱学森所点过的头、签过的字、做出的判断，无不体现出他的担当、智慧、决断和党性。

在宏观科研与工程规划上，钱学森的主要贡献包括主持制定导弹发展规划、谋划卫星发展蓝图、拟定重大航天技术预研项目、规划空气动力事业发展蓝图，以及筹划载人航天事业起步等方面。火箭专家、中国科技大学教授黄吉虎说："现在搞登月也好，搞绕月也好，搞载人也好，都是按照钱先生当时给我们讲课的那样一步一步走的。"

在宏观规划与决策中，钱学森作为技术主师却不只看到技术，而总是能站在更高的层面、更大的格局上，在国情需求、国际格局、时代变化与发展前景等多个综合因素中看待问题。面对已有的历史经验，面对科技发展先进的美国或苏联的路径，钱学森从不轻易跟从，总是眼光独到地把握中国的实际情况，抓住问题的根本与关键，在许多事关国家发展命运、不容失误的战略决策上，发挥着他的关键作用，引领第一代中国航天人探索、发展属于中国自己的航天路。

- 优先发展飞机还是导弹？

1956年3月，钱学森担任《1956—1967年科学技术发展远景规划纲要》草拟综合组组长，并和任新民、沈元、王弼等一起主持制订了第37项任务《喷气和火箭技术的建立》规划。该规划说明书中指出："喷气和火箭技术是现代国防事业的两个主要方面，一方面是喷气式的飞机，一方面是导弹。没有这两种技术，就没有现代的航空，就没有现代的国防。"但在当时有限的条件下，该优先发展飞机还是导弹？这引来一场很大的"飞机与导弹"之争。

当时，许多人对导弹还没有清楚的概念。苏联的人造卫星还未上天，洲际导弹技术也未成功，导弹能否成为国防利器尚未得到公认。而中国的科学技术较为落后，能否发展导弹技术，会不会犯战略决策的错误，这些疑问都悬而未决。另外，中国的军事将领们对刚结束的朝鲜战争中美军飞机有恃无恐、横扫四方，占据绝对制空优势的情景记忆犹新，他们深刻认识到了飞机在战争中的重要作用。因此，部分工业和军事部门的人员提出应重点发展飞机，以巩固我国空防。

钱学森却态度鲜明地反对优先发展飞机，而提出应优先发展导弹。当时极力主张飞机优先的空军司令员刘亚楼对此颇为吃惊——作为航空气动方面的专家、航空专业博士，钱学森在发展我国飞机制造业中将大有用武之地，怎会反对首先发展飞机呢？且钱学森自己也曾说过："从航空的历史来看，导弹是五十多年来飞机发展的自然结果。"但他依据国情需求、两者技术难度与价值潜力，主张中国应优先发展导弹。他从以下三方面进行了分析：

首先，从当时国情来看，他认为短期内我国不可能在发展飞机上取得快速突破。钱学森分析，飞机的难点在材料，而这在工业基础十分薄弱的中国不是短期内能解决的；飞机要上人，所以对可靠性、安全性和可重复使用性都有很高要求，需要长期攻关；飞机还涉及复杂的飞行员训练、地勤空勤等庞大的维护保障系统，均需长期经验积累。我国航天事业的开创者之一任新民后来回忆说："钱老看问题看得很深，当初我国搞战略规划时，面对航空和航天怎么投入？钱老说，搞航空一定要解决长寿命的问题，要解决人的安全问题，这是个难题，一下子搞不出来，但导弹我们可以尝试，我们资源有限，不能四面出击，所以他主张先从导弹搞起。"

其次，从战略博弈角度分析，发展导弹是战略取胜的捷径。中国当时首先要解决如何不挨打以及如何还击敌人的问题。导弹在飞行速度和距离上都远远超过飞机，在防御和攻击方面都有优势。在技术上，导弹技术并不比飞机更难，研制进度会快得多，且是一次性使用，比飞机问题要容易解决得多。发展导弹技术唯一的难题是制导问题，但这在短期内可以突破。如果中国从导弹入手，几年之内国家防空问题可以解决，不挨打和还击敌人的问题也可以解决，这便赢得了与对手战略抗衡的时间，有利于航空工业积累经验稳步发展。航天工作者陈中青说："当时摆在钱学森面前的，一方面是新中国国防安全急迫需要，一方面是十分薄弱的航空工业基础。如果按照外国航空航天的发展模式，中国若等待现代化航空工业发展起来，再抓火箭、导弹技术，那就不知要等到何年何月，这条道路显然不适合形势的需要。"

最后，从国防发展趋势看，导弹结合核武器是必然之路。钱学森以一个火箭科学家的职业敏感，意识到国家如果要搞原子弹就离不开导弹，只有"两弹结合"才能真正形成强大的战斗力和威慑力。钱学森还指出，火箭、导弹技术的发展将彻底改变现代战争的模式，导弹可以从地面、地下、空中、水下或机动装置上发射出去，是赢得未来战争的战略性武器。而今后中国人还要走出地球，搞星际航行、开发宇宙资源、和平利用外层空间，这些都离不开火箭技术的发展。

归国时的钱学森，已是集航空航天科技理论、战略规划、工程实践和科学管理于一身的著名科学家。他曾参加美国早期火箭导弹的研制工作，在火箭导弹技术的总体、动力、制导、气动力、结构、计算机和质量控制等各专业领域

1956年5月，全国"十二年科学技术发展远景规划"编写小组开会讨论规划纲要（左三为钱学森）

积累了丰富知识和经验。因此，钱学森对中国该不该优先发展、能不能独立发展火箭导弹技术的判断是有科学依据和清醒认识的。他说："我们不走美国发展的道路，也不走苏联的道路，而要走我们自己的道路，我们可以迎头赶上世界先进水平。中国人民完全有能力自力更生制造出自己的导弹。"

经过多次讨论，钱学森的意见最终被接受。"喷气和火箭技术的建立"被列为规划的57项重点之一。

在今天看来，这一决策显现出了当时的预见对后来的深远影响。钱学森善于根据国家的总体部署和要求，通过战略谋划和顶层设计来引领国防科技发展，这一能力奠定了他作为战略科学家的非凡地位。

● 第一颗卫星发射成功后，下一步怎么走？

1968年2月20日，中国空间技术研究院正式成立。时任七机部副部长的钱学森兼任中国空间技术研究院首任院长。当时，他一手抓"东方红一号"卫星发射任务，另一手开始抓空间技术发展的长远规划，特别是"空间技术为国防服务"的规划。钱学森再次以战略科学家的气魄和胆略，先后领导与主持制订了空间技术研究院《人造卫星、宇宙飞船十年发展规划（草案）》（1968年5月30日上报国防科委）和《第四个五年发展空间技术计划设想》（1970年7月30日上报国防科委和七机部）。钱学森晚年谈到制订大规模科学技术研制工作的指导方针时说："大规模的科学技术研究工作不能不搞。当然，我们的国力有限，不能什么都搞。而要有选择地搞，只搞那些我国现阶段发展必需的。"

在这些规划设想中，钱学森已基于国情全面提出了卫星三步走的近期发展战略：第一步，集中力量确保"东方红一号"卫星研制任务按时完成；第二步，进行返回式卫星的设计工作；第三步，按照用户要求，抓通信卫星和导航卫星的方案论证工作。

孙家栋在回忆制订规划时说：

> 钱老以他的远见卓识带领我们制订了正确的发展规划，避免了走

弯路……钱老在卫星发展上思路非常清楚，"东方红一号"重点解决工程问题，把队伍带起来；科学探测卫星打成后，马上先搞急用的、实用的，上马返回式卫星；返回式卫星解决后，再进入同步定点轨道，搞通信卫星。……走了这三步棋，近地卫星的基础技术我们就都掌握了。这思路今天说起来好像很简单，但在当时很了不得。

除了美、苏、中，至今还没有哪个国家搞返回式卫星，不是他们不需要，而是不敢搞。敢不敢跨过这一大步，做这个决策，需要一定的物质基础，更需要智慧和勇气。当时，我们第一颗卫星打成，讨论下一步怎么走时，大家七嘴八舌，争论不休，意见不统一，就不好办。钱老拍了板，使大家折服，把意见统一起来。大家齐努力，一步一步都干成了。我们在20世纪70年代那么差的条件下居然很快地将返回技术掌握了。今天我们用自己造的飞船把中国人送上了天，实现了中华民族的千年梦想，这也与当年钱老领导我们解决返回技术有直接的关系。

● 我国载人航天事业重启，是研制航天飞机还是飞船？

我国发展载人航天工程的规划与讨论起始于20世纪60年代。到1968年，我国第一个载人航天工程——"曙光一号"载人飞船项目开始了方案研究；1970年7月14日，经毛泽东等中央领导批准后，该项目正式进入型号研制阶段，代号为"714"工程。此后，受到国家政治、经济等多方面因素影响，研制工作减缓；1975年3月，国防科委正式宣布"714"工程暂停，只保留核心技术的跟踪研究。

20世纪80年代中期，苏联、美国等国家掀起了一场以发展经济、科技为重点，带动军事力量发展的高技术竞争。面对这场争夺高技术发展战略高地的激烈竞争，1986年3月5日邓小平批准了王大珩、王淦昌、杨嘉墀和陈芳允四位科学家提出的《关于跟踪研究外国战略性高技术发展的建议》。随即，中央组织数百位专家反复论证，形成了著名的"863"计划，包括生物、航天、信息、先进防御、自动化、能源和新材料等7大领域和15个主题项目。"863"计划的横空出世，改变了当时中国科技发展的徘徊状态，使中国科技发展找到了明确的方向和目标。1987年2月，该计划中的第二大领域，即航天技术领域（简称"863-2"领域）成立了专家委员会，下设两个专家组，研究两大主题项目：一是大型运载火箭及天地往返运输系统，代号"863-204"，主要解决往返于天地之间的工具问题；二是载人空间站系统及其应用，代号"863-205"，目标是建设空间站，开展空间科学研究。

我国载人航天工程正式重启后，一场争论随之而来，即对于项目"大型运载火箭及天地往返运输系统"中的运输工具产生了激烈争论。当时国际上已有先例的两种方案是宇宙飞船和航天飞机。此前，苏联和美国的首次载人航天之旅都选用飞船，其技术也臻于成熟。但20世纪60年代起，两国均开始研制航天飞机，欧洲、日本也跟随其后。到20世纪80年代，各国航天飞机的研制与发射竞争激烈。1981年4月，美国"哥伦比亚号"航天飞机首飞成功；苏联"暴风雪"号航天飞机也于1988年11月首飞成功。那是航天飞机最光辉的时代。于是，在我国这一项目论证中，航天飞机方案呼声极高。在1989年9月28日第五期《国家航天办简报》上，钱学森看到了运载火箭技术研究院高技术论证组于8月24日写给国家航天领导小组的信，信中坚持认为"航天飞机方案"优于"飞船方案"，理由是：载人飞船已处于衰退阶段，起点过低；而航天飞机代表世界发展潮流，具有明显经济优势，更适合我国国情。国家航天领导小组办公室在给中央写报告前希望征询钱学森的意见。钱学森认真地在报告上写下"应将飞船方案也报中央。"短短一行字，迅速改变了几近敲定的航天飞机技术路线。

钱学森给出的意见虽短，但背后的思考却极为深刻且高瞻远瞩。实际上，就在钱学森看到论证报告前，"863-2"领域首席科学家屠善澄应国家航天领导小组办公室主任丁衡高的要求，于1989年8月12日专门向钱学森请教此事。钱学森当时虽已退居二线，但他经历了中国载人航天从1967年提出"把载人航天的锣鼓敲起来"，到1970年开始的"714"工程，再到1989年的"863-2"论证这22年中的几番沉浮，他立即洞察到了争论中问题的实质。钱学森谈了五方面的意见：

一是载人航天技术途径的取舍，应放在与国力相称及国家利益最大化的天平上来权衡。钱学森说："我想美、苏在载人航天方面都会搞不下去的，财政上承受不了。他们这种情况和教训，应引起我们的注意和思考。我们穷得多，再模仿他们走过的道路，恐怕是不行的，与国力不相称，这是大问题，要研究。""我们的钱要真正用在刀刃上，决不能乱花钱。"

二是，1986年1月美国"挑战者号"航天飞机凌空爆炸、机毁人亡的事实，也加深了钱学森对载人航天难度和风险的认识。他提醒决策者不要头脑过热，应认真吸取国外的经验教训，避免重蹈覆辙。

三是提出要深谋远虑，深入研究诸如"人为什么要上天"之类的大问题，为国家拿出一个论据充分的长远规划，而不要在细节问题、具体技术上纠结争论。钱学森说："我们'863-2'计划的讨论从科技发展趋势去考虑和预见问题不够。这样的大问题，目光短浅不行，要考虑世界政治、政治结构，下世纪的发展是什么趋向。""人送上天，到底干什么？""人上天到底对国家起什么作用？空间生产可以干些什么？划得来，划不来？……我的看法是这些大问题要研究。"

四是指出，纵观历史，任何国家的航天活动都是国家行为，所以中国载人航天也应是国家最高决策，由中央决定。钱学森说，国家决策部门对载人航天应有一个新的看法，我国的航天技术可以发挥很大作用，搞得好了，可以大大促进社会主义建设，在提高国力方面领先于世界；要从这个政治高度来考虑，这个问题可以说是在21世纪决定胜负的关键问题。从国家来看，我们应抓这件事，其效果应是震惊世界，这也是伸张国威。要明确国家的导向，专家委员会根据导向来做工作。

五是明确对"863-204"项目采用宇宙飞船还是航天飞机的争论进行表态。屠善澄问钱学森："假如要人上天，飞船作为第一步，您的意见是什么？"钱学森回答："假设要人上天，第一步可以是这样。"又补充说："如果说要搞载人，那么用简单的办法走一段路，保持发言权，也是可以的。"

钱学森对这场争论从技术上给予了明确的结论。在他看来，决定载人航天能否重新启动的关键，并不在于两种方案技术途径的孰优孰劣，而在于国家经济和技术的实力能承受哪一种；关键也不在于把眼前的争论定个是非，而在于从国家的利益和可能出发，拿出一个可行的、可持续发展的顶层计划。因此，他支持载人航天从飞船起步。在钱学森的建议下，航空航天部组织了"航天飞机与飞船的比较论证会"，专家们逐渐取得一致意见，中国的载人航天工程要从飞船起步。1992年1月，中央专委专门研究我国载人航天重大专项，会议决定："从政治、经济、科技、军事等诸多方面考虑，立即发展我国载人航天是必要的。我国发展载人航天，要从载人飞船起步。"1992年9月21日，凝聚国家领导人和钱学森等科学家群体心血与智慧的中央专委《关于开展我国载人飞船工程研制的请示》得到党中央批准，中国载人航天工程正式进入研制阶段。

钱学森再次在历史发展的关键时刻，扭转中国载人航天技术路线，起到一言九鼎的作用。再看另一条道路的后续发展，20世纪末，俄罗斯和欧洲在技术、安全和经济等多重压力下，纷纷放弃航天飞机计划。2010年9月，美国航天飞机的最后一次飞行，宣告了美国"航天飞机时代"的正式结束。可见，钱学森的眼光是锐利的，党中央决策研制载人飞船而不是航天飞机是完全正确的。如

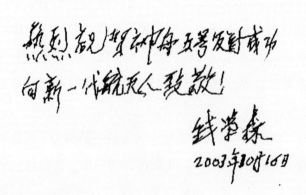

钱学森的手写贺词

2004年元宵节，执行载人航天飞行任务的"神舟五号"航天员杨利伟探望钱学森

今，中国航天已后来居上。[①]2003年10月15日，"神舟五号"载人飞船发射成功。10月16日，92岁的钱学森亲笔写下贺词："热烈祝贺神舟五号发射成功，向新一代航天人致敬！"

作为科技主帅，钱学森虽不用做具体的型号设计与研制工作，但实际上，在许多技术攻关的关键时刻或争论之中，在他人难以解决和把握的问题上，钱学森一次次出马拍板与解决。涂元季曾说："当时五院，就是老一辈的科技人员也好，甚至行政人员也好，当时大家有一个共同的口头禅，当你遇到了困难，技术上的最大的问题，在我们这个层次都解决不了的时候怎么办，找钱院长。"

• "钱老和专家们说我的意见有道理，支持了我"

1965年，在确定"东二甲"导弹全弹地面试验次数时，总体设计部内出现分歧。"东二甲"主任设计师钱振业回忆道：

---

① 黄庆桥：《科技重塑中国》，上海交通大学出版社，2018年，第4—13页。

钱老对有不同意见人的态度，从不考虑这个意见是谁提的，提意见的态度怎么样，在这一点上，他给我的印象太深刻了。在"东风二号甲"导弹全弹试车的讨论会上，大多数专家认为应当做2次试验，而我就主张做1次。第二天，钱老要来听汇报，总体部党委叫我参加。我这个人脾气不太好，我进去以后就背对着会场坐。钱老见了，就问："小钱，这是怎么回事啊？多不礼貌啊，你有什么意见可以说嘛。"我说全弹试车，"东二"已经试验了8次，现在"东二甲"只是改型，程序一点都没变。全弹试车是检查系统的，而不是发现偶然性事件，如果是偶然性事件，那么2次不行，4次也不行啊，要靠大量的统计数据。当时我的态度很不好，不仅背对着桌子坐，而且在笔记本上画了一张嘴巴，嘴巴上贴了一个封条。但钱老并不计较，让我转过身来，把理由说清楚。我又说了一遍，而且说1次试车就要花50多万元。钱老就让大家讨论，最后，钱老和专家们说我的意见有道理，支持了我。

"东风二号甲"导弹被运进靶场实施"两弹结合"试验

● 一个人签名的发射报告

"东风三号"是我国第一枚真正完全自行设计研制的中程导弹。1966年底1967年初，"东风三号"01批次第一、二枚遥测弹飞行试验并不理想。1967

年5月19日，修改后的第三枚导弹进入发射程序后，氧化剂贮箱出现严重变形现象，导弹像个"糖葫芦"。当时基地试验人员都不同意再进行发射。试验队对故障进行仔细研究后，认为导弹在靶场是可以修复的，在向孙家栋进行汇报后也得到了导弹可以发射的意见。但在现场仍存在不同看法，发射试验难以继续。

在这种困难情况下，周恩来、聂荣臻指派钱学森赴基地处理问题，主持发射试验。5月24日，钱学森到达基地后，立即召开分析会，听取各方意见，并爬上发射架察看箱体外壳情况。钱学森认为，壳体变形并未达到结构损伤的程度，导弹点火前贮箱会充气，箱体就会恢复原状。凭借早年在美国时期研究壳体屈曲问题的学术基础，钱学森胸有成竹地判断发射可以照常进行。

按当时试验规定，导弹发射必须要有三个人的签名才能放行，包括负责发射工作的基地作战试验部部长、导弹研制单位负责人和基地司令员。当时作战试验部部长和基地司令员虽然觉得钱学森分析得有理，但仍出于担心而不愿签字。钱学森在多次劝说无果的情况下，毅然表态："这枚导弹现在的质量可以放心，这个名，我来签！"最终，只有一人签名的发射报告得到了聂荣臻的同意，他表示："既然技术上由钱学森负责，他说可以发射，我同意。"1967年5月26日，"东风三号"导弹飞行试验取得成功。聂力回忆说："这件事让钱学森记了一辈子。因为他觉得，父亲真正做到了'技术上由你钱学森负责'。"

这份"一个人签名的发射报告"凝聚的正是钱学森的智慧、担当，以及党的领导给予这位科学家的实实在在的信任和支持。

• 返回式卫星飞几天回收？

1975年11月26日11时30分，由"长征二号"运载火箭携带的我国首颗返回式卫星发射升空。当晚，钱学森等立即飞赴陕西渭南卫星测控中心。26日深夜，卫星测控中心大厅百余人齐集一堂，对回收预案展开激烈争论：有人担心卫星元器件质量问题，主张飞1天后回收；有人主张飞2天后回收，既确保卫星完成全过程飞行，又避免1天回收的缺陷；第三种意见认为卫星飞行中各系统均

"长征二号"运载火箭首次成功将我国第一颗返回式卫星送入预定轨道

钱学森在返回式卫星发射试验期间到任务现场视察工作

工作正常，应按原定计划飞行3天后回收。钱学森没有马上表态，而是找卫星控制系统专家杨嘉墀、测控系统专家陈芳允谈话，仔细了解了卫星运行情况后，于次日清晨表示支持第三种意见，并做好第二天回收的应急备份方案，从而平息争

返回式卫星回收现场

论、统一了思想。经国防科委主任张爱萍批准，1975年11月29日，卫星返回舱成功收回。

• "第二方案"成为"第一方案"

1984年4月8日，"长征三号"火箭搭载我国第一颗试验通信卫星"东方红二号"发射升空。此后，卫星成功进入地球静止轨道，中国卫星通信事业由此掀开新的篇章。研制期间，关于火箭第三级发动机采用常规推进剂还是液氢液氧推进剂的问题曾引发争论。相较而言，常规推进剂发动机技术成熟、研制周期短、难度小、可靠性高，但运载能力和发展前景较为有限；液氢液氧推进剂发动机运载能力大，如研制成功，不仅可以填补我国低温发动机的空白，还将使我国液体火箭发动机技术走向世界先进行列。但当时液氢液氧推进剂发动机尚在研制过程中，技术难度大，研制进度和可靠性也是未知数。两种方案各有特点，各有利弊。

1974年9月，七机部召开型号规划会，决定两种方案同时进行，视两者研制进度日后再定。当时钱学森压力很大。据他身边工作人员分析，钱学森的压力主要源自三方面：其一，当时通信卫星的用户"求星若渴"；党中央要求航天部"先解决有无问题和满足各方面的试验的需要，以后逐步提高技术性能"。其二，当时我国航天技术一时无法适应国内对卫星通信的巨大需求，因此国内已出现"造星不如买星""买星不如租星"的议论；如果国产卫星上不去，市场将成为国外卫星的天下，而一旦失去市场平台，技术研发就会缺乏推动力，将来中国丢掉的将是高科技的核心竞争力和话语权。其三，空间轨道资源十分不利于后发者，20世纪70年代，在适合我国使用的地球静止轨道弧段上的可用位置已经不多；如果别国捷足先登，我国在地球静止轨道和频率资源方面的国家权益将丧失殆尽。

对钱学森而言，从技术创新角度讲，他对氢氧发动机寄予厚望。从1960年起他就安排中科院力学所二部林鸿荪开始研究氢氧发动机；研究成果交给航天部后，他当然希望这项技术能尽早投入使用。而从国家利益方面考虑，选择成熟技术以确保卫星如期发射是钱学森的使命与责任所在。1978年7月，钱学森同意常规推进剂为第一方案，氢氧发动机为第二方案。随后，卫星通信工程总设计师任新民恳切陈述道："从1977年开始，氢氧发动机从预研型转入实用型攻关，关键技术已经有了突破，氢氧发动机的大门正在向我们打开，我有底气，

1984年4月20日晚，张爱萍（前排左三）、钱学森（前排左四）等在北京卫星地面站观看利用同步定点卫星进行收发彩色电视和广播的试验

能保证按期发射。"钱学森看到氢氧发动机研制成功的条件确实基本具备后，他以实事求是的科学态度同意改变原来的决定。1979年2月，氢氧发动机由第二方案转为第一方案。

1986年，欧洲航天界人士与任新民谈起中国航天技术时，认为中国有两件事很了不起，即独立自主地研制出了氢氧发动机和返回式卫星。

● "东风五号"全程试验禁区划多大？

"东风五号"洲际导弹全程飞行试验要打到太平洋上，发射前要公告落区范围。在导弹试验期间禁止所有船只进入落区，以免发生危险。由于导弹实际落点与理论设计落点会有误差，圈定落区并非易事。圈划大了，会被认为导弹不精确，划小了又可能打到别国船只，引起国际纷争，技术人员都不敢划这个圈。钱学森再次接手难题，他提出划圈原则：我们的弹着区画得要比美国人和苏联人的小，而且技术水平要高，要争这口气。

当时，中国划定的试验禁区范围成为国际社会注目的焦点。经过充分调查论证，科技人员确定以东经171°33′、南纬7°为中心，半径为130公里的圆形试验区，远小于此前苏联的试验范围（半径240公里的圆形）。这个数据由钱学森拍板后对外公告。

导弹专家王德臣回忆："打'东风五号'是1∶1的飞行试验，你得向全世界公布，你得划个大圈儿，如果你打在圈儿外头，丢人不丢人啊。你做试验的时候，人家外国的测量船就贴在你划的边儿上，他们准备着，一旦你的东西掉在圈外，他可以去抢啊，去打捞那个弹头啊。为了提高导弹的精度，我们在钱老亲自领导下，大概整整搞了四五年的时间。"

1980年5月18日，"东风五号"洲际导弹全程飞行试验成功，落点误差仅250米，远低于原定误差指标（设计指标中弹头落点误差800米内为优秀，1 000米内为良好，1 500—2 000米为及格）。这次发射成功，标志着中国正式成为世界上继美国、苏联之后第三个拥有洲际导弹的国家，也是继美国、苏联、法国之后第四个具有海上跟踪测量能力的国家，打破了超级大国对洲际战略核

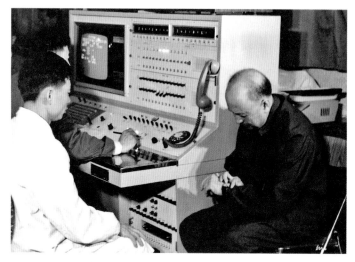

导弹发射前，钱学森习惯性地看手表，校验发射时间

1980年5月18日，"东风五号"洲际导弹全程试验获得
成功

洲际导弹全程试验成功当日，《人民日报》发行号外

武器的长期垄断。曾长期处于"落后挨打"痛苦境地的中国人民，从此拥有了可以指向地球任何一个角落的"倚天长剑"。至此，钱学森所领导制定的"八年四弹"规划终于全部实现。

这样的事例不胜枚举，在人们举棋不定的紧要时刻，钱学森一次次做出关键表态。钱学森在这一领域所具备的专深、广博、前沿的知识经验和智慧，使他在宏观规划和专业技术问题的决策上都能提供支持。值得一提的是，对技术难题的解决说起来都是"小故事"，却恰恰体现了钱学森在技术工作的第一线、在细节处所发挥的他人无法替代的作用。这层作用淹没在后人所总结的钱学森之于中国航天事业的几方面大的贡献中（如参与初创、培养人才、规划管理、组织实施重大型号项目），而不被广泛地看到。但当我们将这些小故事收集起来，聚沙成塔，便会发现钱学森在解决具体技术难题上的这种"关键时刻的关键作用"是推动我国航天事业发展中一股不可忽视的重要力量。当然，强调钱学森的这种关键作用，并不是否认其他专家和科技人员在解决难题时的智慧和贡献，而是指即便已有可行的对策和方案，钱学森的意见和表态仍然有其特殊的重要意义，犹如一颗定心丸，帮助高层领导安心决策、科研人员踏实工作，使不同观点在争论后得以科学有效地集中、统一。

"万难中铸伟业"一节聚焦钱学森身处中国导弹航天事业中"初创之时""成败之间""动荡之中"和"决策之际"的四个具体时刻，以钱学森的经历为主线，呈现我国航天事业开创之艰辛困难，以及万难得以克服、伟业终于铸就背后的种种付出、牺牲与重要助力。此外，这些故事还体现了钱学森以及各级行政领导、其他科学家及科研、建设人员面临的各方面处境与经历。透过这些，或许我们能更了解钱学森及这份伟大的事业。

钱学森早年在美国加州理工学院的同事兼好友马勃曾评价说："我觉得他对事业的决心，希望完成一件事业的决心，成就了他。"宋健则说："航天事业是一个非常伟大的，一个全国的，甚至全世界的，有影响的这样一个重大的工程，没有像钱（学森）这样优秀的科学家，这样地执着，这样的知识渊博，这样有能力和具有奉献精神的这样一位领导，（实现的）可能性很小，我认为他是一个非常伟大的科学家，是一个对我们的祖国，对中国的科学技术事业作出过巨大贡献的一位前辈。"在党的领导与爱护下，钱学森凭着强烈的爱国情感与民族自尊心、不渝的科技报国理想、不凡的智慧与坚韧，作为航天科技主帅在万难中率领中国第一代航天人闯关夺隘，为早期中国导弹与航天事业的发展做出了重要贡献。其中，值得注意的是，钱学森作为技术领军者所发挥的关键作用是他人无可替代的，这既得益于他突出的专业优势，也来自钱学森对于导弹航天事业与国家利益两者关系的准确把握。在政治与科研之间，钱学森始终以国家大任为标杆，他在国家利益与科研要求、政治运动与研制任务、党的高层领导与科研人员群体之间发挥着重要的协调与平衡作用。可以说，钱学森对于"技术主帅"与"共产党员"这两个身份的融合把握是他能够成就伟业的一个极为重要的因素。

《钱学森航天事业时间轴（1956—1984）》主要呈现了三项内容：一是在中

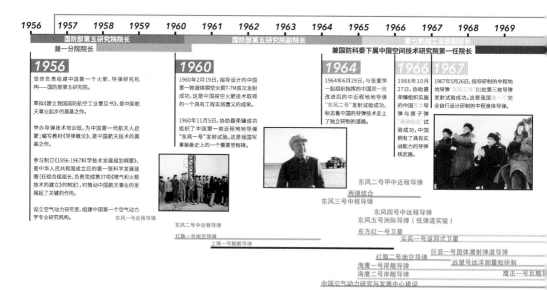

钱学森航天事业时间轴（1956—1984）

国导弹航天事业开创时期，钱学森自1956年至1984年在各时期担任的主要职务（见表8）；二是在钱学森的技术领导下，中国导弹航天事业中取得的具有里程碑意义的18个"第一"（见表9）；三是钱学森所负责或参与指导的部分研制任务时间线（见表10）。

表8　钱学森回国后担任主要职务[①]

1956.10.8—1960.3：国防部第五研究院院长 1957.11.16—1960.5：兼国防部第五研究院一分院院长	1956.9—1984.2：中国科学院力学研究所所长	1958.7—1978.9：中国科学技术大学近代力学系首任主任
1960.3—1965.1：国防部第五研究院副院长		
1965.2—1970.5：第七机械工业部副部长 1968.2.20—1970.5：兼任中国空间技术研究院第一任院长		
1970.6—1982.7：任国防科学技术委员会副主任		
1982. 8.14—1987.7：任国防科学技术工业委员会科学技术委员会副主任		
1986.6—1991.5：中国科学技术协会主席		

中国科学院力学研究所所长

1970　1971　1972　1973　1974　1975　1976　1977　1978　1979　1980　1981　1982　1983　1984

国防科学技术委员会副主任

国防科学技术工业委员会科学技术委员会副主任

1970
1970年1月30日，指导研制的中远程导弹"东风四号"飞行试验成功，中国掌握了多级火箭技术。

1970年4月24日，钱学森牵头组织实施的中国第一颗人造地球卫星"东方红一号"由"长征一号"运载火箭发射成功，开创中国航天新纪元。

1971
1971年3月3日，组织完成"实践一号"卫星发射试验，首次获得中国空间环境探测数据，为中国研制应用卫星、通信卫星积累了经验。这颗卫星在空间运行和工作了8年。

1971年9月10日，洲际导弹低弹道试验获得成功。

1975
1975年11月26日，参与指挥由"长征二号"火箭发射我国第一颗返回式卫星"尖兵一号"成功，3天后卫星按预定时间返回地面。中国成为继美国、苏联之后第三个掌握卫星回收技术的国家。

洲际导弹弹头防热攻关

东风五号洲际导弹（全程试验）

鹰击六号、八号反舰导弹

东方红二号通信卫星

1980
1980年5月18日，协助张爱萍指挥，向太平洋预定海域发射远程运载火箭获得成功，标志中国正式成为世界上继美、苏之后第三个拥有洲际导弹的国家，也成为世界第三个具有海上跟踪测量能力的国家。

1982
1982年10月12日，参与潜地固体战略弹道导弹"巨浪一号"水下发射飞行试验成功，中国成为世界上第五个拥有潜艇水下发射核导弹能力的国家，具备了二次核打击能力。

1984
1984年4月8日，参与组织领导"长征三号"火箭成功发射我国第一颗地球静止轨道通信卫星"东方红二号"，我国成为第三个掌握火箭低温高能技术和第二个高空点火技术的国家。至此由钱学森提出的人造卫星"三步曲"设想全部实现。

① "力学所历任行政领导"，中国科学院力学研究所，http://www.imech.cas.cn/gkjj/lrld/，访问日期：2021年5月9日。

表9 钱学森与中国导弹航天事业中创造的 18 个"第一"[①②]

1956年	受命负责组建中国第一个火箭、导弹研究机构——国防部第五研究院
	草拟《建立我国国防航空工业意见书》，是中国航天事业起步的奠基之作
	举办导弹技术培训班，为中国第一代航天人启蒙；编写教材《导弹概论》，是中国航天技术的奠基之作
	参与制订《1956—1967科学技术发展规划纲要》，是中华人民共和国成立后的第一张科学发展蓝图（任综合组组长，负责完成了第37项《喷气和火箭技术的建立》的制定），对推动中国航天事业的发展起了关键的作用
	设立空气动力研究室，组建中国第一个空气动力学专业研究机构
1960年	1960年2月19日，指导设计的中国第一枚液体探空火箭T-7M首次发射成功，这是中国探空火箭技术取得的一个具有工程实践意义的成果
	1960年11月5日，协助聂荣臻成功组织了中国第一枚近程地地导弹"东风一号"发射试验。这是我国军事装备史上的一个重要里程碑
1964年	1964年6月29日，与张爱萍一起组织指挥的中国第一枚改进后的中近程地地导弹"东风二号"发射试验成功，标志着中国的导弹技术走上了独立研制的道路
1966年	1966年10月27日，协助聂荣臻组织实施的中国首次导弹与原子弹"两弹结合"试验成功，中国拥有了具有实战能力的导弹核武器
1967年	1967年5月26日，指导研制的中程地地导弹"东风三号"01批第三枚导弹发射试验成功。这是我国第一个完全自行设计研制的中程液体导弹
1970年	1970年1月30日，指导研制的中远程导弹"东风四号"飞行试验成功，中国掌握了多级火箭技术
	1970年4月24日，钱学森牵头组织实施的由"长征一号"运载火箭携带的中国第一颗人造地球卫星"东方红一号"发射成功，开创中国航天新纪元
1971年	1971年3月3日，组织完成"实践一号"卫星发射试验，首次获得中国空间环境探测数据，为中国研制应用卫星、通信卫星积累了经验。这颗卫星在空间运行和工作了8年
	1971年9月10日，"东风五号"洲际导弹低弹道试验获得成功
1975年	1975年11月26日，参与指挥，由"长征二号"火箭携带的我国第一颗返回式卫星"尖兵一号"发射升空，3天后卫星按预定时间返回地面，中国成为继美国、苏联之后第三个掌握卫星回收技术的国家
1980年	1980年5月18日，协助张爱萍指挥，向太平洋预定海域发射远程运载火箭（"东风五号"洲际导弹）获得成功，标志着中国正式成为世界上继美、苏之后第三个拥有洲际导弹的国家，也成为继美、苏、法之后，第四个具有海上跟踪测量能力的国家
1982年	1982年10月12日，参与组织领导的中国第一型潜地固体战略弹道导弹"巨浪一号"水下发射飞行试验成功，中国成为世界上第五个拥有潜艇水下发射核导弹能力的国家，具备了二次核打击能力
1984年	1984年4月8日，钱学森参与组织领导，由"长征三号"火箭携带的我国第一颗地球静止轨道试验通信卫星"东方红二号"成功发射，我国成为第三个掌握火箭低温高能技术和第二个高空点火技术的国家。至此由钱学森提出的人造卫星"三步走"设想全部实现

---

① "钱学森为国防科技事业作出的十一个'第一'"，中国运载火箭技术研究院新闻中心，http://www.calt.com/n488/n755/c11624/content.html，访问日期：2021年5月9日。

② 田如森、史宗田编著：《飞天梦》，科学普及出版社，2016年，第262页。

表 10　钱学森所负责或参与指导的部分研制任务周期

1958.4—1960.11	"东风一号"近程导弹
1959.9—1960.2	T-7M 模型探空火箭
1959.11—1963	T-7 探空火箭
1960—1964.6	"东风二号"中近程导弹
1960—1964	"红旗一号"地空导弹
1961—1966	"上游一号"舰舰海防导弹
1964—1969	"东风三号"中程导弹
1964—1979	中国空气动力研究与发展中心建设
1964.9—1966.10	"两弹结合"
1965—1966.6	"东风二号"甲中近程导弹
1965.3—1970.1	"东风四号"中远程导弹
1965—1970	"东方红"一号卫星
1965—1971.9	"东风五号"洲际导弹(低弹道试验)
1965.4—1967.6	"红旗二号"地空导弹
1965—1974	"海鹰一号"岸舰导弹
1965—1970	"海鹰二号"岸舰导弹
1966.1—1975.11	"尖兵一号"返回式卫星
1967—1982	"巨浪一号"固体潜射弹道导弹
1967.6—1980.2	"远望号"远洋测量船研制
1969—1984	"鹰击一号"反舰导弹
1975.3—1984.4	"东方红"二号通信卫星
1975.9—1977	洲际导弹弹头防热攻关
1977—1980.5	"东风五号"洲际导弹(全程试验)
1977—1984	"鹰击六号"反舰导弹
1977—1984	"鹰击八号"反舰导弹

注:在上表所列之外,还有许多其他型号研制和科研任务,还有一些由于种种原因最终"下马"的项目,例如,1964—1966年"和平一号"生物火箭、1964—1979年研制反导弹系统的"640"工程、1968年底—1980年12月"灯塔一号"导航卫星,1970—1973年"东风六号"环球火箭、1971—1975年的"曙光一号"载人飞船等。

第四章　两个身份　一个信仰

当被问起钱学森是谁，人们会毫不迟疑地说他是"人民科学家""中国航天事业奠基人""两弹一星元勋"。对钱学森来说，"科学家"与"共产党员"是他自己最认可、也是他身上最突出的两个身份。钱学森对两者关系的领悟集中体现在他对"对于一个有作为的科学家来说，什么是最重要的呢？"这一问题的回答中。钱学森曾于1956年3月接受《中国新闻》报记者采访时对该问题做出表述，彼时钱学森45岁，刚回国5个月，尚未入党；时隔25年后，钱学森又于1981年11月1日在母校北京师大附中80周年校庆上做出同样的表述，当时钱学森70岁，已有22年党龄，即将从行政领导岗位退下。他说：

> 我认为，对于一个有作为的科学家来说，什么是最重要的呢？那就是要有一个正确的政治方向。这就是说，一个科学家，他首先必须有一个科学的、革命的人生观，宇宙观，必须掌握一个研究科学的科学方法！这样，他才能在任何时候都不致迷失道路，这样，他在科学研究上的一切辛勤劳动，才不会白费，才能真正对人类、对他自己的祖国作出有益的贡献！

这一回答绝不只是简单地"表忠心"，更是钱学森发自肺腑的深刻的人生经验。这份领悟来自于钱学森少年立志时期对个人前途与家国、民族命运关系的认识，来自在美国身陷"政治旋涡"后对于科学与政治关系的反思，来自回国后领导开创中国导弹航天事业中对国家利益与科研工程关系的把握，来自对"共产党员"与"科学家"两个身份的理解与统一。这份领悟是钱学森在人生的不同阶段对这些关系的认知的沉淀、发展与升华。

一、 优秀的共产党员

1991年10月14日，国务院、中央军委颁布命令，授予钱学森"国家杰出贡献科学家"荣誉称号。这一称号的获得者至今仅有钱学森一人。10月16日，在授奖仪式上，80岁的钱学森对此殊荣却表示"并不很激动"，因为"这一辈子已经有了三次非常激动的时刻"，这便有了前文中提及的钱学森"人生的三次激动"。第一次激动是因为学术上"为中国人争了气"，第二次是因为入党，关于第三次，他说：

第三次心情激动，就在今年。今年我看了今天在座的王任重同志写的《史来贺传》的"序"。在这个序里他说中共中央组织部把雷锋、焦裕禄、王进喜、史来贺和钱学森这5个人作为解放40年来在群众中享有崇高威望的共产党员的优秀代表。我看见这句话，才知道有这回事。我心情激动极了，我现在是劳动人民的一分子了，而且与劳动人民中最先进的分子连在一起了。

钱学森获"国家杰出贡献科学家"荣誉称号及中央军委授予的一级英雄模范奖章

三次激动中有两次都缘于党员身份，可见钱学森对于这一身份的重视。

1969年9月20日钱学森致函中央文史研究馆会计陈君五，信中说：

> 我们在九月十六日给您的信说明为了执行先父钱均夫先生的意愿和表达他对伟大的社会主义祖国的热爱，把他积存的三年薪金和银行利息叁仟叁佰陆拾元交还给中央文史研究馆。但您说此事须请示上级批示，所以把支票退回了。
>
> 现在我再次把支票附信寄上，仍恳请收下。我希望上级能够批准，允许先父和我们表达这个心意。
>
> 如果上级不批准，也请留下这笔钱，就作为我自己，一个普通中国共产党员，向党组织交纳的党费。

钱学森入党以后曾不止一次交高额党费，这是其中的一次。此信附表是时任钱学森警卫秘书刁九勃同志绘制，附表上面"遗留现款账"是钱学森手迹。钱学森执意上交的是"转账支票"的3 360元。据考证，钱学森写好此信以后

1969年9月20日钱学森致陈君五函

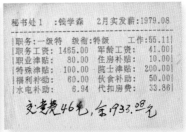

1996年记录钱学森交纳党费的工资单

并未发出。因为工作人员告诉钱学森，按规定党费应交本人所在单位的党支部，所以这笔钱后来未交中央文史研究馆，而是交给了七机部党组织。

人们常说钱学森"姓钱不爱钱"、淡泊名利，诚然如此。但这些世俗的价值标准本就不是钱学森所追求的。他曾说："对付'名'，我的办法是把它忘掉，就同无'名'一样生活和工作。"所以，今天，当我们在肯定、赞扬钱学森崇高精神境界的时候，我们不应该仅仅停留于用世俗的价值标准去评判，而应该进一步追问钱学森真正看重的是什么，追求的是什么。

"我活着的目的就是为人民服务"

钱学森常说自己"活着的目的就是为人民服务"，这不仅成为钱学森人生的目标，也成为钱学森衡量自己工作及人生价值的准则。在他的书信与讲话中，常能看到他对于这一人生目标与价值标准的阐述，如：

> 申请授予学位者一定要树立为人民的观念。作为一个科学工作者

应该有这样的本事，就是能用通俗的语言向人民（包括领导）讲解你的专业知识。只有向人民宣传，才能得到人民的支持。（1981年12月，时任国务院学位委员会委员、国防科委副主任的钱学森就怎样搞好我国的学位制问题，向国务院学位委员会办公室的负责同志提出这样的建议。）

您的工作尽管有些曲折，但还是有人支持，有群众支持。我们社会主义中国的科技人员，活着的目的就是为人民服务，而人民是公道的！千古功罪，自有评说，所以请您放开胸襟罢！（1983年12月14日钱学森致马华孝）

我们作为国家的公民，只要能以我们的手和脑为人民服务，是最高尚的职业，而人民终究会感谢的。其他是次要的了。（1984年2月13日钱学森致厉声元）

一个人的工作是不是够得上"世界级"，不是哪一个人能够定的，而是需要人民最后评定的。我作为一名中国的科技工作者，活着的目的就是为人民服务。如果人民最后对我们一生所做的工作表示满意的话，那才是最高的奖赏。……一切成就归于党，归于人民。（1989年8月7日，钱学森获得"W.F.小罗克韦尔奖章"和"世界级科学与工程名人"称号后受到时任江泽民总书记、时任李鹏总理接见时讲道。）

总之，科学技术是第一生产力，事关重大，我们当参谋的，要善自为之，要对得起党，对得起人民！（1990年1月25日钱学森致朱光亚）

刚才各位领导讲我钱学森如何如何，那都是千千万万人劳动的成

钱学森在中央党校作报告

果呵。我本人只是沧海之一粟，渺小得很。真正伟大的是中国人民，是中国共产党，是中华人民共和国！（1991年10月16日，国务院、中央军委授予钱学森"国家杰出贡献科学家"荣誉称号和一级英雄模范奖章，表彰他全心全意为人民服务，为祖国科技事业的发展所作出的卓越贡献。钱学森在授奖仪式上发言如上。）

您对我受奖祝贺，我心领了。其实那都是过去的事了，要紧的看我今后还能为党为国家为人民干点什么。（1991年11月27日钱学森致李庆臻）

"我近30年来一直在学习马克思主义哲学"

1989年8月7日，钱学森在于景元来信上批注道："我近30年来一直在学习马克思主义哲学，并总是试图用马克思主义哲学指导我的工作。马克思主义哲学是智慧的源泉！而且一个马克思主义者是决不会不爱人民的，也不会不爱国的！"原中共中央党史研究室副主任高永中评价钱学森是"哲学社会科学的杰出探索

1989年钱学森给于景元来信的批注

者"[1] "马克思主义哲学的研究者、传播者、实践者"[2]。

正是基于对马克思主义哲学的不断学习、深刻理解与实际运用，又结合对世界科技发展成果与趋势的观察与分析，并研究了自身所经历的许多重大科学革命与技术革命以及第二次世界大战等重大社会历史事件，钱学森清楚地认识到：最新的科学理论与广泛的社会实践有着深层的关系，认识客观世界与改造客观世界本是互相交织、互相促进的整体。经过十余年的

1988年7月6日，钱学森在中国社科院马列所

---

① 高永中：《哲学社会科学的杰出探索者——钱学森》，《钱学森研究》2016年第2期。

② 《高永中在纪念钱学森同志归国60周年大会上的讲话》，中国共产党历史网：http://m.cssn.cn/dzyx/dzyx_dsyj/201511/t20151128_2717857.htm。

艰苦跋涉，在20世纪80年代末至90年代，钱学森逐渐形成了以马克思主义哲学为最高概括的现代科学技术体系整体构想。1995年，钱学森在书信中指出："自然科学、工程技术工作也要以马克思主义哲学为指导。这两点是马克思列宁主义毛泽东思想的，也符合邓小平建设有中国特色的社会主义理论。这才是我们胜利之本！"

"必须坚持民主集中制"

无论是在科技工作、学术讨论，还是党的建设中，钱学森一向重视、倡导党的民主集中制原则。在他看来，"两弹一星"就是其中一个实践典范。钱学森认为这是社会思维学、群体思维学的规律，认真贯彻民主集中制是党的生命线，关系到中国社会主义建设的大业。他在讲话和书信中，一次次阐述、强调这一原则及其重要性，"民主集中"成了钱学森言论中的一个"高频词"。

1984年8月7日，钱学森在北京全国思维科学讨论会上的发言指出：

> 我们党提倡"百花齐放，百家争鸣"，这确实是非常重要的。据我个人体验，在国外，哪一个学术中心学术讨论搞得好，这个中心的学术成果就多。在学术讨论中，不是每个人讲的都是正确的，错了也没关系。我们中国人现在好像错了就下不来台似的。我认为不然，在讨论中，讲错话，提错误意见的人，对于最后得出的正确结论也是有贡献的。

1987年4月17日，钱学森在全国科技新闻研修班上发表讲话，他说：

> 有一次，我存心把话说错了，看有没有人讲。果然有一个同志讲："你说得不对，是不是要改一改。"我就鼓掌，说好极了，你真勇敢！在中国，学术不民主实在厉害，这样下去不行。要知道，在科学研究

当中，错误并没有什么可耻。正确都是从错误来的，你没有错误，怎么有正确！一件事要弄清楚，你要不叫大家讲，就没法弄清楚，也没法正确，所以讨论很重要。

1995年6月1日，钱学森在致李乃奎书信中说：

我们党在研究讨论问题时，规定要贯彻遵行民主集中制。

一定要充分发扬民主，千万不可看"辈分"，看军衔级别，一得之见也是重要的！

总之遵行民主集中制才能真正把事情办好。

1996年7月16日，钱学森在致刘纪原信中说：

1982年9月11日，钱学森在中国共产党第十二次全国代表大会上进行投票选举

我对我国航天事业已经发表过许多文字；现在回想起来，最重要的实在只有一句话：我国航天事业的科技人员在周总理和聂荣臻元帅的领导下，贯彻了民主集中制。我们今后仍必须坚持民主集中制。

1996年8月18日在致全国政协办公厅秘书局信中，钱学森强调：

在研究一切问题时，要贯彻《党章》中规定的民主集中制：在讨论一切问题时，要么只有民主没有集中；乱说一阵，不了了之。要么只有集中，没有民主；一家言，听不到不同意见。这都不是社会主义的精神文明。

"我尽量地按照中央的指示去做"

钱学森的秘书涂元季说："钱学森同志党性原则极强。只要是党组织决定的事，他从不说二话，坚决执行。"这是钱学森身上一个鲜明的特质。

例如，1988年7月8日，钱学森在国防科工委科技委兼职委员首次会议上讲道：

我自己想，退下来后学学邓小平同志在中央顾问委员会上的讲话。我记得，邓主席讲过，当顾问的同志也得注意，一个是希望你们量力而行，再一个是你们从前的威望都很高，人家很注意你们讲的话。既然人家很尊重你们，你们也要注意，不要乱说。乱说了人家不好办啊。邓主席也说过，为什么这样讲呢？退下来当顾问的人，千万不要干扰现在在第一线同志的工作。我也常常对自己说要注意，千万别干扰。所以，我有点什么想法，就写书面意见，送到朱光亚主任那儿去，请他看着办，到底对不对请他考虑。我在去年免职以后的工作就是这样做的。不知道对不对，但我尽量地按照中央的指示去做。

又如，钱学森生前曾坚持不准为他写传，有次得知有人要为他写传，他严厉地说："我还没死，你们急什么！"他在此问题上的态度是非常坚决的。但有一次例外。1996年，中国中共党史人物研究会要编写党史人物传，钱学森名列其中。当他听说这是经中央批准的，就不再坚持己见，完全服从组织决定，并嘱咐秘书：

我想，写传不是为写传而写传，更不能为个人歌功颂德去写传，而是要通过写传反映一个时代，反映我们党在那个时代的科学技术成就，总结过去的经验教训，指导以后的工作。所以，第一，要实

1991年7月1日，钱学森参加国防科工委科技委召开的庆祝建党七十周年活动时演唱歌曲《没有共产党就没有新中国》

钱学森收藏的党章（1997年版）

1986年9月28日钱学森参加中国共产党第十二届中央委员会第六次全体会议的列席证

事求是；第二，千万不要写出矛盾来，我绝不和任何人争功劳，特别是关于我们国家"两弹一星"，我过去多次讲过，一切成就归于党，归于集体，我本人只是恰逢其时，回到祖国，做了该做的工作，仅此而已。这就是我的观点，是实事求是的观点，你要按照这个观点去写。

1991年，钱学森被授予"国家杰出贡献科学家"荣誉称号和一级英雄模范奖章，时任中央军委主席的江泽民同志在授奖仪式上评价钱学森"无论在何种政治风浪下，始终忠于党、忠于人民、忠于祖国的科技事业和社会主义事业"。

"我的谦虚是对客观世界的"

钱学森曾在致钱学敏信中说：

> 我的谦虚不是对人的，对人我讲平等，老、少一概平等。我的谦虚是对客观世界的，即尊重事实，实事求是。发现错了就改，纠正得越快越好；所以请您们帮助。至于正确的意见，别人一时接受不了，我也不性急。接受不了也总有接受不了的原因嘛。

这位大科学家对于来自他人的批评或是对自己的缺点、错误总是能实事求是地虚心接受，及时改进。

回国初，钱学森严肃、一丝不苟的态度有时令人感到不近人情，甚至怕他。据钱学森在力学所的第一任秘书张可文回忆，有次一位北京大学的副教授前来请教问题，钱学森严肃地说，"这个问题你还不懂"。目睹这一幕的张可文感到不是滋味，认为这将妨碍钱学森和群众的接近，并可能影响到工作。她便找机会向钱学森提意见说："钱先生，我可明白了为什么很多人怕你。钱先生，人家也是堂堂北京大学副教授，你也不叫人家坐，当着我的面就说这你还不懂，让他多下不来台，人要脸，树有皮，以后谁还敢向你请教呢？"钱学森默默接受了秘书的批评，在之后的工作中十分注意改进。多年后他对此回忆道："张可文对我帮助很大。"[1]

1959年1月28日钱学森在致骆美蕙信中说："我们自己不知道自己的缺点和

---

[1] 张可文：《做钱学森先生秘书时的二三事》，载李佩、郑哲敏主编：《钱学森科学和教育思想研究文集》，上海交通大学出版社，2014年，第141页。

错误，非群众帮助不可！人家批评我们才是帮助我们，是我们进步的捷径，是最可贵的。"

1964年，新疆生产建设兵团农学院的一位年轻人郝天护给时任中国科学院力学研究所所长的钱学森写信，指出在钱学森新近发表的一篇关于土动力学的文章中，有一个方程推导有误。当时钱学森在力学界已是权威人物，他回信道：

> 我很感谢，您指出我的错误！也可见您是很能钻研的一位青年。科学文章中的错误必须及时阐明，以免后来的工作者误用不正确的东西而耽误事。所以我认为，您应该把您的意见写成一篇几百字的短文，投《力学学报》刊登，帮助大家。您认为怎样？

在钱学森的鼓励下，郝天护将自己的观点写成文章《关于土动力学基本方程的一个问题》，由钱学森推荐，发表在1966年3月第9卷1期《力学学报》上。钱学森的回信，为郝天护日后在力学事业上钻研拼搏并取得诸多成就起到了巨大的鼓舞作用。

这种谦虚在钱学森的书信中也多有体现。

1989年9月24日钱学森在致钱学敏信中说："您对我的评价实在过高，我也只是利用了党和国家给我的工作条件，做了点学习研究而已。是否有成绩？只有留待将来根据事实来判断。在工作中我常常犯错误，如前次信中把'审时度势'的'审'写成'省'了！"

1990年1月21日钱学森致张鸿烈信中说："上次给您写信竟把您的姓氏写错，实在太不应该！只有请您原谅。"

1996年1月10日钱学森致钱学敏信中说："同志之间讨论问题一定要不避争议，这才能收到讨论的积极效果，所以今后请您务必不要对我客气！"

1996年6月11日钱学森致戴汝为信中说："我6月9日给您的信中，误将'脑筋'写成'脑经'了，谨致歉意！"

"严谨、严肃、严格、严密"

认真严谨是钱学森身上十分突出且一以贯之的品质。《钱学森手稿》前言中这样写道：

> 所选手稿突出地表现出他的清秀、工整的字体，按照严格标准书写的运算方程和计算公式，以及规范化的列图制表等特征。这些特征贯穿于他的全部手稿，不论它们是来自草稿、初稿、修改稿还是算草或者草图。这正反映出他一贯的工作作风，至今他的所有手迹都保持着这种一丝不苟、严肃认真的精神。从他的算稿，读者可以看到那一串串排列整齐的数据，有的长达八位。要知道在那时最好的计算工具是手摇的机械式计算器，而连最简单的对数函数和三角函数都要从厚厚的专门手册查找，并作内插计算才能得到。可见，这些数据后面包含了多少辛勤繁杂、严密细致的劳动。

认真严谨是治学所必需的品质，也是作为科学家的基本素质。上过钱学森课程的1958、1959级中国科技大学近代力学系学生们对此印象深刻。在一次考试中，有同学回答第一宇宙速度是7.8米/秒，使钱学森非常生气，他批评说：古人讲下笔千钧，你这一下相差1 000倍。还要不要你做这个工作？你对我们这个国家、这个民族还负不负责任？这一番话使学生们谨记于心。钱学森对于学生作业中的小数点、单位、量纲等细节问题和基本规范都作出明确严格的要求，还曾在黑板上特地写下八个大字"严谨、严肃、严格、严密"，这是钱学森对学生的要求，也是其自身认真严谨品质的体现。当时的学生刘凌霄回忆道："钱老上课很认真的，就在502所给我们上'火箭技术概论'的时候（当时听课的学生大约三四百人），他总比我们先到，还专门找个类似今天的教学秘书的人坐在

20世纪80年代钱学森在国防科学技术工业委员会办公室

最后一排，看写多大的字能看清楚，说多大的声音能听清楚。"①

　　钱学森在科研工作上的严谨认真态度是出了名的。他曾说："搞学术，态度就是要认真、严肃。当然，严肃并不等于说不活泼。我们要诚恳地交流，有活泼的气氛，有话就说。"钱学森一向强调要注意学风和学术道德的问题，在他的书信言谈中就有不少例子：

　　　　还有一点小意见：您们常常说"习作"。我以为写文艺作品也许可以用"习作"来表示谦虚、不成熟。但讨论学术的文章不能用什么"习作"来称呼，因为讨论学术是严肃的，写下的每一个字是作者负责的，不管"习作"不"习作"！所以学术论文称为"习作"没有意义，反而可能带来不严肃的坏习气！请教！（1985年4月25日致杨春鼎）

　　　　治学要力求严谨，言之有物，切忌空话连篇。我们还是扎扎实实，

① 《中国科大1958、1959级近代力学系校友座谈回忆》，载侯建国主编：《钱学森"火箭技术概论"手稿及讲义》，中国科学技术大学出版社，2008年，第338—339页。

是什么就是什么，真正研究一个问题，搞清楚它。（1982年7月10日钱学森在一次学术讨论会上作报告）

您的书有出版的希望，是好消息。但您提起将来要我写序，我认为不妥。一是我从不为人家的书写序，都以婉谢了事；二是您的书中用了我的话，我再写序说书好，不成了互相吹捧！您另请别人吧……我劝您下一番功夫熟悉并弄懂经典文艺理论，掌握马克思主义哲学。我估计以您的基础，这是可以做到的。到时，您下笔自然会不同了，不会停留在浅处了。人家浅，不能是我也浅的借口。（1984年4月3日致杨春鼎）

组织地球表层学讨论会或讨论班我赞成，但不能是什么"沙龙"性质的，一定要有明确的要求，每次讨论有结论，有一点也好，说清那（哪）一点上不明白而尚待研究也好。决不能不了了之！因此要有主持人，您们推选您们之中的人来当，锻炼嘛！这样的讨论搞一个时期，有把握了，再说写书的事，现在怎么能宣扬出书的问题？学问是踏实事，怎能制造空气！（1986年12月10日致高建国）

您花了很大的气力把书编出来了，我很感谢；但我的确对成书未出力，所以封面一定要写清：钱学森讲，吴义生编。这是科学道德，共产党员必须遵守！请务必这样办。（1987年9月8日致吴义生）

我1月27日的发言并无新内容，还是1985年那篇老东西，所以不要再公开发表了。我们要维护严格的学风呵！（1988年2月10日致张品乾）

对于报纸、文章中哪怕一丁点数值计算上的错误，钱学森从来都不放过，甚至不厌其烦地重新计算。他对来信和所附论文中的一些细小问题也都一一指出，并加以纠正。钱学森不仅总是指出问题所在，还将解决问题的方法、过程都一步一步列出，耐心劝导年轻的科技工作者再认真一些。在钱学森的书信中我们也常常能看到这份"较真"，例如：

昨见1984年2期《人民画报》，在9页上说"在青海柴达木、德令哈、海西州风能发电研究室搞了一种小型发电设备，说有30千瓦，足够一户用电"云云。我从图片估计风车叶片直径约一米，在9米/秒风速下，不过150瓦而已。《人民画报》的数字大了200倍！30千瓦一户也用不了！您们在《经济日报》专刊上何不加以更正？（1984年2月27日致贺德馨）（后贺德馨回信表示钱学森的估算数字是正确的，他已给《人民画报》写信，请他们更正。）

蒙赠《自然辩证法习作选》第一集一册，十分感谢，其中有许多文章是我有兴趣的，将仔细阅读。现在只说英文名Selected Works of Natural Dialectics，似欠妥。应为Selected Papers in Dialectic of Nature。自然辩证法的习用英文是Dialectic of nature，而works一般指大本头著作，这里收集的单篇文章，叫papers似更合适些。请酌。（1985年5月1日致北京林学院社会科学自然辩证法教研室）

9月12日来信及尊著《中国稀土理论与应用研究》都收到，十分感谢！粗读之后有以下几点意见，写下来供您参考：（一）稀土元素之汉语名称应该写出来，即：镧La、铈Ce、镨Pr、钕Nd、钷Pm、钐Sm、铕Eu、钆Gd、铽Tb、镝Dy、钬Ho、铒Er、铥Tm、镱Yb、镥Lu（钪Sc、钇Y）。（1992年9月23日致霍明远）

在学术问题之外，钱学森在为人处世方面也极为认真严谨。以"写信"这件事为例，钱学森曾说："我差不多每天有几封信要回。人家问我什么事，我总是毕恭毕敬，只要我知道的一定回答，我不知的一定回答你我不知道，要是我知道你可以找谁，我会说你去找谁。"可见他对于回复他人的细致到位。而对于别人的粗心，钱学森的认真回复中也透露着一丝幽默，例如：

我生于辛亥革命之后，现年七十二岁；因此2—6页上的五十四岁似应为四十五岁。（1983年11月11日致鲁克成）

您寄来一个空白的贺年片，我就利用它，填好寄回给您，向您贺春节吧！（1984年1月11日致刘岳松）

使我吃惊的是：我于四月七日收到的信竟是您自己于四月二十九日写的！！！（1986年4月10日致李长域）

您在信中称我为教授，还有其它一些话，我均不敢当。中华人民共和国并没有授我教授职称，我的职称是研究员，不是教授。（1987年9月15日致高介平）

20世纪80年代钱学森在办公室

"此为中央规定，我必须执行"

在纪律作风上，钱学森有着严格的要求。曾负责钱学森保卫工作的刘涛说：

> 钱学森在政治上是比较强的，执行国家的方针政策坚定不移，对自己、对家里，对子女的要求都很严格，在生活上很简朴……他到南苑，蒋英去音乐学院正好顺路，但是蒋英从来不搭他的车。蒋英有哮喘病，还有头痛病。蒋英母亲就提出来，三儿（指蒋英，作者注）身体不好，希望……而钱学森说，谁家都有子女，我们哪能提出特殊要求。①

1989年11月25日钱学森在致陶文台信中说："近读《中国美食诗文》一书，颇有感触，对吃喝风、豪华风等一定要制止，不然美食将成为丑食！"

1989年12月11日是钱学森78岁生日，国防科工委科技委的秘书们为钱学森献上鲜花和生日贺卡，钱学森表示："中央规定不搞祝寿，你们怎么还这么干！""贺卡我收下，鲜花价钱贵，以后不要买了。"当天，时任中国科学技术协会常委、秘书处处长李书凡等到钱学森家中看望祝贺钱学森，并提议第二年安排钱老去广州、深圳和海南岛休息，钱学森拒绝道："我不去外地给人家添麻烦，再说群众对一些干部借出差名义游山玩水反映（应）也很大，我不能干这种事。"

1994年1月3日，一篇关于个人所得税的报道引起了钱学森的警觉和重视，他立即写便笺给秘书涂元季，要他询问交税方法。便笺内容为："涂元季同志：我大概应交个人所得税，请为我打听一下，如何上交法。麻烦您了。"涂元季经过一番询问后，得知中央确实在计划缴纳个人所得税问题，但具体标准和方法尚无规定下发。钱学森听后表示："那就再等一等吧，不过我要提请你注意，我们千万不要违法呀！"

---

① 刘涛：《我们曾负责钱学森的安全保卫工作》，载王春河、陈大亚、刘登锐等编：《钱学森的大师风范》，中国宇航出版社，2011年，第126页。

1995年5月25日钱学森从当日《经济参考报》上看到通知规定"领导干部收入须申报"，便写便笺请秘书打听，内容为："涂元季同志：请打听一下，我是否属于要申报的。如是，请作准备。又麻烦你了。"文末又附一句："今年上半年未入你账的有那1 500元补贴来自全国政协。"这笔补贴是春节前夕，政协领导看望钱学森时送的过节费，钱学森本执意不收，让秘书退回。经政协反复说明后，钱学森才勉强收下。在便笺中，他特地提醒秘书在申报时不要遗漏这笔补贴。

经过询问，涂元季于7月13日写便笺向钱学森报告："您五月份曾写条要我打听关于领导干部申报收入之事，我问过科工委有关部门，尚无人能答复，您的批条仍存我这里，一旦有具体执行办法下来，我将据实为您申报。"翌日，钱学森在该便笺上批示："有两件事总挂在我心上，一是这个申报收入，二是交所得税。希望早日搞清，不能拖下去！"

钱学森一生烟酒不沾，唯喜家乡的龙井茶。与他通信来往的有不少"老乡"，有时为了对他的指教表示答谢，送他一点茶叶，他虽感谢，但每次都坚持奉还茶叶钱，并在信中说明，例如1996年6月19日致俞健信中说："就是因为茶叶问题，所以到现在才复您信，十分抱歉！茶叶我不能不付钱，这是我自立的规矩，一直坚持，对您也不能例外。因此邮汇上400元，请收下，我感谢您的好意！"

1996年2月4日，时任国防科工委副主任沈椿年将新加坡著名书法家潘受写的楹联送到钱学森家中。得知是办公厅的王兆琪裱好后送来的，在客人走后，钱学森便写便笺给秘书涂元季："今天下午沈椿年副主任来寓送的新加坡潘受先生写的楹联，说是交办公厅王副主任裱好后交给我的。那我想这裱装费该由我付，不能让公家出。请您向王兆琪同志说明，并从'金库'中取钱交付。"涂元季随即打电话给王兆琪并将便笺转给他。2月6日，王兆琪给涂元季复信说道："请您报告钱老，潘受先生写的楹联是由办公厅档案馆田春兰自己裱糊的，没有花钱，请钱老放心，但我会转达钱老的这番情意。拜读钱老给您的信，我很有感触，真是感慨很深！钱老对自己这样严格要求，值得我好好学习，这还使我想起前几年咱们为他老人家送生日花篮而使钱老不安的事。"

"让年轻人上来"

钱学森向来重视对青年人才的培养，中国导弹航天事业刚起步时，他便为培养航天科技人才花费许多心力。前文中已经谈及钱学森在教学上的细致认真，而关于"120个人和1个人"的故事更体现出他对青年人才的爱护与重视。

1957年2月，高等教育部和中国科学院联合在清华大学开设的工程力学研究班（120人）与自动化进修班（120人）正式开学。[①]当年被选送到力学研究班的何友声（中国工程院院士、曾任上海交通大学校党委书记）回忆道，他当时曾提问钱学森，说钱先生在国外一直发表非常重要的、有影响的文章，为什么回国后不发表了？钱学森笑答，自己花了力气办班教课，虽然做研究写文章的时间没了，好像是一种牺牲，但并非如此，现在教120个人，将来这120个人成长起来，都能做研究、发表很重要的文章，那就有百余篇文章，这跟他一个人发表文章相比是值得的。

晚年时，钱学森写了大量的书信，其中有许多是与后辈探讨学术问题的信件，言语间无不流露出他对青年的爱护。

1980年致张沁文的两封信中，钱学森写道：

> 以你我年龄论，你应居第一线，而我还有别的事，不能当农业系统工程的主力了。我希望你迅速前进！前次面谈，要你学外文，学运筹学，也是此意。当然，我将尽力相助，另寄上我收集的一些报刊，供你参阅，也是此意。（1980年5月8日致张沁文）

> 《农业系统工程》一讲，还是请你来录象（像），已告电视台同志了。是有意"赶"你上"架"，让你锻炼讲解的本领。有科学成就的人，其素养之一就是讲解有吸引力。如果你自以为这方面还需要提高，

① 方惠坚、张思敬主编：《清华大学志下》，清华大学出版社，2001年，第722页。

1978年8月，钱学森在全国青少年航空夏令营营地为青少年签名留念

1978年5月13日，钱学森与青年教师握手

两个身份 一个信仰——钱学森的选择与成长 ｜

那这次录象（像）正是好机会。你也可以在家里演练，请你爱人当听众。请你一鼓足（作）气不必迟疑了。（1980年8月24日致张沁文）

在1981年6月21日致杨春鼎的信中，钱学森写道：

> 六月四日信及油印大作收到。《形象思维与计算机技术革命的设想》看后，感到尚不宜作为学术论文发表。又考虑到您的具体情况，建议把内容改写成分篇的"随笔"，每周如能投登一二篇，共一两千字，也是可行的一种取得生活接济的方法。这些"随笔"最后可以提炼出学术论文，那就是您的科学贡献了。

信中可见钱学森不仅秉持科学严谨的治学态度，也为他人实际困难思虑周到。不久后，钱学森还为杨春鼎的家庭困难致信时任安徽省委第一书记的张劲夫，信中说：

> 淮南市淮南师专中文科文艺理论组的教师杨春鼎同志是一位可以造就的青年。我是从通信和他的文章认识他的。他目前的困难是工资（月58.50元）比较少；有两个孩子；爱人是农村户口，不能在淮南市找点工作。如省有关部门能批准他爱人的城市户口，将是对他极大的鼓励。为了培养年青教师，促其成长，我相信您是愿意考虑上述这件事的。

对于来信者在信中对钱学森的崇拜、赞美之词和自身的谦卑态度，钱学森一直表示人与人在学术交流中应该是平等的，并重视给青年人才更多的鼓励与发展机会。例如：

> 我和您的学术交往并不是我自己工作以外的事，而是整个工作的一个不可缺少的部分。所以请不要以为这是给我添什么负担；不，这

是我必须做的！但弄个什么顾问名义，写什么题词，都不是学术工作，所以一概不干。我从来不干！请您谅解。也请《技术美学译丛》的编辑同志谅解。这当然不是不关心技术美学，我完全支持您当编委、义务编委，我当您的后勤！您要写点工业美学研究的文章，当然好。但千万不能说成是我的什么"教诲"！同志间的讨论，从来不是谁给谁的"教诲"！（1985年1月15日致张帆）

四月二十一日来信及开放经济论文都收到。我完全没想到写《经济动力学》的一位作者竟是一位十六岁的高中二年级学生，我是把他当做一位四十岁左右的科技工作者来提意见的！一位十六岁的青少年而能写出这样的文章，可谓了不起！想想我自己，那真可以说您比我强多了；我祝愿您将来远远超过我！一定要超过我！作为一个长了年纪的人，光是有良好的祝愿不行，应该对您有点帮助。为了您能在今后迅速成长，我提点意见供您参考。（1985年5月6日致胡向前）

您自称是小人物，这不妥！我们的社会是平等的，在学术工作中更是如此，人无大小之别，完全平等。（1985年6月21日致孙柏林）

"追求真理，永无止境，明确目的，自强不息"是对自己的要求，但注意：人老了，要让位，让年青人上来。您也要有接班人呀！（1985年7月23日致吴世宦）

"我这个人对洋人总不服气"

强烈的民族自尊心与民族自强自信的信念是钱学森身上深入骨髓的心气，他奋斗一生的科技报国历程就是最生动有力的诠释。晚年钱学森也经常以此激励年轻的科技工作者们，例如：

美国佬给我发奖章，我觉得没有什么。因为对一个中国科技工作者作评价，最有权威的是人民而不是一个美国的什么评审委员会！但8月7日江泽民同志和李鹏同志代表党和国家接见了我，这可是中国第三代领导人对中国科技工作者的重视，您和我都会感到鼓舞！我们要努力！（1989年8月19日致任继周）

我对你们在文件中的用词有点意见：跟洋人跑吗？为什么不来点中国风味？（1991年12月21日致中国科学院上海原子核研究所青年学术研讨小组）

我这个人对洋人总不服气，总想要超过他们。"中华儿女雄千古"呵！（1993年1月26日致王绶琯）

1935年夏我出国前，行色匆匆，未能见到杭州闸口附近动工建桥。钱塘江大桥建成的好消息，我是在国外听到的，听说桥梁的总设计师、总负责人就是我早已闻名的茅以升工程师，心里真是高兴极了。大桥的建成通车证明，在工程技术领域，外国人也不能独霸天下，他们能干的，中国人也能干！茅以升先生是我的好老师，他为中国人民争了气。（出自钱学森所著文章《外国人能干的，中国人也能干》）

"我一直在学习，因为不学习就跟不上时代的发展"

钱学森一生参阅过的书、期刊达三万多册。阅读、思考、写作，是他晚年生活的常态。钱学森曾说："我一直在学习，因为不学习就跟不上时代的发展。"钱永刚也说："父亲一生都在不断地学习，不断地从新的知识里汲取营养。他看书看到最后一天，一直到入院前几个小时都在看报纸期刊，看文件。"

1992年9月3日，钱学森与蒋英在家中书房

1983年钱学森手写的日程安排表

钱学森晚年每天必读的报刊有八份：《人民日报》《经济日报》《光明日报》《科技日报》《解放军报》《北京日报》《参考消息》《经济参考报》。每期必读的杂志有七份：《人民画报》、《求是》（原《红旗》）、《新华文摘》、《文物》，英文的《新科学家》《科学美国人》和《航空周刊》，且必须按此次序摆好，一份不落，这是他每天雷打不动的学习内容。直到2009年10月31日去世前两天，钱学森仍在读书看报。如果缺哪天的报纸或哪期杂志，工作人员总会想方设法

查找补上，有时甚至要联系报社和杂志社重新寄一份来。

此外，钱学森还要阅读许多别人寄来的书、杂志资料和信件等。每天巨大的阅读量既得益于他极高的阅读效率，也缘于他在日常生活上的"极简"。他在回国后几乎放弃了所有业余爱好，也几乎不看电视、不过节、不参加各种应景活动，甚至亲朋好友聚餐也没有。在1982年退出国防科技工作一线以后，钱学森于1986年3月当选政协第六届全国委员会副主席，并连任第七、八届副主席至2001年3月，同时还于1986年6月至1991年5月担任中国科协主席。在这27年间，除了1987年率中国科协代表团出国访问一次，以及1988年夏率中国科协科学家代表团去黑龙江省参观考察一次，钱学森从来没有离开过北京。每天的生活极为简单规律，除了吃饭和休息，其余时间全部用在参加学术活动、看书读报与学习思考上。

但凡看到有意思的文章、新闻，或者关于新事物的报道，钱学森都会剪下来，粘贴保存以便备查，有的则复印推荐给他人阅读。钱学森的剪报习惯早在美国时期就形成了，一直持续到九十多岁。每一份剪报他都剪贴工整，详细注明日期出处，并按类分装信袋，写明分类标题。钱学森在美国期间制作了剪报9大册，共1 700余份；回国后整理的剪报资料袋有630余袋，含剪报等资料近10万页，其中剪报19 000份，所涉及的领域包括工业、农业、经济、科技、文化、金融、法制、哲学、民族关系、宗教、城市建设、建筑、环境、国际关系、文学艺术等，涵盖社会发展的方方面面。[1]

总 装 备 部 便 笺

钱老：

缺《人民日报》、《经济参考报》。

顾吉环

2006.12.15

秘书顾吉环关于缺报纸一事给钱学森的便笺

---

[1] 吕成冬、李梦涵：《钱学森的治学之道》，《学习时报》2018年10月10日。

钱学森也注意保存刊登自己所著文章的剪报，便于自己查阅、检索。1994年7月5日，钱学森在致王寿云等人的信中，清晰详尽地列出自己21篇文章的目录"钱学森论文艺与文艺理论著述目录（1980年至1994年）"。他不仅按文章发表时间顺序排列，且将篇名、报刊名、年月日都标注完整，注明报纸版面或期刊的期数、页码。年过九十以后，钱学森仍每日坚持看报，却已无法自己做剪报，只能请身边的服务员代劳。但服务员有时贴歪了，或信息标注不完整，钱学森不满意。钱永刚便出马为父亲贴剪报，他做得跟钱学森一样规范，才让钱学森满意。①

钱学森致王寿云等人信中开列的文章目录

钱学森在阅读过程中对很多问题都有自己的独到见解，这体现在文章旁的批注中。钱学森图书馆保管有许多钱学森在其所藏图书、期刊、剪报等上面做的批注资料，内容时间跨度长、数量多、知识面广。这些批注体现了钱学森所关注的学科和领域十分广博，例如有人体科学、思维科学、人工智能、谋略学、脑科学、软科学、生命学、城市学、现代中医等前沿学科问题，也有关于信息产业、财税、银行贷款开发新技术、国企经营机制、体育事业、烹饪美食等具体问题，还有关于少数民族发展，黄河、南海、青海湖等区域发展等重大战略

---

① 叶永烈：《大师的剪报》，《新华日报》2009年9月15日。

问题，涉及了国家政治、经济、科技、文化、教育各方面，内容极为丰富。同时，这些批注也反映了钱学森回国后对马克思主义理论贯穿始终的学习。钱学森关于马克思主义经典著作的批注内容集中且数量最多，主要做于"文革"时期。从钱学森图书馆馆藏来看，钱学森对马克思的《哥达纲领批判》、恩格斯的《反杜林论》、列宁的《唯物主义和经验批判主义》《国家与革命》等书都做了仔细阅读和大量批注，几乎每页都有划线、批注，有些内容和章节还看了不止一次。在许多批注中可以看到他对文中提到的数字进行了仔细计算，从中发现有意义的关系和趋势。这些批注也体现了钱学森严谨治学、强调用数据说话的一贯态度。

钱学森一生写了大量书信，至今无法精确统计。这些信件时间跨度长达半个多世纪，累计有一万余封，目前已出版的有5 311封（见国防工业出版社分别于2007年、2011年出版的十卷本《钱学森书信》和五卷本《钱学森书信补编》）。20世纪50年代，他任中国科学院力学研究所所长时就要求：凡别人给力学所写信，说明人家瞧得起我们，都要认真回答。此后几十年他都遵循这一原则。钱学森书信多产于其晚年，在已出版的书信中，1983年至2000年期间的信件达5 160封。有时1天就写10封。从1984年至1999年的16个春节期间，共写信77封。已出版的钱学森书信中除了其中少量的事务性书信外，基本上都是钱学森同各界学者、部门领导交流科学思想，研讨工作和学术的信件。[①]晚年钱学森恪守不出京参加活动的原则，通过学术通信的方式与全国各地、各行业的师友探讨和交流学问。钱学森通信对象的身份具有明显的跨学科和跨年龄特征，而且钱学森与通信对象之间是一种平等的关系，他经常在书信中以"同志""教授""副教授"等称呼他人，言语间没有任何架子或高高在上的语气。钱学森书信以其巨大的信件数量、丰富的科学内容、珍贵的亲笔手迹，在中国书信史上树立起一座丰碑。这些书信在字里行间都透着钱学森的这股"认真劲儿"。

钱学森一生笔耕不辍，著作等身，内容涵盖自然科学、社会科学等广泛学科领域。

---

① 顾吉珉：《钱学森书信：一座书信史上的丰碑——从〈钱学森书信〉和〈钱学森书信补编〉谈起》，《钱学森研究》，2016年第1期。

十卷本《钱学森书信》、五卷本《钱学森书信补编》

表 11　钱学森主要著作目录

序　号	书　　　　名	件次	版　　次
1	《工程控制论》	1	1954 年英文版
		2	1956 年俄文版
		3	1957 年德文版
		4	1958 年中文版
		5	1960 年捷文版
		6	1980 年修订版（中文）
		7	2007 年新世纪版（中文）
2	《物理力学讲义》	8	1962 年中文版
		9	1965 年俄文版
		10	2007 年新世纪版
3	《星际航行概论》	11	1963 年版
		12	2008 年版
4	《论系统工程》	13	1982 年版
		14	1988 年增订本
		15	2007 年新世纪版

序　号	书　　　名	件次	版　　次
5	《关于思维科学》	16	1986年版
6	《论地理科学》	17	1994年版
7	《科学的艺术与艺术的科学》	18	1994年版
8	《论人体科学与现代科技》	19	1998年版
9	《创建系统学》	20	2001年版
		21	2007年新世纪版
10	《论宏观建筑与微观建筑》	22	2001年版
11	《从飞机导弹说到生产过程自动化》	23	1956年版
12	《创建人体科学》	24	1989年版
13	《论人体科学》	25	1988年版
		26	1989年版
14	《人体科学与现代科学技术发展纵横观》	27	1996年版
15	《论信息空间的大成智慧：思维科学、文学艺术与信息网络的交融》	28	2007年版
16	《气体动力学基本原理（A编：气体动力学诸方程)》	29	1966年版
17	《社会主义现代化建设的科学和系统工程》	30	1987年版
18	《水动力学讲义手稿》	31	2007年版
19	《文艺学、美学与现代科学》	32	1986年版
20	《现代科学技术新成就》	33	1959年版
21	《现代领导科学与艺术》	34	1985年版
22	《钱学森手稿》	35	2000年版
23	《钱学森文集（1938—1956)》	36	1991年版
24	《城市学与山水城市》	37	1994年版
		38	1996年增订版
25	《山水城市与建筑科学》	39	1999年版

序　号	书　　　名	件次	版　次
26	《钱学森"火箭技术概论"手稿及讲义》	40	2008年版
27	《导弹概论手稿》	41	2009年版
28	《迎接新技术革命——新技术革命知识讲座》	42	1984年版
29	《现代科学技术和科技政策》	43	1991年版

注：按首次出版年份排列。

坚持学习、探寻真理是钱学森一生不渝的兴趣与追求，它不只是一种习惯，更是钱学森的生活方式与人生哲学。1989年2月5日钱学森在致朱长乐信中劝慰道："对那些疙瘩事，要心放开些，还是：'事理看破胆气壮，文章得意心花开！'"这句钱学森最喜欢的对联[①]，正是他处事心态与价值追求的写照。

二、 不忘初心　坚定信仰

晚年的钱学森还孜孜不倦地追求什么？

钱永刚说：

1982年，从行政领导岗位退下来的钱学森年已70多岁了，为国家做出了这么大贡献，他完全可以休息了，写写回忆录、做做报告……但是钱学森又做出了他人生的第五次选择：再次回到学术理论研究当中。此时全国上下都憋着一股劲，要把被文革耽误的时间夺回来。钱学森认为，自己没有任何理由置身事外。他以独到的研究角度，从71岁到85岁，在诸多领域进行了不懈地探索，他提出的开放复杂巨系统概念，为系统学的建立奠定了基础；他创建的"从定性到定量综合集成方法"的理论及其实现形式，给出了人们认识和解决复杂巨系统问题所应遵循的方法论和有效途径；他潜心研究系统工程理论，并把该

---

① 李明、顾吉环：《事理看破胆气壮——对钱学森科学道德境界的认识和理解》，《钱学森研究》，2016年，第2期。

1984年6月1日，钱学森在办公室留影

理论从工程系统工程进一步发展成社会系统工程，使之成为社会各领域为取得长期和整体最佳效益而采用的科学方法。①

钱学森在1984年的一次发言中说：

我现在还是争取更多的时间！要有更多的读书时间，才能使我这样一个人能为党多做一些工作。恳请党组织谅解我的心情，批准我这样做，不要安排我去做"出头露面"的事或其他非实质性的工作。我回到祖国已29年，我不会再有29年了。

1991年10月16日，钱学森在"国家杰出贡献科学家"荣誉称号授奖仪式

① 钱永刚：《钱学森人生的五次选择》，《今日科苑》2015年第5期。

上说：

　　我有个打算，我的打算就是：我认为今天科学技术不仅仅是自然
科学工程技术，而是人认识客观世界、改造客观世界的整个知识体系，
而这个体系的最高概括是马克思主义哲学。我们完全可以建立起一个
科学体系，而且运用这个科学体系去解决中国社会主义建设中的问题。
江总书记在建党70周年的讲话里说，我们的社会主义改革是一个极为
复杂的巨大的系统工程。假设我们把这个科学体系建立起来了，就跟
放卫星一样，完全可以用来成功地建设社会主义。周恩来同志和聂荣
臻同志领导并指教我们这些人开创的事业一定要继续干下去，还要扩
展到整个社会主义建设。我在今后的余生中就想促进一下这件事情。
我今天就向领导同志汇报一下我的这个心愿。

1987年3月，钱学森在访问英国期间到马克思墓前献花

晚年的钱学森也许最从容得意，他意气风发，将科研旨趣与富国强民的初心理想融合发挥到淋漓尽致。在对马克思主义的信仰下，钱学森实现了"共产党员"和"科学家"两个身份的自在统一。这根本上是缘于钱学森对科技发展的认识、理解与对马克思主义信仰的统一，它集中地体现在三方面，包括钱学森对世界本质的认识、对马克思主义哲学的理解和对实现共产主义的信念。

"到底客观世界本身的运动规律是决定性的，还是非决定性的？"

钱学森对于客观世界运动规律问题的认识反映了他的基本世界观。

在《基础科学研究应该接受马克思主义哲学的指导》一文中，钱学森指出："客观世界是决定性的，但由于人认识客观世界的局限性，会有暂时要引入非决定性的必要。这是前进中的驿站，无可厚非，只是决不能满足于非决定性而不求进一步地澄清。""在某些局限性下出现的非决定性问题，在更高层次中又会变为决定性的。这已经是马克思主义的辩证逻辑了。"

那么，如何解决量子力学的非决定性呢？钱学森指出："第一是要树立解决这个问题的决心……在量子力学理论中还有没看到的东西，我们要抓'隐秩序'。""这个'隐秩序'不能只在微观世界中去找，它藏在比物质世界微观层次更深的一个层次，即渺观层次。"钱学森认为"渺观"即理论物理学家在研究"大统一理论GUT"中提出的"超弦理论"里的"超弦的世界"。"'超弦'的长度正好是大约10^{-34} cm。超弦的世界比今天中子、质子等'基本粒子'的10^{-15} cm世界还要小19个数量级！我们称基本粒子的世界为微观世界，那超弦的世界不应该称为更下一个层次的渺观世界吗？"钱学森说："我猜想：微观层次的量子力学所表现出来的非决定性，实际是决定性的渺观层次中十维时空运动的混沌所形成的。本来是决定性的运动，但看来是非决定性的运动。这是因为超弦的渺观世界是十维时空，有六维在微观世界看不见，不掌握，因而有六个因素没有考虑，漏掉了，可以说是因为微观世界科学家的'无知'，造成本来是决定性的客观世界，变得好像是非决定性的了。这才是'隐秩序'，藏在渺观的秩序。

对不对？可以探讨。"

可见，钱学森认为决定性与非决定性是辩证统一的。从对世界本质的认识这一点来看，科学家与马克思主义信仰者这两重身份在钱学森身上是统一的。他对客观世界规律的基本认识正是"从马克思主义哲学中得到启发的"，因此他认为马克思主义哲学是"智慧的泉源"，探索客观世界规律的基础科学研究应该接受马克思主义哲学的指导。

"我们要澄清一下，什么是马克思主义哲学？"

钱学森对马克思主义哲学的理解，可以从涵义、范畴与目标三个角度看待。

从涵义上看，钱学森的科学技术观与哲学观是统一的。对什么是科学技术，钱学森说："马克思主义哲学认为，客观世界是不以人的意志为转移而存在的，人首先要认识客观世界，才能进而改造客观世界。从这一基本观点出发，认识客观世界的学问就是科学，包括自然科学、社会科学等等。……有11大部门，其飞跃就是科学革命。""改造客观世界的学问是技术。"

对于"什么是马克思主义哲学"，钱学森说："那就是恩格斯说的'我们从实实在在的研究客观世界的知识总结提炼所得出来的哲学'。""这样的哲学，不是别的，就是科学的哲学，是人类科学技术知识的最高的概括所得出来的哲学。""只此一家，别无分号。""马克思主义哲学、辩证唯物主义是人类一切知识的最高概括。"马克思主义哲学"也是人的一切实践的概括"，是"人类实践最概括的总结"。

钱学森晚年着力于构建现代科学技术体系，体现了他对人类认识客观世界、改造客观世界的整个知识体系的重新思考与整理。他认为"现代科学技术不单是研究一个个事物、一个个现象，而是研究这些事物、现象发展变化的过程，研究这些事物相互之间的关系。""今天，现代科学技术已经发展成为一个很严密的综合起来的体系，这是现代科学技术的一个很重要的特点。"

整个体系在纵向结构有三个层次：最高层次是马克思主义哲学，即辩证唯物主义，最下面的层次是现代科学技术十一大部门，其间通过十一架"桥梁"把马克思主义哲学与十一大科学技术部门连在一起。

体系中十一大科学技术部门是：自然科学、社会科学、数学科学、系统科学、思维科学、人体科学、地理科学、军事科学、行为科学、建筑科学、文艺理论。

在横向结构上，"每个部门，除了文艺理论（文艺工作的实际是艺术和技巧，不是现代含义的科学），又可分为三个层次，即基础科学、技术科学（应用科学）、工程技术三个层次"。部门内的这三个层次是按照是直接改造客观世界，还是比较间接地联系改造世界的原则划分。直接改造客观世界的，属于工程技术（应用技术）一类，是最低层次，然后是工程技术共用的理论——技术科学，更基础的就是基础科学。

钱学森认为，"从这三个层次过渡、上升到人类知识的最高概括马克思主义哲学还需要一架桥梁。"十一个科学技术部门过渡到马克思主义哲学的"桥梁"

现代科学技术体系结构
（人类知识体系）

马克思主义哲学—人认识客观和主观世界的科学												哲学
性智　←→		量智										
文艺活动	美学	建筑哲学	人学	军事哲学	地理哲学	人天观	认识论	系统论	数学哲学	唯物史观	自然辩证法	桥梁
文艺理论	文艺理论	建筑科学	行为科学	军事科学	地理科学	人体科学	思维科学	系统科学	数学科学	社会科学	自然科学	基础理论 技术科学 应用技术
文艺创作												
实践经验知识库和哲学思维												前科学
不成文的实践感受												

钱学森构建的"现代科学技术体系"结构图

分别是：自然辩证法、历史唯物主义①、数学哲学、系统论、认识论、人天观、地理哲学、军事哲学、人学、建筑哲学、美学。十一架"桥梁"分别"把这个部门里头的原则性的东西概括起来"，是各个部门的概括总结，可视作为部门哲学，是带有普遍性、原则性、规律性的内容。

钱学森指出马克思主义哲学的核心是辩证唯物主义。这个核心加上十一个科学技术部门的桥梁，就形成马克思主义哲学本身的体系结构。

对于马克思主义哲学在这一体系中的位置，钱学森是这样阐释的：

> 把马克思主义哲学放在科学技术整个体系的最高层次也说明了马克思主义哲学的实质：它决不是独立于现代科学技术之外的，它是和现代科学技术紧密相连的。也可以说，马克思主义哲学就是全部科学技术的科学，马克思主义哲学的对象就是全部科学技术。
>
> 到了今天，既不会有马克思主义哲学以外的科学技术，也不会有科学技术以外的马克思主义哲学。科学技术要靠马克思主义哲学来指导；而马克思主义哲学是建立在科学技术之上，靠科学技术的发展来深化的。

钱学森也指出，马克思主义哲学作为指导思想并不会束缚科技活动，因为各个科学技术部门的发展也会通过相应的桥梁进行反馈，"一方面是马克思主义哲学指导科学技术的研究，另一方面科学技术的发展又去深化发展马克思主义哲学，有来有往，通过这种往来使整个科学技术的发展生动活泼"。马克思主义哲学作为科学技术的最高概括，"是扎根于科学技术中的，是以人的社会实践为基础的。哲学不能反对、也不能否定科学技术的发展，只能因科学技术的发展而发展，不然岂不僵化了吗？哲学家们要看到今天自然科学、科学的社会科学正处于重大突破的前夕，正酝酿着一系列技术

---

① 即上页图中的"唯物史观"。

革命，所以要力求主动，不断吸取新科学新技术的成就作为发展马克思主义哲学的素材"。

钱学森对于马克思主义哲学涵义的理解及阐述中包含了对马克思主义哲学与现代科学技术两者间内在关系的表达，即两者是统一的、彼此促进的、发展的。

在马克思主义哲学的范畴方面，钱学森并没有回避"非马克思主义的学问"的存在，而是指出了其与马克思主义哲学之间的互动发展关系。

钱学森首先提出了一个基本问题，即现代科学技术是人类认识客观世界的总和了吗？他的答案是否定的，他说：

> 科学技术是不是认识客观世界和改造客观世界的学问？当然是，但认识客观世界和改造客观世界的学问远不止于科学技术。什么是全部认识客观世界和改造客观世界的学问？我认为这学问非常重要的组成部分是现代科学技术体系。

钱学森指出，现代科学技术是"条理系统化了的那部分的总和"，"但人类掌握的知识远比现代科学技术整个体系还大得多。例如：局部的经验，专家的判断，行家的手艺，文艺人的艺术，点滴知识和零金碎玉等都是宝贵的知识，但还未纳入现代科学体系，还不是科学"。

对于这些"还不是科学"的知识，钱学森进一步指出：

"它是有用的知识，这种不是科学但是有用知识的宝贝还很多，我们不妨称之为'前科学'，也可以说前科学的量远大于科学技术的量。""此外，资产阶级的社会科学等当然也在体系之外，这是由于其指导思想的不同。""这种知识很重要，但暂时还不能纳入科学，因而有局限性，用它时要注意，弄不好会犯'经验主义'，出差错。将来条理化系统化了，进入科学，就可以摆脱这种局限性。""非马克思主义的观点可以参考，但一定要去其糟粕。"

对于它们与现代科学技术、与马克思主义哲学之间的关系，钱学森指出：

"科学技术的发展总是不断地把前科学变成科学，同时也发展和深化了科学技术本身。前科学逐渐进入科学技术体系，前科学会慢慢消失吗？不会的，人在继续实践，会不断积累新经验，生产新的前科学。""非马克思主义的学问不包括在其中①。但是，划在体系之外不等于不予考虑，不，我们应该认真地考虑。""我们的科学技术体系是个开放体系。我们与许多非马克思主义的知识要有来往。""要重视研究体系外的知识，经过整理和鉴别，有的还要随时吸收到体系中来。"

钱学森认为现代科学技术体系是"在全世界人类不断认识并改造客观世界的活动中发展变化的体系"，他对人类知识的组成进行了全部地讨论，以辩证的、发展的观点看待马克思主义的学问与"非马克思主义的学问"的关系，进一步明确了科学技术与马克思主义哲学的范畴，他的知识观与哲学观也是辩证统一的、明确无疑的。

从目标和作用来看，钱学森多次强调"马克思主义哲学作为科学技术的最高理论，就必须用来指导科学技术的进一步发展"。"马克思主义哲学居于科学技术以及知识体系之首，才是触类旁通的钥匙。创造力来源于马克思主义哲学，而用这个观点看科学技术以及知识体系就是大成智慧学。"以马克思主义哲学为指导的现代科学技术体系结构"是学习掌握认识世界和改造世界学问的锐利工具"，钱学森认为应当运用这个科学体系去解决中国社会主义建设中的问题，"如果我们掌握了认识客观世界和改造客观世界这么大的学问，可以相信，建设社会主义现代化强国的任务再艰巨也能完成"。

"共产主义的自由王国难道不是可及的吗？"

对于实现党的最高理想——共产主义，钱学森具有坚定的信念和信心。这并非仅仅出于他作为党员的身份认同和情感认同，而是来自他的深刻洞察、学术探索与政治远见。

① 指以马克思主义哲学为指导的现代科学技术体系。

• "这不是在叩共产主义的大门了吗?"

钱学森在对产业革命的分析中展望了共产主义社会到来的前景。什么是产业革命? 钱学森首先在名称上对这一概念加以明确。对于人们常常使用的"工业革命"一词, 钱学森认为其正确的提法应该是"产业革命"。他解释道:

> 从恩格斯的《英国工人阶级的状况》一书中, 我们可以搞清"产业"一词的含义。在这本书中, 恩格斯分析了18世纪末到19世纪上半叶英国由于蒸汽机的出现而引起整个社会的变化, 包括工业、农业等的变化。所以"产业"一词不是指某一个方面的事业, 如工业、农业, 而是指整个物质生产的事业, 其影响涉及全社会。

钱学森提出:"如果下一个定义的话, 产业革命就是经济的社会形态的飞跃, 它是社会形态, 是经济方面的社会形态的飞跃。"

产业革命是怎么引起的呢? 钱学森指出:

> 科学革命是人认识客观世界的飞跃, 技术革命是人改造客观世界技术的飞跃。而科学革命、技术革命又会引起全社会整个物质资料生产体系的变革, 即产业革命。(或者说前两者引起的经济的社会形态的飞跃, 就是产业革命。)

钱学森认为, 产业革命所引起的上层建筑和思想意识、文化领域的飞跃, 便是政治革命和文化革命。对此, 他论述道:

> 政治的社会形态的飞跃是政治革命, 意识的社会形态的飞跃是文化革命。而产业革命、政治革命和文化革命就是广义的社会革命。社会形态的变化、飞跃就是社会革命, 但社会革命可以由不同侧面所引

起，而且具有不同性质。产业革命、政治革命和文化革命都是社会革命，是比科学革命和技术革命更高层次的革命，它们都会引起社会形态的根本变化。

钱学森用唯物史观考察人类社会的历史发展，从中他总结和划分了人类社会历史上出现的四次产业革命，并分析、预测了20世纪末至21世纪发生的三次产业革命（见表12）。

表12　钱学森对产业革命的分析与预见

时间	产业革命	内容特点	开创/发展产业	社会影响
10 000年前	第一次	从采集狩猎到种植产业和畜牧业	第一产业（农业）	从原始公社到奴隶社会
3 000年前	第二次	商品的出现	/	从奴隶社会到封建社会
18世纪末19世纪初	第三次	大工厂生产	第二产业（工业）	自由资本主义的建立
19世纪末20世纪初	第四次	大规模跨国工厂生产，形成世界性产业	第三产业（服务业）	出现垄断资本主义（帝国主义）
20世纪末21世纪初	第五次	信息革命	第四产业（科技业、咨询业、信息业）与第五产业（文化业）	现阶段发达资本主义的建立；将消灭体力劳动和脑力劳动的差别
21世纪	第六次	知识密集型大农业产业	农业和工业结合起来成为物质资料产业；21世纪的饮食产业	将消灭工业和农业的差别、城市和乡村的差别
21世纪	第七次	综合集成医学发展下的人民体质建设	/	人民体质和人体功能大大提高

注：钱学森还预测了第八次产业革命：1996年8月17日英国期刊 *New scientist* 刊载了 *"Tricks of nature"* 一文，钱学森看后在文章首页批注："第八次产业革命。"[1]1997年4月27日致王寿云等六同志信中说："将来还可能有从分子水平设计的结构（即所谓Nanotechnology）为基础的第八次产业革命。"胡跃高、陈鹏飞在《迎接第六次产业革命的到来——纪念钱学森第六次产业革命理论创建三十周年》一文中指出，钱学森于"1997年增加提出第八次产业革命：是纳米技术为基础的产业革命"。但1992年11月22日致郁文信中，钱学森也曾表述"以纳米技术（纤技术）为基础的第七次产业革命"。

---

[1]　"钱学森批注整理与研究"子课题组：《钱学森批注》导言，载上海交通大学钱学森研究中心编《钱学森研究：第3辑》，上海交通大学出版社，2017年，第10页。

钱学森指出"在人类历史上已出现过第一、二、三、四次产业革命，正面临的是第五次产业革命，还将出现第六次和第七次产业革命"。

关于第五次产业革命，钱学森认为，第五次产业革命即目前正在发生的，以微电子、信息技术为基础，以计算机、网络和通信等为核心的信息革命。全世界将构成一个整体组织生产。现阶段的发达资本主义正是建立于以信息技术及世界一体化带动下的第五次产业革命。这又将开创新一代的人—机结合劳动体系。世界经济也开始从工业化经济逐步向信息经济转变，知识和技术密集型产业将成为创造社会物质财富的主要形式。对此，他说道：

> 计算机和通信网络的结合和普遍使用，不仅改变着人们的生产方式和工作方式，大大提高了物质生产力；而且改变着人们的研究方式、学习方式、生活方式和娱乐方式，计算机软件也成为人类文化的组成部分之一，开创了人—机结合的精神生产力，从而最终消灭人类历史上形成的体力劳动和脑力劳动的差别。

关于第六次产业革命，钱学森认为：

> 这次产业革命的实质是以太阳光为能源，利用生物（动物、植物、菌类）、水和大气，通过农、林、草、畜、禽、菌、药、鱼，加上工、贸等，形成新的知识密集型产业，即开创了大农业产业，它包括农产业、林产业、草产业、海产业、沙产业。
>
> 这不仅是劳动对象的拓广，而且还将以集信息、金融、管理、科技、生产，加上工、商、贸于一体的集团公司体制运作。这样发展起来的第一产业（农业）和第二产业（工业）除生产产品不同外，在生产方式上已无实质性差别，即工业和农业之间的差别消灭了，两者结合起来成为物质资料产业。
>
> 此外，从第六次产业革命的内涵来看，它主要不是发生在大城市，

而是发生在农村、山村、渔村和边远荒漠地带。随着这一产业革命的发展，这些地方也都将改造成小城镇。因而，第六次产业革命的另一个直接社会效果是将消灭几千年来人类历史上形成的城市和乡村的差别。

到了21世纪，随着第六次产业革命的到来，饮食业也将发生革命性的变化：

> 完全可以运用营养科学设计出各种人所需要的多种多样的饮料和食品，并采取工业生产方式加工生产，形成真正的快餐业。21世纪的饮食产业，是人类历史上有关"吃"的一次革命，是第六次产业革命的深化和发展。这次革命的结果，将把人从几千年来的家庭厨房操作中解放出来，大大改变人们的生活方式。

1994年钱学森指出了实现第六次产业革命的时间节点。他在当年12月21日《人民日报》文章《发展农业要生态科技效益三统一》上批注："这是为第六次产业革命打下基础，所以第六产业革命大约将于2005年或2010年起步，到2020年展开，还有15到25年。"

关于第七次产业革命，钱学森提出：

> 人体科学（包括医学、生命科学等）在21世纪将有巨大发展。人体功能的提高，将使生产力三要素中最重要、最活跃的劳动力素质大大提高，其影响将渗透到各行各业，这无疑又将引发一次新的产业革命，这就是涉及人民体质建设的第七次产业革命。

对此，钱学森进一步论述道：

> 人体的保健和治病，需要靠生物学、生理学、病理学等生命科学

提供的科学理论。但这对于确定病人身体状态并设计出改进和纠正到健康状态的治疗措施来说，是不够的，还需要对人体整体状态的了解，即对人体功能态的认识。

所以对于人体这样一个开放的复杂巨系统来说，单靠传统的还原论方法是不能彻底解决问题的，必须再加上系统科学中发展起来的从定性到定量综合集成方法，把中医、西医、民族医学、中西医结合、体育医学、民间偏方、气功、人体特异功能、电子治疗仪器等几千年来人民防病治病、健身强体的实践经验综合集成起来，总结出一套科学的全面的现代医学，即综合集成医学。这个医学包括治病的第一医学、防病的第二医学、补残缺的第三医学以及提高人体功能的第四医学。这样，就可以真正科学而系统地进行人民体质建设了，人民体质和人体功能都将大大提高。

上述可见，钱学森认为在21世纪正在发生的第五次产业革命将消灭体力劳动和脑力劳动的差别；将要迎来的第六次产业革命则会促使消灭工业和农业的差别、城市和乡村的差别；第七次产业革命则会带来人民体质和人体功能的大大提高。由此，钱学森感叹："这三次产业革命在21世纪将消灭人类历史上形成的三大差别。这不是在叩共产主义的大门了吗？"

钱学森指出，21世纪的这三次产业革命，再加上系统科学、系统工程所引发的组织管理革命，将在21世纪中期把中国推向第三次社会革命，即继1949年解放生产力的社会革命、1978年发展生产力的社会革命之后的"创造生产力的社会革命"。届时将会出现中国历史上从未有过的繁荣和强大，中国将由社会主义初级阶段进入发达阶段。

• "怎么从一国一国过渡到世界大同？"

钱学森提出的"世界社会形态"理论，探索性地回答了如何从一国一国过渡到共产主义的世界大同这一问题。钱学森指出，历史唯物主义把政治的社会形态分为原始公社制、奴隶社会制、封建社会制、资本主义社会制，最后达到共产主义社会制。钱学森说道：

> 在资本主义社会制到共产主义社会制之间还缺一个大的阶段：前四个社会制都是限于一个地区，或限于一个国家，而共产主义社会是全世界一体化的政治的社会形态。今天看，这个缺断可以补上了，就是当今世界的现实。

钱学森要探索的问题就是："共产主义社会是世界大同，不是一国一国自理。怎么从一国一国过渡到世界大同？"他给出的回答是："（今天）世界社会已形成。我们进入了社会形态的新阶段：世界社会。这是资本主义社会之后的社会形态。"对这种社会形态，钱学森阐述道：

> 今日的世界——"地球村"，就应界定为"世界社会形态（Weltliche Gesellschaftsformation）"。它是多种社会制度的国家并存而谁也不能长期闭关自守的时代。它也是人类社会进入世界大同的共产主义时代之前所必须经历的一种社会形态。

钱学森指出这一社会形态具有既"一体化"又"多极分割"的两方面特点：

> 今天，由于第五次产业革命的推动，世界范围内的市场经济发展，经济上全球一体化趋势日益增强，世界正逐渐形成一个相互联系的大社会，哪个国家也不能闭关自守。另一方面，从世界各国情况看，在经济上有发达国家、发展中国家、不发达国家，在政治上有社会主义国家、资本主义国家、封建主义国家，在意识形态上有以马克思列宁主义居统治地位的国家、以资产阶级自由民主观念居统治地位的国家、以各种不同宗教信仰居统治地位的国家等。这将是资本主义社会形态

之后，实现共产主义之前的一种过渡的世界社会形态。它将打破地区、国家的界限，在促进全球经济一体化的同时，也会一步一步地向政治一体化的方向发展。在这个阶段上，由于三次社会革命成功的推动，中国已经强大起来，人们从中国的发展和繁荣中看到了社会主义的优越性，社会主义将战胜资本主义，人类最终将走向世界大同的共产主义社会。

钱学森认为"世界社会形态"的提出是历史唯物主义的新篇章，他评价道："对这个提法我自认为是对马克思主义的发展。"

在《缔造大同：钱学森"世界大同＋共产主义"理想新论》一书中，作者李曦恒在钱学森"世界社会形态"思想的基础上归纳成"钱学森六段论"：原始公社制度—奴隶制度—封建制度—资本主义制度—世界社会制度（多种社会制度并存—世界政治一体化）—共产主义制度。

李曦恒对钱学森"世界社会形态"的理论探索给予了切实的高度评价，他指出钱学森的世界社会和世界大同共产主义思想，在某种程度上提供了一套观察和看待共产主义理想的新思路，提供了一个既符合客观事实和历史趋势，又能够展望和预见未来前景的新的理论视角和观察维度，对于以往科学社会主义理论所缺失的"过渡时期"做了重要的补正。

钱学森对于"什么时候实现共产主义社会"也提出了畅想。在1991年8月19日给钱学敏的信中，钱学森认为在200年后的23世纪兴许会实现共产主义。他在信中说：

在今日社会主义事业遇到暂时困难之际，我们是否应该再次宣传伟大的共产主义？我看要结合100多年来的事实，加以宣传，以下让我们再来遨游一次天上人间！

（一）人类出现在地球是大约200万年前的事。那时人也如同动物，无生产事业可言，也就没有人类社会。

（二）有人类社会是自第一次产业革命（即大约相当于新石器时代）始，有了生产事业，才有社会——原始公社。以后又随着生产力的发展进步，出现奴隶社会、封建社会、资本主义社会，一直到社会主义社会。这一段人类社会史已有1万年了。什么时候实现共产主义社会？23世纪？那1万年再加200年是人类社会的第一大阶段，在此阶段人们是逐步加深对自然规律和社会规律的理解，逐步转变被统治的状况。

（三）到了大约200年后的共产主义社会，人类将进入世界大同，最终消灭了战争，国家没有了，国界没有了，全世界一体化。这就开始了人类社会的第二大阶段，人们完全自觉地利用自然规律和社会规律创造历史。在此阶段，实行了按需分配，消灭三大差别，智力大大发展，人遨游于太空……

这一人类社会的大阶段也一定会分出若干个小阶段。

（四）人类社会还会有第三大阶段、第四大阶段……因为直到太阳耗尽氢元素，膨胀为红巨星，消灭吸收地球，离现在还有几十亿年。

以上四条，不知是否有当？请教。

您考虑研究之后，也可以动笔写篇大文章，帮助大家开拓眼界，这是马列主义发展史专家该做的事呀！

可见，"共产主义"的最终目标在钱学森心中并非要"十几代人、几十代人"那般遥不可及。他不但坚信共产主义必然实现，而且在实现时间、经历阶段以及实现方式、途径上都有一名战略科学家的独特看法。他对于实现共产主义的信念是坚定而充实的。

在1985年9月26日致吴健信中，钱学森满怀豪情壮志地说："我认为社会科学工作者应投身到我国伟大的改革运动中去，拿出有远见的、看到二十一世纪的建议来，也就是认识当今并预见未来的客观世界，改造客观世界。今天的科学技术已经有了这么大的成就，共产主义的自由王国难道不是可及的吗？愿

20世纪80年代初，钱学森在国防科工委办公室留影

我等共勉之！"

晚年自我评价

晚年钱学森如何评价自己的工作与贡献呢？他自称是一名"科技工作者"，对于自己在中国"两弹一星"事业中的工作，钱学森表示："个人只是尽力做了一点应该做的工作，那是很有限的。要说功劳的话，首先要归功于党的领导，第二是广大科技人员的努力。""我只不过参加了导弹卫星工作，那是成千上万人的集体功劳；所以我干的不过千分之一、万分之一而已。"

1997年钱学森对钱学敏谈及对自己工作的看法时说："其实，关于'两弹一星'的科学与技术，我在美国时就都掌握了，也做出来了。回到祖国以后，只不过是把它拿过来运用，虽然也有一些创新，但基本的、原始的创新不多。而我多年来和你们一起研究和探讨的这些问题与设想，才是我回国以后开创性的、全新的观点和理念。它的社会意义和对现代科学技术发展的重要性，可能要远远超过我对中国'两弹一星'的贡献。"这也是为什么钱学森曾对孙子说："上世纪爷爷做的这点事儿，如果叫伟大的话，那么21世纪的爷爷将更伟大。"

20世纪90年代钱学森与学术讨论小组合影（站立者左起为涂元季、钱学敏、戴汝为、于景元、汪成为、王寿云）

钱学森与孙子钱磊在一起

钱学森反对自己被称为中国"航天之父""导弹之父"，他一再表示这样的称谓是不科学的。1990年3月7日致钱学敏信中，钱学森特地就此问题给出了解释，信中写道：

蒋英于4日下午告诉我说，在2日下午归途中，您向她表示在"传"中不称我为"××之父"，想不通。现在我要向您解释几句：

原子弹、氢弹、导弹卫星的

1987年3月，钱学森与蒋英在联邦德国黑山风景区留影

研究、设计、制造和试验（简称"研制"）实际是几千科学技术专家通力协同合作的成果，不是哪一个科学家独自的创造。这与一百多年前马克思创立马克思主义完全不同，请您认识这一点。

　　因此用"××之父"是不科学的。A.Einstein上书Roosevelt开始了世界上原子弹的研制，但无人称Einstein为"原子弹之父"。美国领导原子弹研制的是R.Oppenheimer，也无人称Oppenheimer为"原子弹之父"。倒是与Oppenheimer闹个人意见的E.Teller，被正直的美国人以嘲笑的口气，称为"氢弹之父"。

　　因此，"××之父"一词不是好话。您对现实世界不够了解；心是好的，但注意，不要帮倒忙！

1993年，钱学森在一封信中写道："我们这帮人是找到了出路的，这就是中国知识分子的出路：为祖国的科学技术、文化事业无私奉献，直至最后。"

这或许是钱学森基于自己一生求索而给出的一个人生答案。经历了一次次选择与成长，钱学森在"科学家"和"党员"这两个身份的统一中找到了坚定信仰的道路。这是钱学森一步一个脚印走出来的人生之路，也是通向"有作为的科学家"的披荆斩棘之路，更是引导无数后人继往开来的光明道路。

2009年10月31日，钱学森在北京逝世，享年98岁。

钱学森同志具有坚定的共产主义理想信念。几十年来，他始终保持对马克思主义的崇高信仰、对共产主义的坚定信念、对党的高度忠诚，不论遇到多少艰难困苦，都坚定理想信念不动摇。

——新华社2009年11月6日《钱学森同志生平》

附录　钱学森的最后 22 年[①]

——钱永刚忆父亲

20 年前。

1999 年 9 月 18 日，中共中央、国务院、中央军委在人民大会堂召开大会，隆重表彰 23 位"两弹一星"科技功臣。其中，钱学森无疑是最受关注者之一。他因病卧床未能出席，大会后在家中举行了授勋仪式。

10 年前。

2009 年 10 月 31 日，98 岁的钱学森走完了他人生之路，病逝于北京解放军总医院。两个月前，中央领导去家中探望时，钱学森还欣然表示："我要活到 100 岁！"

这么多年过去了，钱学森的名字始终未被淡忘，他的经历与思考还常常被提起。但人们了解最多的是他当年留学、归国，以及研制"两弹一星"的往事。而他于上世纪 80 年代逐步淡出公众视野，除了著名的"钱学森之问"，他的晚年生活外界知之甚少。

最近，担任上海交通大学钱学森图书馆馆长的钱永刚教授与记者作了一番长谈，回顾了父亲钱学森的晚年生活与学术探索。钱学森与夫人蒋英育有一子一女，女儿钱永真于上世纪 80 年代中期移居美国，儿子钱永刚当年也曾留学美国 5 年，回国后一直陪伴在父母身边，直到双亲去世。

在钱永刚眼中，父亲是位嗜书、喜静、乐观的老人，耄耋之年虽常年卧床，

[①]　高渊：《钱学森的最后 22 年——钱永刚忆父亲》，《解放日报》2019 年 9 月 18 日第 10 版。

但他安之若素，从未抱怨过生活质量不高。同时，他的思考并未停止，晚年不仅发出了"钱学森之问"，还在诸多领域，提出了富有远见的新论述。"父亲的思考并不局限在航天领域，他的许多战略思考是跨时代跨领域的。"在钱永刚看来，父亲钱学森退休前体现的是一位大科学家的风采，而退隐之后的思考，更多展现了他作为思想家的一面。

从这个意义上说，钱学森的最后22年是他98岁人生的重要拼图，值得关注。

• 退休后从未停止思考："从1987年起，父亲就不再去办公室了，但退下后思考从未停止，形成了他晚年学术思想的高峰。"

高渊：钱老真正退休是哪一年？

钱永刚：因为他是院士，当时院士是不退休的，所以并没有办过正式的退休手续。1982年，他卸任国防科工委副主任，5年后又卸任国防科工委科技委副主任，从那时起，他就不再去办公室了。不过，那个办公室一直保留到他2009年去世。

高渊：1987年以后，他还会参加一些社会活动吗？

钱永刚：他卸任之后，先后担任国防科工委科技委高级顾问、中国科协名誉主席等职务，但都是荣誉性的，活动他一般都请假。后来，包括党的十四大、十五大、十六大，他都是特邀代表，但他都通过秘书向组织请假，他说年事已高，腿脚不便，不能参加了。

高渊：他那个时候还是全国政协副主席？

钱永刚：对，他是在1986年第六届全国政协第四次会议上，被增选为全国政协副主席的，当了两届多，一共12年，到1998年卸任。

1986年的时候，我父亲还能走动，组织上找他，要提名他为政协副主席的推荐人选，他一开始没答应。当时政协主席是邓颖超，她亲自找我父亲谈。他们有特殊的渊源，我父亲上小学的时候，邓颖超就在那个小学当老师，虽然没有教过他，但我父亲后来一直管邓颖超叫邓老师，有一份师生情。

邓颖超问我父亲为什么不愿意当，他说想用有限的精力多做一些学术研究。邓颖超就说，提名还是要提名，当选后你有事可以请假。

高渊：后来政协开会，钱老去得多吗？

钱永刚：刚开始那几年，全国政协的开闭幕式他都参加的。1988年的全国政协七届一次会议上，他还代表六届全国政协常委会作了工作报告。但后来，他慢慢要坐轮椅了，就让秘书代他请假，有文件也让工作人员去取，拿回来他会认真看，并附上自己的建议。

高渊：钱老晚年到底在做些什么？

钱永刚：应该说，从行政领导岗位上退下后我父亲的思考从未停止。从1982年卸任国防科工委副主任，到1996年的那14年，是我父亲晚年学术思想的高峰。1996年后，也就是他85岁以后一直到去世的13年，主要亮点就是2005年发出的"钱学森之问"。

• 开放的复杂巨系统："他曾建议组建一个国家级的总体设计部，跳出职能部门视野的局限，抓住牵一发而动全身的战略问题进行研究，为国献策。"

高渊：那14年，钱老做了哪些事？

钱永刚：从1982年到1990年，他研究的重点是系统科学、思维科学，还有人体科学、社会科学。

系统工程的概念萌芽于上世纪40年代初，1978年5月，我父亲在国内第一次提出了系统工程，他和另外两位同志合作发表了《组织管理的技术——系统工程》。全文一万多字，没有一个数学公式，深入浅出地阐述系统工程，把系统工程的理论扩展到社会的方方面面，包括教育系统工程、法治系统工程等14种在不同领域可以实践的系统工程。

当时"文革"结束不久，这是他近十年来的第一次发声，引起了社会各界的高度关注，也迅速在全国掀起了学习系统工程理论的热潮。

高渊：他一生研究航天，很多人说，"天上的事，去找钱学森"，为什么这时候转向研究系统工程？

钱永刚：这跟周总理有很大关系。周恩来生前曾跟我父亲说，学森同志，你们航天的这一套，是不是可以推广到社会的其他行业，让他们也都来学学呢？周总理去世后，我父亲一直惦记着总理的嘱托。他对那些年从事航天事业的经验与教训进行了梳理，提炼出系统工程理论。

论文发表后，他又花了很大的力气，做系统工程普及宣传工作，让更多领域里的人都了解系统工程，运用系统工程。但他发现，其他行业所面对的系统远比航天领域复杂，如果简单地把航天领域提炼出来的系统工程理念，推行到其他领域，肯定是要碰钉子的。所以他说，他知道退下来以后干什么了。

高渊：他卸任后，就着手对系统工程理论进行更深入的研究和充实？

钱永刚：他用了三年时间，先是归纳出系统科学体系，随后提出构建开放的复杂巨系统，提出了认识和解决开放复杂巨系统问题所应该遵循的方法论，这就是他的"从定性到定量综合集成方法"。到了1990年。他和其他两位同志在《自然》杂志发表了《一个科学新领域——开放的复杂巨系统及其方法论》，就是他那一阶段研究成果的一个总结。

高渊：在钱老看来，系统工程理论不仅可用在航天工程领域，还可推广到各行各业，甚至是国家顶层设计层面？

钱永刚：应该说，1990年那篇文章的发表，标志着我父亲把工程系统工程提升到了社会系统工程。紧接着，他向中央汇报，建议组建国家总体设计部，组织一批国内一流的专家，按照社会系统工程的理论，从全局出发，讨论宏观的战略问题，并提出解决问题的方案。

这样做的好处就是站位高，不再由一两个部委提出方案，而是由一个国家级的咨询班子出主意，可以跳出职能部门视野的局限，抓住牵一发而动全身的战略问题。这就像上世纪50年代，当时世界上谁会相信中国能搞航天，但由老一代领导人果断决策，老一辈科学家与广大科技人员艰苦奋斗，最终实现了中央决策，这就把国防安全的主动权抓在了手里。

高渊：当时钱老有没有用总体设计部的思维方式，对经济社会发展中的问题提出过改革方案？

钱永刚：他曾指导中国航天710所做过一个试验。就是运用总体设计加计算机信息技术，对国家粮油补贴方案做数据模拟。

那时候，中央希望提高农民生活水平，途径就是适当提高粮食收购价。但这会使城市粮价产生波动，进而直接影响城市居民的生活。所以，怎样既让农民增收，又让城里人减少损失，就需要在城乡之间找出一个最佳平衡点。

710所的方案做得很漂亮，实际误差在3个百分点之内。当时有领导说，如果我们国家的政策都用这套办法来验证，就能大大降低拍脑袋决策带来的风险。后来，钱学森将710所运用的这套办法，总结归纳为"从定性到定量综合集成方法"。其实，这就是认识和研究开放的复杂巨系统问题的方法论。

高渊：是否可以说，钱老刚退下来的那几年，他最想做的事，就是把工程系统工程发展为社会系统工程？

钱永刚：对，他是接地气的，这就是他当时的目标，由此也引出了他在系统科学和思维科学的两大学术亮点，现在越来越被学术界所认可。用他的话来说，今天的科学已经不是自然科学那一点东西，而是人类认识客观世界、改造世界的整个知识体系。他希望大家能用这样一个体系，去观察、分析、研究和解决问题，而不仅仅只运用几门学科的知识。

到了1991年10月份，我父亲80岁的时候，中央授予他"国家杰出贡献科学家"荣誉称号，这个称号迄今为止我们国家只授予了我父亲一个人。

•"钱学森之问"探源："往小了说，这个问题他准备了好几天；往大了说，是他很多年来对大成智慧教育的思考。"

高渊：对于钱老的晚年，人们最熟悉的就是他发出的"钱学森之问"：为什么我们的学校总是培养不出杰出人才？他发出此问经过了怎样的深思熟虑？

钱永刚：往小了说，他思考了好几天。

那是2005年7月下旬，我们接到通知，说中央领导过几天要来看望我父亲。那年他94岁，当时住在解放军总医院。他问我，是谁来呀？我说电话里没说，我也不好问。过两天我再去医院看他，他问我，到时候我说什么呢？其实，这只是他的习惯，实际上心里应该早有谱了，我就没吭声，知道他一会儿自己会说。

果然他就自问自答了。他说，要不我到时候讲讲加州理工学院吧。这是我父亲读研究生的母校，对他一生有着巨大的影响，他对母校印象很好。他接着说，行了，我知道说什么了，我就说说教育吧。

第二天，温家宝总理一来，我父亲就把他对教育的思考都说了："现在中国没有完全发展起来，一个重要原因是没有一所大学能够按照培养科学技术发明创造人才的模式去办学，没有自己独特的创新的东西，老是'冒'不出杰出人才。这是很大的问题。"

高渊：当时温总理听了之后，有什么反应？

钱永刚：那天温总理从我父亲病房出来，他就说，钱老的讲话一听就是有备而来，不用花功夫整理，稍微顺一顺，这个发言就是一篇好文章。

高渊：刚才你说，往小了说准备了好几天。如果往大了说，钱老对这个问题思考了多久？教育问题是他晚年重点思考的领域吗？

钱永刚：这个问题是他2005年发问的，其实可以追溯到1994年，那年他首次提出了"大成智慧教育"。

在我父亲看来，我们的教育太传统，只是教授人们简单系统里的科学与技术知识，以及如何学会用还原论的方法来认识和解决简单系统的问题。但我们面对的，不仅是简单系统，还有简单的巨系统，更有开放的复杂巨系统。

而系统科学发展的成果，使我们有可能结合现代信息技术和网络技术，集人类知识和经验之大成，实现古人所说"集大成，得智慧"的梦想。智慧比知识更高一个层次，如果我们在21世纪真的能把人的智慧尽可能地激发出来，我们就能培养出真正一流的人才。现在回头看，"大成智慧教育"是他晚年做的第二件事。

高渊："大成智慧教育"的核心是融会贯通的通才教育吗？

钱永刚：很多人只知道钱学森是"两弹一星"元勋，其实他还是一个难得的、在各方面融会贯通的通才，他的学识是非常系统的。

"大成智慧教育"理念的核心之一，就是新的通才教育观。他对通才的认识运用的是唯物主义辩证法，强调"通"是在"专"的基础上通，"专"是在广博的基础上再专。学生的跨学科跨度越大，创造性才会越大。他提出，不仅理工科要结合，而且要理工文结合，甚至科学还要与艺术结合。因为科学培养的是逻辑思维，艺术培养的是形象思维，逻辑与形象思维要相辅相成。

"大成智慧教育"思想的另一核心，就是现代科学教育体系。客观世界的知识太多，新知识层出不穷，我父亲晚年将现代世界上的知识划分为自然科学、社会科学、军事科学等11大部类，纵向分又有基础科学、应用技术、技术科学等。如此一来，再多的课程也能容纳在这个横纵的体系中。

高渊：如何具体操作，钱老当时有设想吗？

钱永刚：他认为，我们现在的教育体制成才周期太长。他以他自己读书和后来教学、科研几十年的经验，认为这个过程可以大大缩短。他提出，从4岁到12岁用8年时间完成小学和初中学业，从12岁到17岁5年读完高中和大学本科，然后18岁做一年论文，取得硕士学位即可工作了。如果要念博士，可以再学三四年，20岁出头毕业。这就是他理想中的"大成智慧教育"的学制。

高渊：这样的学制会不会只适合于智商比较高的学生，这些年在国内有没有"大成智慧教育"的试点？

钱永刚：现在全国有46个大学、中学、小学分别设立了钱学森班，遍布19个省市自治区。学校根据自身具体情况，结合钱学森大成智慧教育理念，提出各自"钱学森班"的建设方案，并付诸实施。

我父亲曾经说过："我相信，我们中国科学家从系统工程、系统科学出发，进而开创的大成智慧工程和大成智慧学在21世纪一定会成功，因为我们有马克思主义哲学作为指导。"

• 致力于重建人体科学："他认为人体也是开放的复杂巨系统，西医还是把人体当作一个简单的系统，考虑问题太简单。"

高渊：1999年9月18日，中央在人民大会堂举行隆重仪式，为"两弹一星"科技功臣授勋。钱老为何没有出席大会，而是在家里接受勋章？

钱永刚：因为他当时已经卧床三年了。在1996年，也就是他85岁的时候，他去医院体检，医生明确跟他说，钱老您得卧床，骨质疏松了。

高渊：他卧床后还活动吗？

钱永刚：一开始，他上午和下午会起床在屋子里走走，大约半小时。后来这点路也走不动了，坐在轮椅上推着走走，让他别老躺在床上，体态有个变化。

以前，他喜欢跟我母亲到楼下航天大院里散散步。但自从卧床后就不下楼了，他可能不想让别人看到自己的老态。

高渊：钱老年轻时身体好吗？

钱永刚：他以前身体很好，中年时期几乎不生病，连感冒都很少。到了上世纪80年代初，当时取消了中午休息，下午一时就要上班。他那段时间很不适应，因为很多年来有个习惯，就是中午眯一会儿。而且，他不习惯在机关吃饭，中午回来吃完饭，就要坐上车往办公室赶。那时候，他身体状况明显变差，很容易感冒。

从那时起，他开始关注人体科学。他从行政领导岗位上退下来以后，更是花了很多精力研究医学。他认为，人体也是开放的复杂巨系统，也要用从定性到定量综合集成的方法来研究，要重建人体科学这个科学大类。

我父亲甚至认为，医学现代化的实质就是中医现代化。他觉得，西医还是把人体当作一个简单的系统，考虑问题太简单，人体哪有这么简单。

高渊：他有没有为自己对症下药？

钱永刚：这方面他是中西医并行的。中医方面，他跟我母亲学习做气功，做了一段时间以后，感冒次数明显减少了。

西医方面，他的老朋友——加州理工学院鲍林教授曾来看望他。鲍林是位化学家，拿过两次诺贝尔奖，他有个理论是老年人服用超大剂量维生素有利健康。我父亲信他，便开始服用。当时保障他健康的医生都持谨慎态度，认为剂量太大。我父亲说，我的健康我自己保障，不向解放军总医院领维生素，我自己买。

高渊：超大剂量维生素的剂量到底达到什么程度？

钱永刚：比如维生素C，他吃的是正常剂量的100倍。传统医学理论认为这是不对的，因为人体吸收不了那么多，吃下去又排泄出来了，等于没用，甚至可能产生副作用。但我父亲认为，在化学中，有一种东西虽然参与化学反应过程，但自身不损失一厘一毫，这就是催化剂，维生素就是起催化剂的作用。

从上世纪90年代到我父亲去世，他一直服用超大剂量的维生素C、维生素E和复合维生素B。国内药厂生产不了这么大剂量的维生素，正好我妹妹钱永真生活在美国，就让她定期买了寄回来。

高渊：你观察下来，这么大剂量服用维生素，对钱老身体到底好不好？

钱永刚：应该这么说，他98岁去世，到最后脑子没糊涂。他90多岁的时候，有时候我跟他聊天，他就会问哪个老朋友还在吗？我说，走了。他说，你看他们不听我劝啊。后来，医院也不拦着了，说钱老您就吃吧。我们从美国买的维生素，组织上还让我们报销，父亲说，算了算了，就让永真掏钱吧。

• 一辈子不喜欢高朋满座："到了晚年，甚至和早先的朋友也来往很少了，但他有个学术小班底，7个人不定时在一起讨论。"

高渊：钱老晚年性格怎样，喜静还是好热闹？

钱永刚：他这一辈子从来不喜欢高朋满座，这一点和他导师冯·卡门完全不一样。冯·卡门不仅科研做得好，还特别喜欢社交，他每到周末一定要开家庭派对，他的日本厨师每周五就把菜买好了，跟他交往的都是政府高官、军队将领、企业家、好莱坞明星等等。

而我父亲上世纪50年代回国后，朋友圈就非常小，到了晚年，甚至和早先的朋友也来往很少了。但他有个学术小班底，有中科院自动化所的，有总装备部的，还有他的堂妹钱学敏教授，再加上他的秘书，连他一共7个人。他们不定期聚会，我父亲想起来了，就写信请他们来讨论问题。因为我父亲年纪大了，耳朵不好使，打电话听不清楚，所以他宁可写信。他们管这叫"小讨论班"，我父亲晚年的思考，不少都是跟他们一起讨论过的。

高渊：钱老最大的爱好是什么？

钱永刚：他一辈子喜欢安静，最爱的是读书。有一次家里装修，我怕把书弄脏，就全部封起来了。他没说什么，但一天下来都很不高兴。我说，谁又惹您啦？他说，你知道我一天不看书有多难受。我赶紧认错，从一个书橱里抱出一摞书，给他慢慢翻。

他看书的面很广，可以说什么书都看，而且看书效率很高。他有个在国外养成的习惯，看书不是从头看到尾，而是认认真真看完序言和第一章，然后翻翻中间部分，再看最后的结论，这本书的内容他就知道了。但你说他看得快吧，哪里有错别字他都能指出来。

他喜欢思考问题，话也不多。但到了晚年，他性格有点变化，也知道闷了，需要有人陪伴。有一次吃晚饭，他问我妈，怎么永刚不露面，又出去了？我妈说，永刚有饭局，请假了。我父亲说，你跟他说，不能老不回来吃饭，以后定个规矩，不能连续两天在外面吃饭。

高渊：钱老对你们兄妹俩从小要求严格吗？

钱永刚：谈不上严格，基本上属于不太管。一是他退休前太忙，没时间管；二是他大概认为用不着管，孩子们挺自觉的，念书也不错，管那么多干嘛。我念书的时候，是5分多、4分少，3分绝对没有的，在他眼里，这就行了。

有一次，新学年开学前，我的成绩册需要家长签字退给学校。一般这种事都找我妈，那次正好我爸在家，我妈说给你爸签，估计是想让我爸了解一下我的学习情况。我爸一翻，说怎么数学只得了4分？我赶紧自我批评，最后一道题粗心了。我爸说了句下回注意，就没再说啥。我知道，在我爸心目中，语文考4分可以，但其他课是一定要考5分的。

高渊：你母亲蒋英是著名声乐教授，她跟钱老是一种怎样的相处模式？

钱永刚：我母亲基本上是夫唱妇随，更多是陪着我父亲。有时候，父亲看书看累了，她陪他聊聊天，也会说说文艺界的情况，父亲还会给些建议。

母亲是70岁从中央音乐学院退休的，但还会在家里给学生上课。有的学生唱得好，她会说，去给伯伯唱一首，这主要是想转移我父亲的注意力，放松一下。

高渊：听说他们的房子住了快半个世纪，一直没有搬过家？

钱永刚：我父母是1955年回国的，开始在北京饭店住了几个月。到了1956年初，搬到了中关村，一直住到1960年10月，从中关村搬到现在的航天大院。那以后就没有动过，到我父亲去世，一直住了49年，占他整个98岁人生的一半。

上世纪90年代，组织上曾打算给他盖个带院子的小楼，这样他不出门就能在院子里晒晒太阳。但我父亲坚决不肯，他说我在这里住了几十年，习惯了，感觉很好，你们别再折腾我，把我折腾到新房子去，我于心不安，身体能好吗？

高渊：老房子大概多大面积？

钱永刚：300来平方米吧。原来楼里头还住了另外两户，后来搬走了，就给其他工作人员住，包括炊事员、司机等。我父亲卧床以后，还要给护理人员住的地方。

高渊：钱老故去没几年，你母亲也走了。

钱永刚：两年多一点吧。我父亲是2009年10月份去世的，到了2011年12月是他百年诞辰。我母亲一直等着这一天，她在家里祭奠了我父亲，到了第二年春天就走了。

• "亩产万斤"之谜："我父亲回信说，先生是听了不实之辞而轻信了，用今天的眼光来看，亩产一万斤远远小于理想数。"

高渊：还有件事这些年大家议论得比较多。1958年6月16日，钱老在《中国青年报》上发表一篇短文《粮食亩产会有多少？》，明确提出：稻麦亩产量可以达到2 000斤的20多倍。后来社会上都说，钱学森提出粮食亩产可达4万斤。对此，钱老晚年是怎么看的？

钱永刚：我父亲在1958年第6期《科学大众》杂志发表《展望十年——农业发展纲要实现以后》一文，提出粮食亩产可达4万斤的观点。当时，我们国家的农业发展纲要中，提出黄河以北粮食亩产400斤，淮河流域亩产500斤，长江以南亩产800斤。那时候，我父亲回国没几年，但他一直很关注农业现代化。我父亲曾设问：如果更好地利用太阳能，是否可以突破"4、5、8"？他在那篇文章中还说，提高粮食产量的关键是依靠科学技术的发展，亩产万斤粮是可以实现的。

这篇文章被一个记者看到，就摘录"加工"成一篇豆腐块文章，发在了《中国青年报》上。当时是"大跃进"时期，这话一下子就传开了，都说大科学家钱学森说亩产万斤没问题，传着传着味道就变了。

高渊：钱老没有亲笔写那篇短文？

钱永刚：首先，我父亲有个习惯，但凡报刊、杂志刊登他写的文章，他都会做记录，而这篇没有记录；其次，他写的都是大文章，怎么可能写一小段文字来论述这么大的问题，这不符合他作为一位科学家治学的一贯严谨风格。

高渊：钱老晚年的时候，有人在他面前提过这事吗？他怎样回应？

钱永刚：当然有人提，但他基本不吭声。只有一次，有位海外学者给他写了封信，问他这件事的真伪。我父亲回信说，先生是听了不实之辞而轻信了，用今天的眼光来看，亩产一万斤，才5吨，远远小于理想数……这封信，清楚表明了他对于亩产万斤粮的坚信。

到他90多岁的时候，他的秘书有一次问他，现在又有很多人提当年这件事，是不是写篇反驳文章，您不写的话，我来写。我父亲说，我不写，你也不准写。秘书又说，那等您百年之后我再写？我父亲说，我走了以后你们也不能写，不然别人都会认为这是我走之前交代你们写的。

高渊：从你的角度来分析，钱老为何不让公开撰文反驳？

钱永刚：我是这样理解我父亲的心思：虽然我当年的讲话被曲解，但冤枉就冤枉了，这么多年过去了，不用再来为这事翻案。同时，他坚持他的观点，就是以科学的、发展的眼光来看，粮食亩产万斤是可以实现的。

• 告别时刻："去世前不久，我们还说老爷子您加把劲，当个航天百岁老人。他笑眯眯地说，说不定我还真成。"

高渊：钱老人生最后那几年，基本上住家里还是医院？

钱永刚：以家里为主。他晚年确实身体不那么好，很容易感冒。但我们也摸到了一些规律，他一感冒就会发低烧，我们马上送医院，一般挂个水就可以回家了。

高渊：他是2009年10月31日去世的。去世前几个月，身体状况有明显变化吗？

钱永刚：那年他98岁，身体状况都还正常。有一次我们逗他说，老爷子加把劲，咱们当个航天百岁老人，这也光荣啊。他笑眯眯地说，说不定我还真成。

他不觉得自己老了，也没觉得躺在床上生活质量低，他喜欢看书看报，后来还爱看电视。他以前是不看电视的，但有一次跟我提出来，在他卧室按个电视机，还问我买个电视机多少钱。我说别算钱，我孝敬您吧。他听了哈哈一笑。

但他耳朵不好，就让我把音量调到最低，反正也听不清楚。他是真正的"看电视"，视力好。他爱看新闻和体育节目，偶尔看会儿电视剧，就会说不看了，尽瞎编。

高渊：那时候，有没有反映他传奇人生的电视剧？

钱永刚：他生前不许拍。有几次秘书说有关方面想拍他的人物传记片，他说你们咒我死你们就拍，这都是死了以后再拍的，你们着什么急？所以，我们看到的拍他人生的电影和电视剧，都是他去世以后拍的。

高渊：钱老卧床多年，一般每天生活怎么安排？

钱永刚：他的生活很规律，早上6时到7时做一个小时气功，然后吃早饭，吃完再睡一觉，到10时钟坐起来看报，然后坐着轮椅在家里转转。午饭后再睡一觉，起来继续看报，坐轮椅转几圈，躺下再做一小时气功。一般6时吃晚饭，晚上听广播或者看电视，9时就睡了。

高渊：他睡眠很好？

钱永刚：对，这是他最大的特点。晚上9时睡了，至少要睡到早上5时多。

高渊：去世前几天发生了什么？

钱永刚：10月28日和29日，他出现了呕吐，伴有感冒。根据以前的经验，我们肯定立即就送解放军总医院了。但那次特别不巧，医院高干病区出现甲流，院方说他们要先派呼吸科医生上门，确诊钱老是不是甲流。医生来了，一看说不是，然后再送医院。

更不巧的是，平时他住的二楼病区那天满员了，只能住在一楼。但一楼的医生对他的身体情况不了解，需要重新做检查。一开始情况还稳定，但后来急转直下，马上就发病危通知了，但没能抢救过来。

高渊：作为钱老唯一的儿子，而且晚年一直陪伴在他身边，在你心目中，他是一个怎样的人？

钱永刚：1986年到1991年那五年我在美国，回来以后，我就一直陪着父母。我父亲把毕生智慧和心血都奉献给了国家，国家也给了父亲崇高的荣誉。应该说，没有以钱学森为代表的老一辈科技工作者就没有"两弹一星"，就没有现在中国航天事业的发展。他是一个以祖国为重、以家庭为轻；以科学为重、名利为轻；以集体为重、个人为轻的人。

他的思考并不局限在航天领域，他不仅是科学家，也是思想家，他的许多战略思考是跨时代跨领域的。总后勤部原政委张文台上将曾这样评价我父亲："思想的先驱、科技的泰斗、育人的导师、做人的楷模。"我觉得，这是在21世纪对钱学森的一个新的概括。

主要参考文献

高晞，2012. 麻省理工的"一等星"：钱学森在麻省理工学院的日子 [J]. 上海交通大学学报（哲学社会科学版）(1)：74-79.

高渊，2019. 钱学森的最后22年——钱永刚忆父亲 [N]. 解放日报，2019-9-18(10).

耿云志，1994. 胡适遗稿及秘藏书信 [M]. 安徽：黄山书社.

顾吉环，李明，涂元季，2012. 钱学森文集 [M]. 北京：国防工业出版社.

顾吉环，李明，涂元季，2015. 科学道德——钱学森的言与行 [M]. 北京：国防工业出版社.

顾吉环，李明，2011. 钱学森读报批注 [M]. 北京：国防工业出版社.

侯祥麟，罗沛霖，师昌绪，等，2013. 1950年代归国留美科学家访谈录 [M]. 湖南：湖南教育出版社.

华新民，2010. 文革中的钱学森 [J]. 记忆 (43).

霍有光，2011. 钱学森年谱 [M]. 西安：西安交通大学出版社.

姜玉平，2015. 钱学森与技术科学 [M]. 上海：上海人民出版社.

蒋连根，2004. 钱学森与蒋百里 [M]//陶福贤. 千古一族. 北京：京华出版社.

蒋南翔，等，1995. 大学校长忆老师散文选 [M]. 湖南：湖南文艺出版社.

卡门，埃德森，2019. 冯·卡门：航空航天时代的科学奇才 [M]. 曹开成，译. 上海：复旦大学出版社.

卡门，爱特生，2015. 冯·卡门 钱学森的导师 [M]. 王克仁，译. 西安：西安交通大学出版社.

孔祥言，2011. 钱学森的科技人生 [M]. 北京：中国宇航出版社.

李和娣，李佩，2011. 科学报国至诚之交——钱学森与郭永怀是志同道合的好朋友：纪念钱学森先生诞辰100周年 [J]. 中国科学院院刊，26(6).

李明，顾吉环，涂元季，2012. 钱学森书信补编（五卷本）[M]. 北京：国防工业出版社.

李佩，张凯，徐娜，等，2013. 钱学森认为"最相知"的专家 [J]. 文史博览 (11)：15.

李佩，郑哲敏，2014. 钱学森科学和教育思想研究文集 [M]. 上海：上海交通大学出版社.

李佩，2011. 钱学森文集：海外学术文献（1938—1956）[M]. 上海：上海交通大学出版社.

李曦恒，2017. 缔造大同——钱学森"世界大同＋共产主义"理想新论 [M]. 北京：社会科学文献出版社.

吕成冬，2014. 反右前后的清华教授徐璋本 [J]. 炎黄春秋 (8)：58-62.

吕成冬，2017. 1947，钱学森回国之行 [J]. 档案春秋 (5)：34-37.

吕成冬，2019. 他日归来：钱学森的求知岁月 [M]. 浙江：浙江科学技术出版社.

罗沛霖，1990. 浦汇·矶市·燕城——忆钱学森兄的二三事 [J]. 神州学人 (5)：15-16.

马德秀，2011. 钱学森和他的母校上海交通大学 [M]. 上海：上海交通大学出版社.

聂力，2006. 山高水长：回忆父亲聂荣臻 [M]. 上海：上海文艺出版社.

欧阳聪权，2011. 科技与政治视域中的钱学森研究 [D]. 北京：中国人民大学.

《钱学森》编委会，2012. 钱学森 [M]. 北京：人民出版社.

钱学敏，2010. 钱学森科学思想研究 [M]. 西安：西安交通大学出版社.

钱学敏，2016. 与大师的对话——著名科学家钱学森与钱学敏教授通信集 [M]. 西安：西安电子科技大学出版社.

钱学森，1958. 自传（1958年9月24日）[A]. 北京：中国科学院档案处 (1959-11-010-01).

钱永刚，2015. 钱学森人生的五次选择 [J]. 今日科苑 (5)：78-80.

单文钧，2007. 金属内耗研究大师——著名爱国物理学家葛庭燧 [M]. 北京：中国科学技术大学出版社.

上海交通大学钱学森图书馆，2014. 钱学森图书馆导览手册 [M]. 上海：上海交通大学出版社.

石磊，等，2013. 钱学森的航天岁月 [M]. 北京：中国宇航出版社.

宋健，2001. "两弹一星"元勋传 [M]. 北京：清华大学出版社.

宋健，2001. 德高望重 功勋卓著——钱学森科学贡献暨学术思想研讨会论文集 [C]. 北京：中国科学技术出版社.

涂元季，2004. 钱学森 [M]. 贵州：贵州人民出版社.

涂元季，2005. 作为一名共产党员的钱学森 [J]. 西安交通大学学报（社会科学版）(3)：54-56+92.

涂元季，莹莹，2011. 钱学森故事 [M]. 北京：解放军出版社.

涂元季，2007. 钱学森书信（十卷本）[M]. 北京：国防工业出版社.

文洋，1984. 钱学森在美国：1935—1955[M]. 北京：人民出版社.

奚启新，2011. 钱学森传 [M]. 北京：人民出版社.

谢泳，2013. 钱学森和他的同学徐璋本 [M]// 谢泳. 逝去的年代：中国自由知识分子的命运. 福建：福建教育出版社.

熊卫民，2017. 对于历史，科学家有话说：20世纪中国科学界的人与事 [M]. 北京：东方出版社.

张安胜，2021. 党的科技功臣——钱学森 [M]. 上海：上海交通大学出版社.

张纯如，2011. 蚕丝——钱学森传 [M]. 鲁伊，译. 北京：中信出版社.

张劲夫，2006. 让科学精神永放光芒 ——读《钱学森手稿》有感 [J]. 复杂系统与复杂性

科学 (2)：77–81.

张现民，2019. 羁绊与归来：钱学森的回国历程（1950—1955）[M]. 北京：中共党史出版社.

郑成良，张现民，2015. 钱学森年谱 [M]. 北京：中央文献出版社.

郑哲敏，2001. 钱学森手稿 [M]. 山西：山西教育出版社.

中央电视台，北京科学教育电影制片厂《钱学森》摄制组编，2010. 钱学森：中央电视台六集传记电视纪录片 [M]. 上海：上海交通大学出版社.

朱兆祥，2010. 钱学森1955年回国和参观东北的经过 [J]. 神州学人 (1)：32–37.

左连凯，2010. 红色中国的钱博士 [J]. 英语世界 (10)：72–76.

Gorn, 1992. The Universal Man: Theodore Von Karman's Life in Aeronautics[M]. Washington D. C. : Smithsonian Institution.

Gorn, 1994. "Prophecy Fulfilled: 'Toward New Horizons' and Its Legacy. " U. S. Federal Depository Library Program Electronic Collection (FDLP/EC) Archive[EB/OL]. https://permanent. fdlp. gov/airforcehistory/www. airforcehistory. hq. af. mil/Publications/fulltext/prophecy_fulfilled. pdf.

Iris Chang, 1995. Thread of the Silkworm[M]. New York: Basic Books.

Karman, Edson, 1967. The Wind and Beyond: Theodore von Karman, Pioneer in Aviation and Pathfinder in Space[M]. Boston: Little, Brown and Company.

Malina, 1967. "Memoir on the GALCIT Rocket Research Project 1936—38. " Leonardo/Olats[EB/OL]. [2021-03-08]. http://archive. olats. org/pionniers/malina/aeronautique/memoir1.

Malina, 1969. "The U. S. Army Air Corps Jet Propulsion Research Project, GALCIT Project No. 1, 1939—1946: A Memoir. " The NASA Technical Reports Server[EB/OL]. https://ntrs. nasa. gov/api/citations/19770026116/downloads/19770026116. pdf.

Sturm, 1967. The USAF Scientific Advisory Board: Its First Twenty Years, 1944—1964[M]. Washington D. C. : USAF Historical Division Liaison Office.

Terrall, 1985. "Interview with Sidney Weinbaum. " California Institute of Technology Archives[EB/OL]. [2021-03-08]. http://resolver. caltech. edu/CaltechOH:OH_Weinbaum_S.

后 记

我原不是一个专门研究钱学森的专家，只因工作机缘做了一个功课，去探索钱学森是一个怎么样的人。

我想先说说本书的来源。

本书内容来源于展览"选择——钱学森的初心与信仰"，其以"选择"为视角探索了钱学森一生的成长故事。

这个故事主题的一个重要启发来自浙江大学应用心理学博士陈海贤对于"如何看待、处理人生选择"这一问题的建议。陈海贤博士指出，当我们面临人生选择的时候，如果只是从风险、收益、机会、成本等各种利弊得失判断，那么这其实是一个经济选择，实质是在做"比大小"的数学题，这个选择里并没有"我们"自己；而只有把选择放在"自我形成"的框架中去考虑，即先想想自己想成为什么样的人，再去看待选择的时候，才真正把选择的权利交给了自己。我们就是在用自己的选择，把自己塑造成那个想成为的人①。由此，"选择"似乎也提供了一个视角，那就是每个人曾经做过的、将要做出的选择，都在刻画着他是什么样的人，还想成为什么样的人。我们能够从"选择"中去认识一个人。

另一个重要的启发来自德国发展心理学家保罗·巴尔特斯（Paul B. Baltes）

---

① 陈海贤：《了不起的我》，台海出版社，2019年，第277—282页。

的毕生发展观，该理论认为：① 发展贯穿一生，是指在个体的一生中，为了适应自己选择或生存的环境，个体在能力上所发生的一系列变化；② 发展是多维度、多方向的，发生在生理、认知和心理社会这三个维度的交互作用基础上；③ 影响人发展的主要因素包括遗传和环境，后者包括成熟的作用、发展背景（家庭、社会经济地位和邻里环境、文化和种族、历史背景）、常态和非常态影响、影响时机等。该理论在阐释生命发展的全程性时指出："生命中任何一个时期都会受到过去经历的影响，反过来，该时期经历又会影响个体今后发展。每一时期都有其独一无二的特点和价值，各个时期都是同等重要的。即使人至暮年，依然可以获得情感和智力的发展。"[1] 这些观点提醒我们，成长并非只属于青少年，成长是一生的事，对一个人更全面的认识也应该在其一生的范畴中用动态变化的、多维度的眼光来看。

正是借鉴了上述观点，"选择"展在叙事上有了不同于一般人物生平展的角度。一般的人物生平展往往基于对人物生平的官方的总结评价，主要表现人物的代表性工作与贡献、成才成就背后的主要因素、人物的崇高精神品格等。但"选择"展的重心不在宣传人物的丰功伟绩，而是从发展心理学的角度出发，基于人物自身经历，探索人物在成长的各时期是什么样的人、想成为什么样的人。这其实是毕生发展学中所讲的人的"同一性构建"（Identity Construction）问题，是"个体对自身及自己生活目标的意识"[2]，其关乎一个人"生存意义"的哲学问题，涉及人生发展中的性格、理想、职业选择、人际关系、社会参与、价值观、人生观等。如果说以往的钱学森生平展多在讲述钱学森（在社会属性上）是谁，那"选择"展则重在考察他如何一步步成长为钱学森自己。因此，"选择"展着力从人物自身的言行思想中捕捉其在各时期特定环境、背景中自我的点滴认识、选择、成长。展览中多采用相关人物的回忆、自述，关注人物自己的价值追求和自我评价，从而使我们有机会对钱学森的认识从以往宏大的总结

---

① （美）黛安娜·帕帕拉、（美）萨莉·奥尔茨、（美）露丝·费尔德曼：《发展心理学：从生命早期到青春期》，李西营译，人民邮电出版社，2016年，第25页。

② 车文博：《当代西方心理学新词典》，吉林人民出版社，2001年，第474页。

评价层面回归到具体的人的成长层面。

我认为是这一叙事角度使该展览文本有了出版的价值和机会。从展览到书本，是将同一个故事编织在不同的传播载体上，这并非简单地复制叙事文本，其间有许多难点，我只能边写边摸索着前行。"选择"展作为一个临时展览，当它在钱学森图书馆的临展厅展出时，馆内常设展厅内正同时展出着主题为"人民科学家钱学森"的人物生平事迹基本陈列。这样的展览时空与观展背景，加之展览受到的设计制作等方面条件限制和人工讲解等辅助性阐释配置，这些因素都会影响故事的呈现。展览语言的独特表意方式完全不同于书本写作，比如，书本写作在表述的完整性上有更高的要求，在叙述空间上不像展览那样会受物理空间的限制。因此，本书在内容上较之展览有所延伸、拓展，但也有一些展览能够带来的特有的视觉和空间体验是本书难以企及的。不过，尝试了在两种叙事载体上的"书写"后，我想这个故事或许还是更适合以书面形式呈现。

本书的出版是策展成果化的一项重要体现，是对内容策划工作的进一步肯定，这使我感到荣幸也备受鼓舞。关于钱学森的出版物非常多，倘若本书尚有一些独特的意义和价值的话，我想主要在于两方面，一是在整体叙事上，有一个探索人物的新视角；二是在具体的叙述中做了些整理性、研究性工作。能遇到一个不同的叙述角度实属幸运，但我深知自身才识浅陋，对相关材料的学习和洞察还远远不够，因此全篇必有一些不足或不当之处，我当为此负责。需要说明的是，这项工作的成果化来自集体的努力，因此要感谢从策展到成书过程中给予指导和支持的所有师友，特别是上海交通大学钱学森图书馆的领导，包括钱永刚馆长、张凯（执行）馆长、盛懿书记和魏红副书记。其中，我尤其要感谢钱永刚馆长，如果没有他的巨大支持、时时关怀和宝贵指点，就没有这个展览的顺利推出和内容的出版转化。实际上，当初选用"选择"作为叙述线索的灵感之一也是源于钱馆长的文章《钱学森人生的五次选择》。

感谢钱学森图书馆学术研究部、征集保管部、社教宣传部、运营合作部和综合事业部的老师们，他们以各自的专业知识和服务助力展览工作，应该说，在这个关于"钱学森一生成长故事"的构建和讲述中，离不开他们的智慧与付出。其中，我要特别感谢张现民和吕成冬两位研究钱学森的专家，一方面，在展览和书稿中吸收了他们已有的学术成果和观点，另一方面，每当遇到学术上的问题时，我总会向两位老师请教，而他们也总是不厌其烦、毫无保留地与我共同探讨、为我答疑解惑。

感谢我所在的陈列展览部的所有同事，包括张珊珊部长、杨亮副部长、翁圣宬老师、钟诸俍老师和吴海东老师，他们在智力、技术和情感上都对这项工作提供了许多帮助。尤其是张珊珊部长，2017年10月她向我布置了这项策划任务，使得我有缘遇到这个故事，而珊珊老师也给予了我极大的信任与创作的自由，每当我在工作中感到焦虑和灰心的时候，她总是第一时间提供帮助，带给我及时的支持与宽慰，就像一缕和煦的春风，给人温暖的力量。

感谢资深出版人韩建民老师（现任杭州电子科技大学融媒体与主题出版研究院院长），正是韩老师在看过"选择"展览后，最先提议要出版这一故事，从而使展览内容有了成书的契机。感谢上海交通大学出版社的钱方针老师、吴雪梅老师、黄婷蕙老师，她们为书稿的编辑付出了许多心血，最终把这些稿纸收拾得有了出版的模样。

我也想感谢我的家人和朋友，他们的爱护一直支撑着我，使我能够最终完成展览策划与书稿写作，我当知福、惜福。

自我的形成不是一个发现的过程，而是一个创造的过程。[1] "在短暂的一生中，没有人能够掌握所有的才能、满足所有的愿望、探究所有感兴趣的事物、悉数获得生命中所有的丰富经历。在成长的可能性与成长时间的有限性之间存在着一种张力，这种张力决定着人的生命。通过选择某种可能性去追求，通过让这些可能性渐行渐远、达至无穷。每个人都在编写着有关人的发展的未尽故事。"[2]钱学森的故事往往是弘扬社会主义核心价值观的典型素材，但其本身也是一个极其丰富迷人、极富深意的人生故事。有人歌颂、赞扬钱学森的丰功伟

---

① 陈海贤：《了不起的我》，台海出版社，2019年，第280页。

② （美）黛安娜·帕帕拉、（美）萨莉·奥尔茨、（美）露丝·费尔德曼：《发展心理学：从成年早期到老年期》，申继亮、李西营、冀巧玲译，人民邮电出版社，2013年，第308页。

绩和崇高精神，有人从人生智慧的意义上解读钱学森，有人看到个人命运与家国时代的具体关联，有人探讨科学与政治的关系，有人思考生命的价值与追求，也有人读到一些相似的历史或人生话题。人们不只是在试图认识钱学森，也在理解自己的当下与前程。

最后，感谢每一位读者，你们的阅读与感受，将定义这份工作最终的意义。

陆敏洁